New Theory on
the Cultural Soft
Power of Enterprise

企业文化
软实力新论

胡文臻 著

社会科学文献出版社

SOCIAL SCIENCES ACADEMIC PRESS (CHINA)

摘　要

经济全球化时代，文化越来越成为民族凝聚力和市场生存创造力的重要源泉，越来越成为综合国力竞争的重要因素。我们要坚持社会主义先进文化前进方向，兴起社会主义文化大发展、大繁荣的建设新高潮，激发全民族文化创造活力，提高国家文化软实力。

企业文化软实力是国家文化软实力的重要组成部分。目前虽然已经有大量的国内外学者在企业文化理论及其对企业发展的作用方面进行了深入的研究，但还缺乏对企业文化软实力的"市场生存行为的实践活动"的系统研究。

在《企业文化软实力新论》一书中，笔者首次提出以"企业文化软实力是建立在企业市场生存行为基础之上的实践活动"为主题线索脉络展开研究的命题。目前，国内外学者、研究者尚无此项命题研究成果。笔者以新的视角或分析，结合国内外市场生存环境变化及经济危机的持续影响，解析《企业文化软实力新论》提出的结构设计与创新点。

本书在学习《共产党宣言》《中共中央关于深化文化体制改革 推动社会主义文化大发展大繁荣若干重大问题的决定》以及政治经济学、文化经济学相关研究的基础上，以企业实践活动的经历与一线调查研究企业文化软实力问题，目的在于为我国企业提高文化软实力提供理论支持和实战对策。本书所做的主要研究工作可以概括为以下几个方面。

第一，创新提出研究企业文化软实力的基本理论和依据是

《共产党宣言》《中共中央关于深化文化体制改革 推动社会主义文化大发展大繁荣若干重大问题的决定》。企业文化软实力是企业综合实力和核心竞争力的重要组成部分。企业文化软实力就是企业在一定社会经济文化环境下，为谋求自身生存发展而在长期生产经营实践活动中形成的、基于该企业在国际社会的文化认同感而产生的爱国力量、奉献力量、成果力量、生存力量以及亲和力、感召力、吸引力、凝聚力和竞争力。企业文化软实力是一种独特的文化力量，具有自身的特点。企业文化软实力建设应着力塑造"企业文化软实力是建立在企业市场生存行为基础之上的实践活动"的竞争力量形象和企业生存精神。

第二，分析了企业文化软实力的形成机理。生存力量、价值力量、文化力量、持续力量是企业的生命超越、利益诉求的文化特征。该四要素形成了新时代企业文化软实力的基本机理。确认机理作用的正确性要通过市场消费（客体行为）各要素的实践检验，以及企业集团或者各企业利益相关者的价值认同检验。

第三，构建了企业文化软实力的结构模型。成果目标要素、收入要素的市场行为的能动性要素、提升要素的市场生存创新要素，共同构成企业文化软实力的模型，企业的精神力、制度力、行为力和形象力，以精神力为核心产生结构作用，构建了企业文化软实力结构模型。

第四，分析了企业文化软实力的作用机制。企业文化的力量体现在这种由"生存理念到生存目标再到实践行为"所组成的内容丰富的企业文化体系中，本质上是企业文化在社会化实践过程中逐渐积累的成果。企业文化形成机制正是在这种企业文化的社会化实践过程中起到了关键性的作用，形成了企业文化的机理。

企业文化软实力与企业核心竞争力的关系是企业提升企业文化软实力的重要结构关系，通过新建企业实例解析形成企业文化软实力的作用机制结构。企业学习力是提升企业文化软实力建设的核心，是企业组织内部的各成员通过对内外环境变化的认识，及时传递信息、达成共识，并迅速地作出调整与决策，使企业更好地适应生存环境、具备可持续发展条件的能力。它是一个企业在市场生存竞争环境中拥有的比竞争对手学习得更快、不断创造未来的能力。企业学习能力和企业绩效之间存在密切的联系，企业学习能力越强，企业绩效就越好，否则，企业绩效就越差。

第五，探索了我国企业文化软实力的提升途径。提升中国企业文化软实力，应该着力把握好下述三个方面：①企业的核心价值观必须符合社会主义核心价值体系的要求。②企业文化必须继承优良传统。③企业文化必须体现先进文化。提升企业文化软实力的基本途径是：树立充满活力的企业文化软实力理念，制定行之有效的企业文化软实力战略，形成科学合理的企业文化软实力系统，切实加强企业文化工作队伍，不断推进企业文化工作创新。

关键词：企业文化软实力　市场生存行为的实践活动　形成机理　文化软实力结构模型　作用机制　途径

目　录

CONTENTS

写在前面

（一）

在撰写《企业文化软实力新论》一书时，正值学习贯彻党的十八大精神。习近平总书记关于"空谈误国，实干兴邦"的讲话，成为写作《企业文化软实力新论》一书的指导。

2012年12月12日，习近平总书记在广东考察时强调："不失时机深化重要领域改革。"他说："改革开放是决定当代中国命运的关键一招，也是决定实现'两个100年'奋斗目标、实现中华民族伟大复兴的关键一招。实践发展永无止境，解放思想永无止境，改革开放也永无止境，停顿和倒退没有出路。我们要坚持改革开放正确方向，敢于啃硬骨头，敢于涉险滩，既勇于冲破思想观念的障碍，又勇于突破利益固化的藩篱。我们要尊重人民首创精神，在深入调查研究的基础上提出全面深化改革的顶层设计和总体规划，尊重实践、尊重创造，鼓励大胆探索、勇于开拓，聚合各项相关改革协调推进的正能量。"①

习近平总书记考察中的讲话为中国企业提升文化软实力和释放正能量指出了方向。中国社会科学院副院长李慎明也撰文指出："完全可以这样预言，2008年开始的全球性金融危机还远没有结束，并仍在演进之中，甚至可能是刚刚开始，在世界范围内更深刻

---

① 《人民日报》2012年12月12日要闻。

更全面的经济社会危机及社会主义国家由此所面临的更严峻挑战可能还在后头。随着资本主义国际金融危机的演进，代表人类绝大多数根本利益并最终代表全人类根本利益的马克思学说必然在全球重新得到新生。"

李慎明副院长的文章指出了"产品市场的全球化"和"国际金融的高度垄断"，使得穷人越来越多，越来越穷，而富人越来越少、越来越富。全球范围内的贫富两极分化，是国际局势变化中最深刻、最基础的变化，这一变化势必成为其他变化的重要根源。①

这也正是中国众多企业家以及研究企业文化和社会经济发展的学者们所深入思考的问题。伴随着中国企业文化软实力的提升，会有更多企业家和学者更加注重企业国际市场生存环境设计的系统性、整体性、协同性，使企业创新不停步、开辟国际生存环境不止步。

笔者深入企业，努力以新的视角，研究国内外市场生存环境的变化以及经济危机的影响，解析企业文化软实力提升的结构设计与创新点。本书的完成，得益于五年来，主要研究中国社会科学院重大课题实践——对现代特色农业与中国新农村建设，即对新型杜仲项目高新技术企业提升文化软实力经验的总结；得益于参与中国社会科学院社会发展研究中心和文化研究中心有关文化创新工程的实践。

（二）

《企业文化软实力新论》是在企业面临全球经济危机持续影响的环境下的创新研究。

分析经济危机爆发后的经济市场环境以及持续的危机中企业所

---

① 李慎明：《不必对社会主义感到悲观》，《环球时报》2012 年 12 月 12 日国际论坛。

展现的在市场上生存行为的实践活动，唯一展现活力的仍然是企业文化软实力的强大力量。

笔者在"写在前面"里从美国次贷危机产生到欧洲债务危机爆发的轨迹中，用简单明了的、清晰的笔锋，解析全球经济危机与企业文化软实力的市场生存行为的变异与博弈。以此警示企业界、一些学者、研究者以往的"满目惊叹西方美好、盲目崇拜西化成果"的迷恋失败，使之震惊、痛苦、深刻反思。同时也从新的设计与视角，说明建设与提升强大的企业文化软实力是国家核心竞争力的重要意义，是企业在国际市场生存行为实践活动中的战略需要。

《企业文化软实力新论》是以"自然人"生命力躯体结构为例，来设计、构建同样具有生命力的"企业法人"的生存行为。本书中以研究"两个人"通力合作的"市场生存行为的实践活动"的合力来实现提升创新企业文化软实力。

本书各章节正是以这条生命力主线脉络展开了清晰、清醒、清新的结构设计与解析。

同时，本书以借喻自然人成长到18周岁，即进入活力四射的青年期为例，以笔者的亲身实践体会与长期对企业生存问题的研究心得，提出企业成长18年后才真正进入企业的青年时代的观点。并且，以成功企业与失败企业的实例，剖析失败企业没有重视"企业文化软实力是建立在企业市场生存行为基础之上的实践活动"的市场生存规则，揭示企业文化软实力在不断的实践中生存成长的历程。

企业的核心竞争力、市场生存力就是所谓的"百年老店"的生命力。

《企业文化软实力新论》一书中，笔者首次提出以"企业文化软实力是建立在企业市场生存行为基础之上的实践活动"为主题线索脉络展开研究的命题。目前，国内外学者、研究者尚无此项研究成果。笔者以新的视角或分析，结合国内外市场生存环境变化及经济危机的持续影响，解析《企业文化软实力新论》提出的结构设计与创新点。

笔者在"写在前面"的内容里，简明扼要地指出了研究企业文化软实力的来龙去脉。

《共产党宣言》中马克思恩格斯对资本主义的批判、对共产主义的设想，特别是所阐述的"世界历史理论"（全球化理论）等，是《企业文化软实力新论》重要的、核心的理论基础，为分析全球化背景下企业文化软实力提供了理论依据。

《中共中央关于深化文化体制改革 推动社会主义文化大发展大繁荣若干重大问题的决定》（2011年10月18日中国共产党第十七届中央委员会第六次全体会议通过）是《企业文化软实力新论》重要的理论与实践相结合的实践基础。

无论您是否同意与赞赏笔者的研究思路与观点、方法，您都会在本书中通过"企业文化软实力是建立在企业市场生存行为基础之上的实践活动"这条主线脉络，体会到作品中对企业家爱国、奉献的赤诚之心的敬重，体会企业纵横于市场竞争环境的毅力所展现的生存博弈的软实力、竞争力的不易与收获。

企业文化的力量体现在这种由"生存理念到生存目标再到实践行为"所组成的内容丰富的企业文化体系，本质上是这个企业在其区域内外的市场环境中，以文化情势中所发生的各种状态，企业文化在社会化实践过程中逐渐积累的成果。企业文化形成机制正是在这种企业文化的社会化实践过程中起到了关键性的作用，形成了企业文化软实力的作用机理。

研究企业文化软实力，就必须认真学习研究马克思主义政治经济学。

马克思主义政治经济学的产生，让全世界进入了经典的马克思主义时代。笔者研究企业文化软实力体会最深的是学习研究马克思的两大发现——唯物史观和剩余价值理论。

一个发展结构合理、产业品牌具有极强的"企业市场生存行为基础之上的实践活动"生命力的企业,无不得益于马克思的两大发现——"唯物史观和剩余价值理论"的贡献。马克思从1867年发表《资本论》第一卷后,直到1883年逝世,并未接着出版该书第二卷。在以《资本论》为代表的一系列经典著作中,马克思、恩格斯一方面结合当时市场经济行为详细分析了资本主义的经济结构,揭示了资本主义生产方式的本质及其发生、发展、灭亡的历史规律;另一方面,在对资本主义经济制度的分析中,对市场经济中出现的社会化大生产和商品经济的运行规律进行了深刻揭示。舍去其中的资本主义特质,《资本论》所研究的有关市场经济的一般基本原理及其经济规律,对于任何社会的市场经济都是适用的。

《资本论》既是一门揭示社会经济发展规律的科学,又是一门代表无产阶级利益的科学,实现了科学性和阶级性的统一。它解决了前人未解决的问题,并创立了新的经济范畴,揭示了社会经济发展的规律,使政治经济学发生了划时代的变革。

所以说,马克思主义政治经济学也是研究企业文化软实力的基础理论。

研究企业文化软实力,还要认真研究并实践文化经济学。

本书所说的文化经济学是指,把经济学知识用于研究文化软实力是"建立在企业市场生存行为基础之上的实践活动"为主题线索脉络展开的研究现象。它的研究对象包括企业文化产品和企业产业品牌市场生存行为的实践活动及开拓生存市场服务生产与消费的理论,形成企业文化软实力的生存机理、结构、作用机制、途径等环境与资源的配置理论。

企业文化软实力逐渐成为一个国家乃至全球经济发展的核心动力。笔者分析中尽量避免过分强调文化的重要性,重点放在企业文化软实力与企业生存环境方面。同时,在本书中尽量避免形成研究文化产业的趋向观点。许多学者认为文化产业将在21世纪引领经济发展的潮流,笔者认为企业文化软实力是真正引领21世纪国际生存市场经济发展的力量。

本书第四章"企业文化软实力的结构模型"中贡献了笔者的创新点，构建了企业文化"软实力"模型。本书尝试研究新形势下的企业文化软实力的学习型理论，构建了研究企业文化"软实力"模型，说明企业文化软实力是真正引领 21 世纪国际生存市场经济发展的力量，是文化经济学理论在市场生存行为的实践活动中所反映的市场生存行为的再实践检验过程。

这种力量就是市场行为作用与企业产业品牌相互作用的企业生存行为力量，即影响力、吸引力、竞争力、张扬力。企业提供给职工的现实生活和工作环境中充满着影响力、吸引力、竞争力、张扬力等软实力。

企业文化"软实力"模型表现为企业与职工的生存幸福目标与收入状况之间的差距，设计用 F 表示生存幸福目标，S 表示收入，R 表示软实力，其公式表达为 $F - S = R$。

实际情况中软实力有正负价值影响值之分，当 F 高于 S 或 F 比较稳定时，此时的软实力便出现 $F - S = R$，表明生存幸福目标拉动收入现状向高端目标迈进，企业的文化软实力建设与成果显现成长上升的态势，这是市场行为的合理空间结构所实现的生存指标，实践中要不断地总结并加强持续力。反之，当 F 低于 S 或 F 不稳定时，此时的软实力便出现 $F - S = -R$，表明收入现状拉动生存幸福目标向低端靠拢，企业的成长状况受市场行为不利要素及市场环境变化等因素影响，企业软实力建设作用不显著和遭遇市场逼退，需要企业启动应变方案或设计应对方案或实践措施，防止企业文化软实力遭遇冲击与变异。

成果目标、收入能动、提升创新三种要素客观上分别存在着生存幸福目标值和收入值的区别，企业产业产品与企业文化进入市场经受检验与竞争时，出现了显现的要素对其他要素的可能支持力时，企业必须充分认识这些要素的重要性。

第一，企业文化软实力目标是企业与职工共同实现新经济时代消费方式的改变和实际的效益收入的增加，通过市场生存行为的实践活动刺激消费者在较长时期内对文化力量及文化产品（商品）和企业需求社会服务的增加。

第二，在市场生存行为过程中，信息传递着市场经济正负能量和市场变异技术应对措施的发展文化信息，企业文化软实力的提升与增强同时为文化产业提供了传播和发展的重要内容。

第三，企业文化软实力通过企业在市场生存行为中的实践活动，检验消费者的市场生存创造性思维和市场危机应对表达能力，结合危机创造性思维和博弈方式对企业在市场生存行为中的促进创新和技术发展很重要。

第四，企业文化软实力使各类型企业组织在开拓生存市场中为企业创造了许多促进就业、提升服务的市场合作机会，可发挥巨大作用。同时，文化产业企业的市场生存行为可以制造出大量的转换机制企业或者组织大批次的从产业衰退或者行业部门释放出来的劳动力。企业文化软实力的强大威力在经济结构的调整中充分展现，发挥核心竞争力作用。

国际上权威的文化经济学刊物《文化经济学》将文化经济学定义为："文化经济学是一门将经济学分析方法应用于一切公共及私有的创作艺术、表演艺术、文化遗产及文化产业的学问。它着重研究文化部门的经济组织以及与文化相关的生产者、消费者、政府部门的行为。它的研究主题涵盖了很广泛的范围，包括主流的及新兴的经济学、新古典经济学、福利经济学、公共政策及制度经济学。"①

索罗斯比在《经济学与文化》序言里把文化经济学研究的任务表述为："我的任务虽看起来像两个截然不同的面向，但紧密地纠结在一起。一方面，我得视经济与文化为两个分离的知识领域，并对文化采取更宽广的视野，而不是如当今文化经济学所做

---

① 颜士锋：《文化经济学》，山东大学出版社，2011。

的，只是普遍地描绘其特征；另一方面，我也要考虑到经济活动与文化活动之间的关系，不管是微观的还是宏观的脉络观察。"其内容包括了文化在经济发展中的地位、文化产品的价值、文化资本的持续性、文化遗产的分析、文化产品的生产、文化产品的消费。①

笔者研究企业文化，以"爱国文化，奉献文化，成果文化，生存文化"四个基本方面为企业核心文化力量。爱国文化、奉献文化均可看作企业精神文化的重要部分，但是奉献文化包含企业精神的很多内容，如企业生产的特征性，需要企业以定性明了的主流价值观确立目标，不时参与到精神张扬的研究活动中，这是企业发展最重要的方面。

经济信息时代与知识互联传递时代，仅通过键盘方式影响企业文化设计及企业职工信息渠道的内容很多，但是体现企业主流价值文化的爱国文化、奉献文化、成果文化、生存文化依然是企业文化建设的基础。企业爱国文化、奉献文化、成果文化、生存文化汇聚而成的文化软实力，形成了企业市场生存行为的实践活动的爱国力、奉献力、成果力和生存力，共同形成新经济生存时代全球经济格局下新的强大的企业文化软实力。

这是笔者研究企业文化软实力、设计创新结构、完成《企业文化软实力新论》一书的主要实践活动。

（三）

《共产党宣言》是《企业文化软实力新论》重要的、核心的理论基础，是讨论全球化背景下企业文化软实力建设的经典依据。

《中共中央关于深化文化体制改革 推动社会主义文化大发展

---

① 颜士锋：《文化经济学》，山东大学出版社，2011。

大繁荣若干重大问题的决定》（2011 年 10 月 18 日中国共产党第十七届中央委员会第六次全体会议通过）是指导建设企业文化软实力提升强大的重要的理论与实践相结合的实践基础的经典纲领。

以"企业文化软实力是建立在企业市场生存行为基础之上的实践活动"为主线脉络，展开研究的理论依据是《共产党宣言》。

以"企业文化软实力是建立在企业市场生存行为基础之上的实践活动"为主线脉络，展开研究的理论与实践相结合的实践依据是《中共中央关于深化文化体制改革 推动社会主义文化大发展大繁荣若干重大问题的决定》。

马克思政治经济学、文化经济学也是研究企业文化软实力的基础理论。

这是笔者研究企业文化软实力的核心基础与理论依据。

《企业文化软实力新论》是以"自然人"生命力躯体结构为例，来设计构建同样具有生命力的"企业法人"的生存行为。新论中以研究"两个人"通力合作的"市场生存行为的实践活动"的合力来实现提升创新企业文化软实力。

《企业文化软实力新论》的生命力空间结构是这样设计的：

1. 大脑（指挥控制系统）——企业文化软实力。

2. 脊柱——企业文化软实力是建立在企业市场生存行为基础之上的实践活动。

3. 马克思主义政治经济学、文化经济学——企业文化软实力巨轮出海航行时，紧握船舵的坚实有力的双臂。

4. 企业文化软实力展现的"爱国力量、奉献力量、成果力量、生存力量"核心价值观内容——企业在市场生存条件立于不败之地、充满竞争活力的肌肉与心脏。

5. 企业文化"软实力"、企业经济"硬实力"——企业文化软实力在危机四伏的市场生存行为中，迈向应变与冲击力市场的矫健步伐。

本书各章节正是以这条生命力主线脉络展开了清晰、清醒、清新的结构设计与解析。

同时,本书以自然人成长到 18 周岁,进入活力四射的青年期为例,以笔者亲身实践体会与长期研究企业生存问题,提出企业成长 18 年才真正进入企业的青年时代的观点。本书以成功企业与失败企业的实例,揭示企业文化软实力生存成长的历程。

企业的核心竞争力、市场生存力就是所谓的"百年老店"的生命力。

《企业文化软实力新论》中,笔者首次提出以"企业文化软实力是建立在企业市场生存行为基础之上的实践活动"为主题线索脉络展开研究的命题。经查新,国内外学者、研究者尚无此项研究成果。笔者以新的视角或分析,结合国内外市场生存环境变化及经济危机的持续影响,解析《企业文化软实力新论》提出的结构设计与创新点。

1. 什么是国家文化软实力?

"提高国家文化软实力"是党的十七大报告提出的旨在推动社会主义文化大发展大繁荣的重要战略命题。近年来,国家文化软实力建设问题,正逐步由中国特色社会主义的具体要求上升到国家战略规划的层次。《中共中央关于深化文化体制改革社会主义文化大发展大繁荣若干重大问题的决定》在分析国际国内文化发展特点和趋势的基础上进一步强调,增强国家文化软实力对于当今中国来说是一项迫切的任务。

"软实力"概念是美国著名学者约瑟夫·奈在 20 世纪 90 年代初针对学术界有关美国国力是否衰落辩论的大背景下首次提出来的。他认为国家的综合实力可由软、硬两大类组成。"硬实力"是同诸如军事和经济力量那样的具体资源相关的"硬性命令式权力","软实力"指的是与诸如文化、意识形态和制度等抽象资源相关的、决定他人偏好的"软性同化式权力"。"硬实力"的运用表现为借助引诱或者威胁手段，直接迫使他人改变自己的意志或者行为；而"软实力"的运用则表现为通过自己思想的吸引力或者决定政治议题的能力，让其他国家自愿效仿或者接受体系的规则，从而间接地促使他人确定自身的偏好。约瑟夫·奈的软实力理论是基于美国经验尤其是冷战期间和冷战后美国的世界经验而得出的，其局限性是明显的，但其对国家力量的研究所作出的重要的知识贡献是不容忽视的。

国家文化软实力是软实力的子系统，它主要是指一个民族国家基于文化而具有的凝聚力、创新力和竞争力，以及由此而产生的感召力和影响力。文化软实力的核心是思想、观念、原则等价值理念，它的载体是文化产品、文化交流活动、文化教育和信息传播媒介等。同硬实力相比，文化软实力具有自身的鲜明特征。第一，表现形态的内生性。与硬实力的外显与张扬不同，内生性是文化软实力最突出的一个特点，其生长来自所属人民对自身国家核心价值的信仰和坚持，对政治制度的创新和完善，对文化理念的信心和发扬，对民族精神的光大和传播。第二，存在状态的相关性。文化软实力不是独立存在的，它与硬实力具有相关性。文化软实力的有效运用需要硬实力的支持。第三，作用方式的隐蔽性和非强制性。文化软实力作用的发挥一般是在潜移默化中依托某种载体（通常是非军事的）进行的。不同国家文化软实力之间的竞争不像军事进攻那样硝烟弥漫，是真正的"没有硝烟的战争"。第四，传播手段的便捷性和渗透性。文化软实力在现代社会里可以通过各种文化媒体、信息资源、学术著作及国际组织的规则制度表现出来，具有可以无限挖掘、迅速扩充和超越时空的巨大潜力。第五，目标效果的不确定性。文化软实力对内对外有着深刻的、持久的无形影响，但同时，文化软实力发挥作用是一个漫长的过程，可能见效很慢，甚至达不到预期的效果。

国家文化软实力范畴揭示了我们认识世界、促进发展的一个重要维度。正如英国曼彻斯特大学柯岚安教授所谈到的，"在过去的

20 年里，人们提出了许多概念来理解后冷战时代的国际政治，从‘历史的终结’到‘文明的冲突’‘全球化’以及对‘帝国’的新诠释。随着伊拉克战争后反美主义在世界各地的兴起，‘软实力’概念的意义重新凸显出来"。文化软实力的强弱在一定程度上关系到一个国家的国际竞争力，关系到一个国家维护自身国家利益实现自己战略目标的能力。一种文明的兴旺发达，一个民族的自立自强，其背后往往充盈着一种深厚的思想基础和文化力量。正是这种思想文化累积，拓展了一个国家新的发展视阈，开辟了一个民族新的发展空间。对于一个国家而言，文化软实力比较强，意味着这个国家的民族凝聚力、国家认同感也比较强。正是在这样的历史背景下，2006 年 11 月，胡锦涛同志在中国文联第八次全国代表大会和中国作协第七次代表大会的讲话中特别指出，如何找准我国文化发展的方向，创造民族文化的新辉煌，增强我国文化的国际竞争力，提升国家软实力，是摆在我们面前的一个重大现实课题。2007 年 10 月，党的十七大进一步指出："当今时代，文化越来越成为民族凝聚力和创造力的重要源泉、越来越成为综合国力竞争的重要因素，丰富精神文化生活越来越成为我国人民的热切愿望。要坚持社会主义先进文化前进方向，兴起社会主义文化建设新高潮，激发全民族文化创造活力，提高国家文化软实力。"这标志着我们党已经把"提高国家文化软实力"上升到国家战略的高度，使之成为社会主义文化建设的重要任务。这对发展中国特色社会主义，增强中华民族的综合国力，促进中华民族的伟大复兴，具有十分重要的现实意义和深远的历史意义。

2. 应对经济危机——企业文化软实力展现强大的生存影响力与张扬力量

中国的企业文化软实力与企业经济硬实力共同构成了国家经济发展的核心竞争力与影响力。企业文化软实力在国内外市场生存行为的实践活动中与企业经济硬实力共同成长、发展，建造了所向披靡的航行在国际经济海洋中的企业文化软实力的超级巨轮。

企业文化软实力新论，笔者以新的视角、简单明了的企业生存关系，研究解析竞争力、影响力等多种力量在企业应对复杂多变的市场状况中形成的强大文化软实力。

文化建设与文化产业其实都是经济学的范畴，如果脱离了经济运行环境去研究企业文化软实力，是偏离科学的思维与行为。

研究企业文化软实力，必须厘清近五年来影响全球经济市场生存状况的经济危机爆发的主要问题。通过解析全球经济环境的优劣态势，在真正意义上理解企业文化软实力的建设与形成是经济活动规律的作用力量所推动的。反过来再看国际经济市场环境，企业文化软实力的核心竞争力、影响力是企业影响甚至主宰经济市场生存行为实践活动环境的主要力量。

让我们以审视的历史发展角度来看几千年来人类创造的文化成果的文明体系。形成世界文明发展的空间结构主要有三大文化成果的文明构造体系：一是东方的中国儒家文明，二是西方的基督文明，三是中东的伊斯兰文明。三大文明在地球的时空环境中以其发展的特征构造创造了历史辉煌，为人类的生存与进步作出了自己的独特贡献。

2012年前后世界经济市场生存行为的实践活动的生存环境受到经济危机或者说受到全球经济危机的冲击与影响。企业在此次危机中首当其冲，因此，分析企业文化软实力建设的强弱，其重要程度是战略层面的。

2007年美国爆发了经济危机，并迅速在2008年演变为全球经济危机。基督文化和伊斯兰文化面临着严峻的考验。由于历史、传统和文化的原因，欧美打造的特殊政治、经济关系使开始于美国的经济次贷危机迅速演变成欧洲的债务危机。

（1）次贷危机。次贷危机的破坏力同样巨大。次贷危机中，还不起贷款的是美国的买房人，而处在这个链条终端的埋单者则是全世界。①

次贷危机形成与爆发：美国历任总统中，都没有解决公共住房问题，小布什在任期内彻底解决了这一问题，美国家庭住房拥有率一度达到70%。但是这一时期，美国的公共住房投入是大幅削减的，小布什取得的成就得益于住房金融指标责任的转嫁，即通过金融衍生品之手，让全世界为美国人的住房梦埋单。

第一步，按揭贷款，降低贷款门槛，许多不符合条件的人也能买起房，贷款购房住新房，真正的主人是银行。

第二步，将贷款打包出售。银行把有关贷款资产未来还本付息的所有收益，打包成按揭证券出售。这样，银行售出了住房贷款证券后，可以拿回现金重新补充贷款资金，再向市场发放住房贷款，商业银行可以无限制地继续做住房按揭贷款，因为住房产生按揭贷款损失，就由按揭证券承担。

第三步，继续衍生产品。已经抵押的担保证券（MBS），按照投资者购买的份额，原封不动地将资产产生的现金流直接"转手"给投资者，用以支付债券的本金与利息，由于它对应着抵押品，风险在可控范围里。紧接着，在MBS的基础上，又发行了"资产支持债券"（ABS），衍生出了大量个性化的"担保债务凭证"（CDO），这个过程将继续衍生出"CDO平方""CDO立方"等延伸化产品。②

第四步，向全世界推销债券产品。为了让全世界购买基于次级贷款创设出来的各种债权，美国政府高官直接担当推销重任，吸引了全世界的投资者。③ 通过这四个步骤，形成一个空手套白狼的链条：购房人从银行按揭买房，接着银行把贷款合同出售给房地美、

① 时寒冰著《中国怎么办：当次贷危机改变世界》，机械工业出版社，2009。
② 中国社会科学院经济学部赴美考察团：《美国次贷危机考察报告》，中国经济研究报告，2008。
③ 时寒冰：《应对房地产开发商模式进行全面反思》，《上海证券报》2007年3月29日。

房利美等机构获得资金，接着房地美、房利美把贷款合同基础上制造出来的各种次级债券向全世界销售，其目标是让全世界购买。这个链条运行的最终结果是，全世界的投资者在利益链的末端，是最终的埋单者、最大的受害者，而美国政府是直接的受益者（在住房保障资金开支极度压缩的情况下，通过提高住房拥有率，解决了住房问题；同时，次级债券对应的并非房产，房子永远在美国人手中。房价上涨，美国金融系统资产就会好转。次贷危机中，美国是真正的大赢家）。这就是空手套白狼的把戏（设计的陷阱方式），把全世界不明真相的投资者，包括美国投资者统统诱进这个陷阱中，这一过程同时导致了美国整个金融监管体系失灵。

2007年3月22日，在美国国会参议院银行委员会"房贷市场危机：原因与后果"听证会上，委员会主席多德对美国金融监管部门特别是美联储的不作为给予了声色俱厉的指责："我们的金融监管部门本来应该是枕戈待旦的卫士，保护勤劳的美国人免遭不负责任的金融机构的伤害。但遗憾的是，长期以来他们一直袖手旁观。"①

之后大量证据证明，美联储在次贷危机爆发前的房地产泡沫累积过程中起到了推波助澜的作用。时任美联储主席的格林斯潘在2001年11次下调联邦基金利率，从6.24%下调到3.88%，2002年降到1.67%，2003年降到1%。低利率下宽松的货币政策环境推动了美国房价、股价的上涨。房价从2000年到2006年，涨幅超过了50%，道琼斯30种工业股票指数则从2002年10月10日的7181.47点上涨到2007年10月11日的14279.96点，上涨了近一倍。大幅上涨的房价和股价，增强了美国消费者的投资信心，助长了大量建立在房地产贷款基础之上的金融衍生产品的开发、交易，

① 时寒冰：《应对房地产开发商模式进行全面反思》，《上海证券报》2007年3月29日。

埋下了最终引爆金融危机的地雷。①

美联储这种离奇又长期的监管失职行为，最终使形形色色的人通过次级债券空手套白狼的把戏屡屡得逞，给众多不明真相的投资者带来的痛苦至今还在延续，2012 年后将会继续延续下去。次贷危机爆发，首先是欧洲直接受到波及，许多银行遭受了巨大损失；其次；欧洲去美国抄底被套牢，美国政要为掩盖真相，宣扬鼓舞危机会过去，其诡异行为故意诱使大量资金流向美国。

2007 年 4 月 20 日，时任美国财政部长的亨利·保尔森指出："我所见到的全部征兆都表明，房地产市场已经触底或接近触底，即将回升了。"

2007 年 8 月 1 日，保尔森说："我看到的经济基本面是非常健康的。"②

2007 年 8 月 16 日，白宫发言人戈登·约翰德罗对记者表示："正如总统布什所言，美国经济基本面稳固，我们因此预期经济将继续增长。"

这种诱惑陷阱的结果是，欧洲各国向美国输送了巨额资金，等到欧洲各国意识到次贷危机的杀伤力愈来愈大时为时已晚。欧洲各国大手一挥，给自己造成了真正的恐惧与慌乱。

（2）债务危机。2008 年以来，全球目睹了欧洲紧张慌乱、精疲力竭、巨额耗资的局面。危机从冰岛、爱尔兰、希腊蔓延至葡萄牙、西班牙、意大利。

众所周知，欧元的问世与美元构成了直接的竞争关系，欧元自行的定价权、发行权以及储备税率、外汇储备等多方面的权力，直接削弱了美元的霸权地位。欧元已经成为全球第二大货币，欧元的扩张使美国表现出了无法容忍挑战与威胁生存的还击手段。

---

① 方晋等：《美国金融危机的六个问题》，中国发展出版社，2010。
② 戴维威德默、罗伯特·A.维德默、辛迪·斯皮策：《下一轮经济危机》，宫立杰译，北京大学出版社，2012。

英镑与日元都曾经是世界上生存的两大货币，看看今天美国是如何破坏欧洲外部环境的稳定性、打压欧元的，就知道历史进程中美国是如何采取强硬的打击手段，扼杀了英镑、日元两种货币的影响力与市场生存空间，使其逐步衰落。

南斯拉夫历史学家兰科·佩特科维奇说："巴尔干火药桶并不是巴尔干各民族造成的，也不是它们点燃的。巴尔干火药桶是由外部的强国及其追随国造成并点燃的。"1999年1月4日，欧元正式在各地挂牌交易，科索沃战争爆发，同样发生在巴尔干。战争是摧毁欧元所需要的稳定外部环境的捷径。①

伊拉克战争则是美国出于安全考虑开辟美元贬值的另一条道路，通过美元贬值来提高自身竞争力，根本目的是为滤清稀释掉自身债务创造更好的条件。

债务危机是一个挥之不去的梦魇，也是一个魔咒，它既与权力融合在一起，又与金融融合在一起。可怕之处正在这里。尽管很多人忽略甚至无视这种危险情况的存在，但并不影响它在未来爆发出巨大的破坏性——它的力量正在决定和改变着未来的大趋势，并且，这种力量是其他力量难以抑制或阻止的。② 在以后10~15年时间里，全球将因欧洲债务危机聚集的神秘莫测的危机力量影响国与国之间、区域市场之间围绕生存环境的厮杀与博弈，这就是债务危机持续动荡的结果。

（3）危机警示。次贷危机爆发后，欧洲为了拯救美国，向美国大量"输血"，造成自己"贫血"，重创了欧洲经济，几乎掏空了欧洲经济粮仓。全球都看到，在欧洲身处债务危机时，美国却看着欧洲债务危机愈演愈烈，拒绝伸出援手，甚至落井下石。这样的国际市场生存环境，可以说是对照清晰，给迷信西方、迷思西方的学者、研究者、官员、企业家竖起了市场生存中残酷无情的警示

---

① 左娅：《愿悲剧永远不再发生》，《中国民族报》2005年7月5日。
② 时寒冰：《经济大棋局，我们怎么办》，上海财经大学出版社，2011。

牌。

由此研究看，欧洲债务危机要从欧洲体制中去突破，建立欧洲联邦是一条选择之路；欧洲各国要形成强大的凝聚力量，形成建立政治联盟的共识，科学地、制度化地建立一个充满活力的具有政治联盟与财政联盟功能的货币区，才会具备强大的市场生存竞争能力。否则，欧元的生存基础及抗风险能力永远是脆弱的，其救助机制永远跟不上危机恶化的速度。

通过以上简单明了的危机产生的主线轨迹，我们看到，欧洲四周动荡不断、狼烟四起、危机丛生。冰岛危机、迪拜危机，从突尼斯动荡到利比亚战争，从叙利亚内战到伊朗剑拔弩张，欧元生存的外部环境被彻底破坏，生存环境严重恶化。所有的目标都明确指向摧毁欧元的基础，打垮欧元，清除美元的竞争对手。同时，迫使欧洲的金融机构和制造企业在动荡中倒闭。此时，残酷无情的生存市场将出现：美国手持重金的企业，在等待最佳出动时机，将以低廉的价格大范围、大规模地展开收购行动。这就是美国版本为主的西方式市场生存行为的实践行为活动，也是美国价值观的体现和美国企业文化软实力的特征，至今依然触目惊心。

中国企业文化软实力以"爱国力量、奉献力量、成果力量、生存力量"为特征的市场生存行为的实践活动，体现着和谐、包容、共赢、发展的精神，与西方式的企业文化软实力有天壤之别。简单地说，西方打造个人生存的英雄主义，中国打造有国有家的集体主义。

3. 中国企业文化软实力——将在国内外经济市场生存竞争环境中创造奇迹

中国企业文化软实力发展的生存环境优良，始终以"包容、支持，失败了再爬起来"的文化精神提供两种市场生存选择，即成功的市场生存环境和失败的市场生存环境。

企业失败的实例很多。诸如1997年亚洲金融风暴严重影响了中国经济发展，国内快速发展的企业也因没有危机风险的应变准备而轰然坍塌。1997年1月，风光无限的山东秦池酒厂被曝光勾兑白酒丑闻，只有3000吨原酒生产能力的秦池酒厂从四川收购原酒，运回山东勾兑。《经济参考报》刊登了一篇爆炸性新闻："秦池的罐装线基本是手工操作的，每条线有十几个操作工，酒瓶的内盖是一个人用木榔头敲进去的。"报道迅速传遍全国，坐在9亿多元销售额顶峰的姬长孔无法应对局面，迫于无奈出几百万元收购报道。显赫一时的"标王"瞬间陨落。年底销售收入跌至6亿元，1998年只有3亿元，2000年，秦池酒厂还不了300万元贷款，法院裁定拍卖"秦池"商标，无人理睬。1997年1月，珠海的巨人集团被曝光出现了财务危机，史玉柱无法找到1000万元重新开建巨人大厦，半年后分公司瓦解，巨人集团解体，史玉柱身无分文，败走他乡（后来史玉柱东山再起，自是另类）。这只是代表性的失败实例，可想当时全国中小企业的失败境况远不止这些。

成功企业的实例不计其数。1997年1月，成功的企业展现着实力，直到2012年1月，成功企业依然成功，驰骋在国际市场，影响着世界市场生存环境的经济结构。1997年1月，任正非创办的华为公司在国内企业界没有任何影响，企业平稳发展。3月，八易其稿的103条《华为基本法》通过定稿，这是至今公认的改革开放以来中国企业制定的第一部企业管理大纲，其实，笔者认为它也是一部探索性的企业文化软实力建设大纲。其目标是"华为的追求是在电子信息领域成为世界级领先企业"；其发展战略是，"为了使华为成为世界一流的设备供应商，我们将永不进入信息服务业"；奇迹性的企业发展原则，一是实行员工持股制度，"任正非在公司中的股份微乎其微，只有1%左右，华为70%的管理层和员工拥有华为的股份"。二是坚持将每年销售收入的10%用于科研开发，中国企业中至今无人（企业）达到此比例。2012年1月华为公司的市场生存竞争能力已经影响全世界，华为公司的高新技术产品及服务已经雄踞世界经济舞台。这就是企业成长 18 年步入活力四射的青年时代的实例。

1997 年 6 月，26 岁的丁磊在广州创办了网易公司，丁磊想出了用 163 的数字表示网站域名，免费的网易邮箱和个人主页注册用户快速增长，网易成为中国互联网产业的强势企业。

笔者选用 1997 年中国企业的兴衰实例，是将企业的生命力以 18 年为一个成长阶段来设计对比解析，完全与自然人的生命期阶段有机结合起来研究。人生 18 岁成人，肩负责任，搏击生存环境。企业成长到 18 岁，同样的青春岁月，肩负着企业、民族、国家的兴旺与强大的责任。企业成长到 18 岁，是具有旺盛精历与使命感的强壮青年，企业的青年期才是企业大展宏图的开始，这就是企业文化软实力的力量源泉。

研究企业文化软实力，无论师承何派、何等专业背景，无论从事自然科学还是社会科学研究，无论研究企业的某个方向，甚至企业文化、文化产业，笔者基于企业生存的实践经历，以及国际经济市场生存环境的风云变幻，完全同意研究者所持的在企业生活 5 年以上，充分体验企业的市场生存行为的实践活动，将会重新确立人生的生存目标与思考，会更加爆发出青春的无限活力与激情的观点。将研究设计出超越任正非的《华为基本法》的企业生存蓝图，为无数正在成长的企业顺利度过儿童期、少年期，进而步入青年黄金岁月，进军国际市场营造生存环境立下汗马功劳。

本书以我国企业文化软实力影响企业在市场生存的现状与问题为研究背景，首次提出并以"企业文化软实力是建立在企业市场生存行为基础之上的实践活动"为研究题目，以国际经济环境变化、国内经济环境创新等新的视角或分析，解析企业文化软实力的形成与实践活动。

4. 企业文化软实力建设的基本条件

任何一个进入市场生存的企业必须具备基本条件（企业性质、

经营范围、注册资本、法人代表、从业职工、生产地址、环境评估、品牌产品、创新设计等等）和生存条件（企业文化、生存力量、市场行为、价值观确立、产业规划、消费收入设计、应变策略、企业硬实力与软实力实践与储蓄等等）。

基本条件是国家法律规定的必备要件，接受国家工商部门的审查和管理。

生存条件是企业文化引导的经营理念、市场生存行为实践活动、企业品牌产品面对复杂市场环境突变情况与危机时的应对策略、企业坚实经济硬实力与强大文化软实力的展现、实现消费设计目标，以及取得盈利的生存要件。

企业在实际产业活动中根据市场生存的行为需要，企业基本条件与生存条件可以自然扩展延伸，以满足企业的市场生存行为与市场消费结构的变化。实现企业市场生存行为目标的关键取决于"两个人"的思想（价值观）与实践（生存）的能动性合理结构与持续创新的设计问题。

5. 企业文化软实力建设的基本实践活动

企业市场生存行为的实践活动是"两个人"同心协力创造的。"两个人"是指企业法人（各类经济组织、机构、依法成立的经济实体）与自然人（技术人员与高新人才），"两个人"都具有旺盛的生命力，要生存、生活并不断创造财富。企业经济硬实力与企业文化软实力建设、提升、展现以及企业产业品牌在国内外市场的影响力、竞争力都需要"两个人"同心协力，自由进退市场，实现共同利益与收入目标。

企业经济硬实力与企业文化软实力的建设是同等重要的顶层设计，企业在硬实力与软实力之间采取偏颇或者二选一的徘徊行为，都将直接导致企业危机，使企业面临生存困局，付出惨重代价。企业家非常清晰地认识到，企业经济硬实力在国内外市场彰显的机会必须同时跟进企业文化软实力，周详计划向国内外市场传播中国的价值观与生存力量，这也是中国企业积聚力量准备驾驭全球性经济市场的趋势。实现这种趋势的转变,具有巨大威力的企业经济硬实力与企业文化软实力这两把利剑必须出鞘。

企业在市场生存中遇到新的挫折,亟待自我调整和完善时所展现的强大软实力力量是巨大的。衡量一个企业成功与否的标准首先是看企业文化软实力对企业在"市场经济与生存行为的实践活动"中的作用力成功与否。只有市场生存行为成功的企业,企业文化软实力才能取得成功的实践总结。企业取得市场经济竞争的成功条件不同区域环境有很多,但是缺了市场生存行为的实践活动,任何企业的生命力都是短暂的。无论何类企业、哪个国家总不能以买卖资源来发展市场生存经济,如果这样,企业、国家终将灭亡。

中国企业文化软实力研究课题,要靠中国的成功企业家与实践研究者完成,只靠西方、借鉴西方,引进西方研究,是极其错误的。审视中国企业发展历史,迷思西方,研究不少,也学了很多,但就是"四不像",有的纯粹是浪费国家资源。

中国成功的企业都是企业文化软实力的成功典范。中国企业文化软实力必将成为全球文化软实力研究的显学。因为中国文化、中国企业文化软实力在中国的经济奇迹中展现了强大的力量,是世界经济、文化建设领域内具有强大生命力的文化软实力,重视建立研究企业文化软实力学科与机制建设已经成为国家重要的战略任务。

短短30年,中国企业文化软实力的作用力及影响力充分显现。中国成为当今世界第一大贸易出口国,成为第二大经济体,仅次于超级大国美国,外汇储备居世界第一。30年的发展历程,4亿中国人摆脱绝对的贫穷状态,被称为人类历史上最有成效、规模最大的脱贫先例。

众所周知,中国的主要工农业产品产量连续多年高居世界首位。中国的粮食产量以4.13亿吨力压美国独占世界鳌头;肉类产量7400万吨,是名列第二的美国的两倍多;水果蔬菜产量超过

5000 万吨，是名列第二的印度的 4 倍多；钢产量突破 5 亿吨，超过全球十大产钢国产量总和，是美国和日本总和的 5 倍，是不折不扣的巨无霸。经济界向来有"石油是工业化的血液，钢铁是工业化的脊梁"一说，正是在这个基础上，中国的汽车销售量也在 2009 年超过美国居全球第一。实际上，中国已有 210 项工业产品销量位居世界第一，包括电视、手机、计算机、啤酒、自行车、化工产品、机械制造，等等。不仅如此，根据法国《财经》杂志提供的数据，中国高科技产品出口力压美国、德国和日本，高居世界第一，销售总额是法国的 3.5 倍。

中国崛起是中国奇迹，也是世界经济环境下企业崛起的奇迹。与历史上其他国家的崛起过程相比，中国没有对外掠夺、殖民，没有战争，实行的是和平崛起的国家战略。中国和各国实现了多边合作，实现了多赢。

中国企业文化软实力与经济硬实力的建设奇迹，使西方实现了产业转移。对于发展中国家而言，中国企业文化软实力与经济软实力的成功崛起，进入了西方对制造业的垄断市场。中国以企业市场生存行为的实践文化力量为世界经济生存市场作出了贡献，使众多的发展中国家以更低和更为合理的价格购买到需要的工业品。比如法国电信在非洲提供的服务费用极为高昂，手机成为其消费应用的高档奢侈品。而当华为公司的技术进入后，在同样甚至更为优惠的条件下，让非洲享受到了适合其消费能力的电信服务。同时，中国的崛起使发展中国家在资源销售上拥有更多的定价权，打破了西方对原材料等的垄断定价权。

中国企业创造的市场生存奇迹，是企业创造国际生存环境时实现的竞争实力。中国企业文化软实力的张扬不仅面临着国际市场应变策略及我国区域社会转型的挑战，同样还要进行国内经济转轨的合理结构设计。

2012 年初，我国经济发展态势是一方面积极推进社会转型，一方面积极进行经济转轨。

中国企业创造奇迹，企业文化软实力表现在企业进入国内外市场生存行为的实践活动中，提高了集团企业规模化的生存能力，创造了中国企业在市场生存环境中的奇迹。

西方模式五百年，创造了辉煌的工业文明，推动了人类的全面发展。但其代价极为沉重，如美洲的种族灭绝、文化灭绝，非洲的贩卖黑奴，全球的殖民和掠夺，环境恶化，核威胁。任何效仿西方的后起国家，大都采用了立即通过同样的方式进行扩张，又导致爆发了无数次战争，直至爆发了几乎毁灭人类文明的两次世界大战。

尽管付出如此沉重的代价，但西方的战争与生存模式宁静之后仅仅解决了 10 亿人的发展问题。世界生存格局中崇拜迷信西方的许多第三世界国家仍然处于极度的贫困当中。而中国改革开放的经济发展模式解决了多达 13 亿人口的吃饭问题。回顾人类历史，像中国这样规模的国家自立、自强，艰难地开辟生存市场，开创了实现现代化的发展道路，可谓屈指可数。仅从 13 亿人口吃饭问题得到解决就可以发现，中国企业的贡献模式比西方模式更具有开辟合理生存结构的代表性、全球性和普世性。

6. 企业文化软实力的成果是中国企业创造了全球经济市场生存奇迹，其重要意义不仅仅在于经济上实现了巨大成就，关键是改变了中国的社会结构

中国企业不再是一个自我市场生存的传统文化行为者，而是一个进军国际市场开拓生存环境的企业文化软实力的传播者、实践者，以中国企业的优秀品质与全球同步进入信息时代。中国企业文化软实力有着浓厚的中华文明历史与众多现代高新技术成果，伴随着企业市场生存行为的实践力量，实现了从中国市场检验的传播文明的企业产业品牌进入国际市场的消费文明阶段。使全球经济市场认识了中国产品所传递的历史文化，以爱国力量与生存力量的文化价值核心传播力实践了全球化、工业化、城市化的生存体验。中国企业文化软实力的巨大影响力，向全世界宣告中国打破了历朝历代的更替、自我循环的发展经济演变模式。其重要意义在于，中国的文化软实力与经济硬实力崛起是千百年来的重大事件，中国企业真正创造了奇迹。

中国企业成功在国际市场竞争已经得到全球认可，特别是在全球经济危机中，中国一枝独秀，不仅率先摆脱危机，而且还在努力带领全球走出危机。德国经济以超出预期的速度回升，自认为只不过是中国奇迹的组成部分，是中国的经济增长（不是复苏）以及强劲需求拉动了德国经济。他们唯一的担忧是对中国依赖过大带来的风险，这也是西方企业文化中展现的个体极端利益行为的特征。

中国企业创造了市场生存奇迹，成功的原因还表现在影响市场生存环境的四个要素。

（1）从城乡居民收入的要素来看，中国人民始终保持勤劳、节俭，具有传统的财富存储意识，储蓄率高，积累了巨额资本。

（2）从国际经济环境要素来看，中国具有大量的廉价劳动力，是巨大的国际经济生存条件优势，其生存适应性及实践使出口导向的发展战略得以成功实施，并成为经济行为全球化最大的赢家。

（3）从国际关系的要素来看，20世纪70年代的中美关系改善，之后改革开放政策实施，吸引了大量的国外投资，以及随着国际经济生存市场的应变抓住西方产业转移的机会，所有这些都成为拉动中国经济成长的重要力量。

（4）从比较经济学的市场生存行为要素来看，中国放弃计划经济，实行市场经济，是成功的关键。有的研究者着眼于具体的经济、社会措施的研究与分析，如认为国有土地有偿出让、计划生育政策的成功是中国奇迹的根源。其实质是中国企业的市场生存行为力量改变了生存体系的空间结构。

在笔者看来，中国企业创造的奇迹根本上是在中国政治体制保障下，在符合国情基础之上进行的不断深化的市场生存行为实践活动的改革和调整，是中国传统文化应用于市场生存环境的理性的、创造性的实用主义的再现。简单地说，就是中国的传统文化与市场经济、城市化、全球化相结合的适应市场生存的产物。中国的传统文化影响力有两个方面：一是中国人民的爱国、奉献、勤劳、节俭、生存力量；二是政府的科学管理、主导性的市场生存环境建设作用。中国文化力量，是国内外研究者重视并达成的共识。

2009 年底，法国时事周刊《视点》以 80 页的篇幅推出中国特刊，其最突出的特点是没有西方价值观说教，完全从客观的角度展示一个真实的中国。来自德国的哲学家和精神分析师、德国埃森高级人文研究所的高级研究员斯拉沃热·齐泽克也认为，"中国之所以发展得如此之快，不是因为其脱离了威权主义的统治，相反，而是由于这种威权主义统治所带来的"。事实上，离开中国这样的透明和谐的政治领导核心，中国 13 亿人口的吃饭问题根本无法得到解决，中国企业创造的奇迹模式也无法实现。

笔者与众多支持此观点的研究者均认为，中国企业创造奇迹的成功模式，他国无法借鉴、复制。同样，全球经济发展时代，大量向西方取经却失败的第三世界国家很多，复制西方模式遭遇头破血流，损失惨重。这就是盲目西化的例证。中国企业创造奇迹成功的原因在于中国文化的传承、勤奋节俭的民族和全心全意为人民服务的高效运转的党和政府。

综合国内外媒体语言："中国仅用三十年时间就迅速成为世界第二大经济体，数亿人因此脱贫，创造了人类历史上的经济奇迹。特别是在西方世界身陷百年一遇的经济危机的一刻，中国的模式极其成功、分外耀眼和令人信服。"

笔者认为，中国企业创造经济环境生存的奇迹，是中国崛起奇迹的重要部分，中国一元化举国体制是成功的保障。显现的优势表现在：一是保证了一个国家在社会转型和经济转轨过程中，极为需要的甚至是绝对的政治稳定。如果考虑到中国多民族、各地条件差异极为悬殊、自然灾害频发的国情，政治是否稳定关系改革开放的成败。二是能够有效应对和解决历史发展过程中各国普遍出现的问题和挑战。三是在全球化过程中，不仅可以让一个实力落后的国家在维持主权的基础上扬长避短，而且可以有效应对全球化过程中外部问题的内向传导所造成的威胁。无论是俄罗斯的经验教训，还是汶川地震灾害、北京奥运成果以及应对全球经济危机的能力，都验证了这一点。

胡文臻

2013 年 1 月于北京

第1章 企业文化软实力研究的目的与方法

1.1 研究的背景、目的与意义

1.1.1 研究背景

本书以我国企业文化软实力影响企业在市场生存的现状与问题为研究背景，首次提出并以"企业文化软实力是建立在企业市场生存行为基础之上的实践活动"为主线脉络展开研究，以新的视角和分析，解析企业文化软实力新论。

任何一个企业必须具备基本条件（企业性质、经营范围、注册资本、法人代表、从业职工、生产地址、环境评估、品牌产品）和生存条件（企业文化、生存力量、市场行为、价值观确立、产业规划、消费收入设计、应变策略、企业硬实力与软实力实践与储蓄）。基本条件是国家法律规定的必备要件，接受国家工商部门的审查与管理；生存条件是企业思想理念、市场生存行为实践活动、企业品牌产品面对复杂市场环境突变情况与危机时的应对策略、企业坚实经济硬实力与强大文化软实力的展现、实现消费设计目标，以及取得盈利的生存要件。

在实际产业活动中，根据市场生存的行为需要，企业基本条件与生存条件可以自然扩展延伸，以满足企业的市场生存行为与市场消费结构的变化。实现企业市场生存行为目标的关键取决于"两个人"的思想（价值观）与实践（生存）的能动性合理结构与持续创新的设计问题。

"两个人"是指企业法人（各类经济组织、机构、依法成立的经济实体）与自然人（技术人员与高新人才），"两个人"都要生存、生活并不断创造财富。企业经济硬实力与企业文化文化软实力建设、提升、展现以及企业产业品牌在国内外市场的影响力、竞争力都需要"两个人"同心协力，自由进退市场，实现利益与收入目标。

企业经济硬实力与企业文化软实力的建设是同等重要的顶层设计，企业在硬实力与软实力之间采取偏颇或者二选一的徘徊行为，都将直接导致危机，使企业面临生存困局，付出惨重代价。企业家非常清晰地认识到，企业经济硬实力在国内外市场彰显的机会必须同时跟进企业文化软实力，周详计划向国内外市场传播中国的价值观与生存力量，这也是中国企业积聚力量准备驾驭全球性经济市场的趋势。实现这种趋势的转变，具有巨大威力的企业经济硬实力与企业文化软实力两把利剑必须出鞘。

中国企业需要开展文化软实力创新，实现企业文化建设的第二次思想飞跃。企业文化软实力建设的实质就是市场生存创新，重点是解放思想，要摆脱陈旧过时的技术改造式的空洞创新假戏，真正使企业建设者扩大国内外市场生存见识，以科学的市场生存开拓精神实现企业文化软实力建设的目标。

20世纪80年代，伴随改革开放的进程，西方思想大量涌进中国，我国企业文化传统观念受到西方文化的冲击和影响，我国企业传统的生产生活方式及行为艺术均受到洗礼。企业文化软实力的建设由此转变为借鉴式的学习运动，企业文化软实力以排山倒海之势改变并推动了中国社会的思想进程，实现了企业文化软实力推动改革开放历经30多年的实践目标，在世界市场经济格局中形成了发展与稳定的力量。

（1）企业文化软实力是建设国家核心竞争力的基础。

企业文化软实力是国家文化软实力的核心基础之一。改革开放

30 多年来，我国企业在国内外市场纵横驰骋，积累了企业文化软实力资源，形成了强大力量。中国企业的市场生存行为力量不仅实现了企业管理所有制上的突破，而且实现了市场机制活力的创造和多种形式结构企业经济规模的扩张。中国企业走出去的市场开拓能力与市场生存能力完全展现了我国企业文化软实力的强大与张力，如中国建筑总公司、青岛啤酒股份有限公司等大型国有企业的竞争力在世界市场经济中均占有一定的重要位置，华为公司进军全球并展示了中国民营企业市场生存能力与竞争力的软硬实力。市场行为力量使中国很多中小企业具备了超强的开拓国际市场分析能力与国内市场灵活应变的适应能力，中国企业文化软实力的影响力在市场经济全球化的激烈竞争中展现出了强大的生存力量。

企业强势，则国家富裕强盛。此观点不具研究意义，但体现了国家核心竞争力的主要建设力量特征。近年来中国联想公司、华为公司和中兴公司的市场行为力量和产品品牌价值受到世界市场的青睐，显现出产业品牌的生存认知度与技术先进程度，完全可以进入美国、欧洲等市场生存。西方国家的企业产业品牌的技术先进程度受到中国企业产品的冲击，表明中国企业软实力在国际市场的竞争力与影响力得到快速提升，西方国家企业的市场霸主地位将受到真正的挑战。

企业的生产与发展给国家创造了强大国力与税收规模，中国加大了国防技术建设到发展民生的各项投入，国家五年一调整的规划使多种经济成分的组织涌现，大量民营企业的发展改变了中国的社会发展结构，使中国多元化和民主的扩大都有了实在的经济根基。企业的市场行为力量铺就了中国改革开放实践成功的一块块坚实的基石。

（2）建设企业文化软实力是国家持续兴旺发达的发展之路，是企业在国际市场谋求生存地位的基础。

中国的企业产业品牌进入国际市场博弈，仍有很多不足或软肋。改革几十年来，大量企业的关闭、破产、灭亡，说明企业的生存行为系统复杂而又具有极强的生命力。企业缺少软实力建设与市场生存行为的设计发展实践，很难发现企业中的不确定性要素。多年来国内学者试图照搬西方企业建设经验或者借鉴西方企业发展道路模式，都是失败的。中国每一个企业从小到大的建设发展历程，设计、实践、市场生存行为可能低于发达社会，或者有缺陷，但是，无论中国企业的传统文化市场行为力，还是中国企业的改革创新环境特征，西方企业发展的所有套路均无法在中国复制。中国借鉴式的学习能力促使中国企业在学习市场生存能力与应变市场行为能力方面，创造了适合企业自身成长的法律环境和市场环境，国家在总结、调整模式道路中逐步形成了制度，在企业不断的市场行为活动中进一步优化、提升、完善。

中国企业进入国际市场是企业实力与雄心的力量展示。西方国家必然对中国企业竞争力的增长倍感担心。因为中国企业发展力量代表着中国崛起的坚强实力。西方学者研究中国企业，有研究者提出，没有在中国企业工作生活五年以上的亲身经历，根本找不到（不懂）中国企业的市场生存开拓能力的源泉在哪里。笔者认为，研究中国企业发展、生存、活力、产业硬实力与文化软实力建设、创新、持续发展等问题最具发言权的研究者，其实只有成功企业的董事长或者总经理。即使中国的智库研究者、长期跟踪研究者的成果结论也永远与企业实践者、行为者的体验有很大的距离。所以说，西方学者研究中国企业的文化软实力建设与发展的爱国力量、价值力量、生存力量、影响力、竞争力、生产力、品牌力等，是脱离中国企业发展实际的实验预测，他们无法总结中国企业文化软实力的内涵。所以，西方国家必然对中国企业产业品牌进入国际市场环境的生存竞争力万分担忧。西方长期研究认为，中国经济始终是对西方采取防守之势，我国企业的低端产品进入美国、日本、欧洲市场，对西方国家企业品牌优势构不成直接挑战。但终有一天，中国企业、产业品牌会进入西方大国市场博弈，甚至中国自主研发的高科技产品要在国际市场生存并且永远立足市场，实践生存行为，西方的拒绝与恐慌结果是形成自己的防守态势。在这里回头看,西方学者已故管理大师彼得·德鲁克20世纪80年代提出进入"企业家经济"时代,当时美国经济正走出零增长的衰退困境,这次经济复兴中,软件产业成为新兴的企业代表力量,最大的贡献是企业取代了政府成为解决就业与冲出经济危机的领导力量,企业家的市场生存创新行为与竞争精神影响了整个社会和各个领域,同时以生存为目的的创新设计塑造了一代美国青年人。彼得·德鲁克的研究堪称顶级,他设计的"企业家经济"是:在市场竞争的政策环境中,量大面广的中型企业公司成为国民经济的支柱力量;企业职业经理人会成为一个独立的群体(产业);管理作为一门技术被应用于广泛的经济和非经济领域;企业家行为成为社会创新和新秩序建设的关键。德鲁克的研究成果意义与影响仍在,然而世界已进入新经济格局时代,中国企业文化软实力的建设与实践将使"企业家经济"变化成为重点研究的"企业家市场生存行为的实践活动经济"课题,这是企业利益矛盾爆发后全世界面临的课题,结果只有一个,即生存市场行为化解。

本书研究企业文化软实力,自然要联系企业发展环境与推进企业文化建设的国内国际经济格局与企业的市场生存行为空间结构。今天的中国企业状况是,国有、民营使等多种形式的企业已经充分做好了适应国际经济市场冲击的准备,也做好了产业品牌进入国际市场博弈生存的心理与必要技术准备。特别是中国企业将以企业文化软实力的强大实力出现在国际市场环境中,在持美国、英国、日本等西方国家企业自由理念的市场行为环境里必将接受张扬中国企业价值观力量的企业文化生存行为。在世界广阔的市场大地上将迎来中国企业文化软实力影响和主导局部市场经济运行的发展道路。中国借鉴和改造设计的富有美国企业特征的企业将会出现,这是企业生存市场全球化的需要,但绝不是另一形式西化的复制。因为中国的发展、中国企业的发展是史无前例和绝无仅有的,今后中国的企业发展道路依然是崭新的、充满活力的,企业文化软实力将是最具国际市场行为的领导力量。

西方国家以美国人所采取的非贸易手段保护本国企业，说到底是企业软实力出现了变异。中国企业要知道市场生存行为带给企业的是硬实力与软实力的合力，同时检验的是企业文化软实力的竞争力。中国企业市场生存行为除了在要求美国开放市场方面据理力争外，同时要看到并悟出，对世界所有国家，包括对美国这样的超级经济大国来说，企业在国家利益中占据着非常重要的位置。

（3）中国要加快实践发展本国企业在国际市场的生存机制。

企业创造无数生存奇迹也是我国的核心竞争力特征。把这作为继续和深化改革、应对阶段性复杂局面的主战场。中国企业的效益、规模和竞争力全面提升，将会创造更多超过当前平均收入的工作，贡献更多税收，为社会福利和国家竞争力开创全新局面。中国企业强大还会把外资同中资的合作推向更高水平。

发展中国企业需要结合全球经济形势特点，解决企业和企业家们在市场行为中所关心的或者遇到的各种问题。

2012年后的企业文化软实力发展的建设设计如下。

第一，强化对企业文化形成的财产权的保护，建立企业家的文化财产储蓄制度。引导爱国者力量成为国际市场行为的主流实践行为，影响那些企业和个人变异移民海外或者迷恋西方的念头。

第二，建立企业文化软实力知识产权保护制度，合理调动企业文化建设的研发投入；营造中国企业文化软实力与市场生存的产权环境。

第三，创造市场生存文化的竞争环境，为企业进入国际市场创造条件，形成有生命力的企业文化软实力，探索和修正国际市场生存行为环境的成功与失败结构。

第四，创新企业文化软实力的实践行为，是发展国家和民众认识市场重要性的战略性的建设活动。以中国人的勤劳、聪慧和生存勇气，必将涌现一大批傲立国际市场的世界级优秀企业。

如果世界市场的生存机制中缺少中国企业文化软实力的价值，

国际市场生存环境就无法实现可持续的跨界市场企业文化与生态的发展目标，世界范围内的消费者就永远无法了解和认识中国民众的生存价值观。

（4）扩大中国企业文化软实力在国际经济环境上的影响力。

2011 年 10 月，中共中央召开十七届六中全会，将文化建设提升到国家战略的重要位置，并向全世界宣示要以文化软实力扩大在国际上的影响力。

企业对中国的改革开放来说，起着决定性的推动作用，是个非同寻常的经济实体。改革开放 30 多年来的巨大成就是划时代的。由于西方与我国意识形态的差异，我国企业文化软实力建设的影响力受西方的传播限制，国际消费者始终在朦胧中，无法了解中国企业的发展面貌。

随着中国改革开放和现代化建设的迅猛发展，中国企业迸发出巨大的创造活力。与改革开放前的环境相比，1978 年之后中国企业有了更大的市场生存自由发挥空间。近年来，中国企业采取批判吸收的借鉴方法学习外国企业管理，也大大增强了向世界推介中国企业文化软实力的强势力度。

20 世纪 80 年代，张艺谋拍摄的电影《红高粱》获得柏林国际电影节金熊奖，张艺谋将电影企业的文化软实力在世界市场舞台上发挥与张扬，一跃成为国际著名导演与影坛名人。可见，要让世界了解、认识中国，就必须发挥企业的影响力，如影视产业在国际市场中展现了中国企业的丰富文化力量。

同样是在电影企业的带动作用下，王安忆的《长恨歌》和张爱玲的《色·戒》两本书在国际市场生存行为的需求显著增加。"而国际出版集团企鹅新加坡分行则表示，电影《色·戒》上映不久后，《色·戒》的英译本就售出了超过 1000 本，而之前在新加坡，张爱玲作品的英译本几乎无人问津"。中国企业文化软实力展现了国家实力、展现了企业文化生存力量。将内涵丰富的企业文化软实力应用于开发更具市场价值的国际市场，实现以文化产业改变经济结构，以文化软实力走向世界，影响世界消费者了解学习博大精深的中国企业文化，自觉充当中国文化软实力的参与建设者与传播者。

（5）企业文化软实力与企业经济硬实力是中国企业在国际市场生存实践的两把利剑。

21世纪，中国同日、美、欧之间的国际市场生存环境与经济争端逐步显现。2012年初，国际市场上显现了全球经济前景非常暗淡的景象，参照国际货币基金组织预测及国际市场信息，预计欧洲的衰退仍将持续很长时间，美国的霸权意识设计的市场状态表明美国的预算窘境依然持续严峻。国际市场危机四伏，中国企业慎重分析国际市场生存与调整环境，以积极的姿态探索将我国具有竞争力的企业与日益增强的经济影响力转化为进入国际市场快速发展获益的途径。

中国企业所展现的企业文化软实力与国家重视积极参与国际经济市场的发展进步，通过对发展中国家和遭受债务危机的欧洲提供援助，为企业提供国际市场生存发展环境，增强企业文化软实力，使中国在外交关系中获得更多发言权和回旋余地。

中国企业文化软实力的建设与提升举世瞩目。中国企业的生存发展多得益于改革开放政策的持续与创新，国家采取积极、有利、高效、发展的系统设计影响推动企业创新、资金贷款支持、市场开拓、消费认同、品牌建设、跨区域及跨国界的市场生存活动，并且以企业文化软实力的影响力展现与我国外交政策总目标相关联的能力和实现国际市场生存意愿。中国企业文化软实力的发展实力充分表现在欧洲和美国遭遇长久经济危机之际，中国企业坚信自己的高新技术与产业品牌的市场生存能力影响，突出表现是我国企业在全球金融体系中的新市场地位，企业软实力的提升将使企业在国际市场中为国家创造更好的环境与更大的利益。

中国企业的国际生存环境发展成就是全球经济形势的需要，是我国民生文化与社会发展合作交流的需要。日、美、欧三大主要对手正对中国施加更大的市场政治及经济压力：钓鱼岛的争端必将在不久时间内影响到中日间的市场经济结构，美国的国内选举及排斥中国企业的行为将对中国新兴的经济外交产生重要影响，法国、德国等欧洲国家已对来自中国的太阳能板启动反倾销调查。另外，美国与菲律宾、美国与日本、美国与越南的合作及美国向亚洲的战略转移都将直接威胁中国的安全。同时，欧美国家还时常干涉中国内政。基于此，中国以和谐、合作、共赢、维权的市场生存行为研究反制西方压力的举措。我国企业文化软实力的建设与提升必将发挥威力，与我国经济硬实力、影响力将成为国际市场生存实践的两把利剑。

中国企业发展适应国际环境的时间不受国际市场经济发展快速或者相对缓慢的干扰。2012 年初，在国际市场生存环境中，中国展现的经济增长潜力任何主要对手都望尘莫及。虽然中国经济高度依赖对日、美、欧的贸易，但日美甚至更加依赖于中国的制造能力及逐渐扩大的国内市场，中国对全球经济的贡献成果是这些相对富裕的国家还依赖中国购买其大量国债。

中国企业文化软实力的建设与提升是国家核心竞争力的基础。欧美面临市场萧条、债务危机，其实就是企业经济实力发展出现萎缩，面对中国坐拥约 3 万亿美元外汇储备的竞争实力，国际市场生存的相关行为利益各方均十分清楚其经济实力的不足。西方各国继续打压中国企业，违背市场生存规律资助中国异见人士反对中国和平发展等，可能将来国际市场生存的环境中将会淘汰掉一些国家，甚至出现自动离开市场的国家，生存的市场环境发生什么都是有可能的，就像全球爆发的经济危机，其实就是企业的市场生存危机。

随着经济发展，中国企业文化软实力的强大展现是必然的。国际市场生存环境中企业将以文化软实力的利剑与竞争者博弈，中国企业文化软实力的力量将替代市场要素下可能发生的代价高昂的冲突；当中国核心利益受到侵犯，西方对中国企业的不公制裁发生时，中国必然动用经济影响力。在国际经济环境中，中国企业发展给世界带来生存需要，只要别的国家不直接威胁中国经济或重要政策目标，中国的经济影响力利剑就不会出鞘，但是中国企业文化软实力的利剑将会在市场竞争中持续亮剑。

（6）国际市场生存中展现产业"硬实力"与文化"软实力"，是中国企业迈向国际生存市场的强有力的矫健步伐。

现代中国企业的思想层面已不是传统意识形态中的那些封闭、守旧、媚外的符号，而是形成了中国社会冲破旧思想束缚的文化力量，冲击着"西方价值观"。

被极端化了的"西方价值观"尚未在中国企业及社会活动中形成无处不在的统治地位，但它的确影响、冲击、俘获了知识精英中的很多人，并且逐渐影响了中国文化行为与文化研究的舆论语境。其形成"态势"为借助中国研究者创造舆论场上新的文化"政治正确性"，以西化的文化行为力与"西方价值观"的个人英雄主义思维直接冲击反对"西方价值观"的中国知识界、企业界精英们的意见，在中国的文化行为影响力中具有一定的压制力量，一定程度上在削弱中国文化软实力的设计与建设。而中国企业在国际市场生存中的产业"硬实力"与文化"软实力"的强大展现，使中国的马克思主义主流价值观、爱国奉献等中国精神旗帜在世界各地经贸文化交流舞台上迎风飘扬。

中国企业经历了数百年的积累与发展。改革开放以来中国企业获得了成就巨大，但面临中国企业文化软实力在国际舞台上的强势张扬，中国人思想上的自我创造观念不足，更谈不上企业文化精神的"自给自足"。西方企业文化对中国的企业文化影响仍体现在知识界的思想需求中，其对外来思想的需求依然很大，中国企业文化创新建设仍然受西方思想的影响，在创新企业文化思想上我国成了"净进口国"。引入西方企业文化创新思想的同时，中国的企业、知识界要用国家与民族的强烈意识能力进行甄选，谨慎地参考借鉴，为我所用。有研究者指出，中国近代史上有过很多被外来思想完全控制的教训。在新民主主义革命阶段曾有人教条主义地对待马克思主义，吃了大亏。是马克思主义的大规模"中国化"改变了历史进程。这就是中国文化软实力在世界文化、经济、政治舞台上的强大力量。

中国企业成功地进入世界经济格局中，中国企业文化软实力的渗透力与影响力完全可以将西方民主主义进行一次彻底的中国化过程，中国企业完全可以将西方思想改造并在中国结出正确的果实。中国企业家及企业的文化影响行为已经使西方民主主义从"神"的位置上走了下来，中国与美国、法国、德国等国家的企业成功创办合资企业，正是与中国的社会现实相结合，成为推动中国社会和谐稳定、可持续发展的有益的思想资源。中国企业文化宣扬，需要中国的知识精英们扩大见识，找准位置，敞开胸怀，看清楚中国企业及社会发展是推动中国崛起的主要力量。中国企业界、知识界、各阶层要找准在历史纵向以及现实世界中的真实位置，看清中西博弈的各种深刻影响。无论在技术上还是战略环境上，中国都必须精心、静心、亲身去实践。可以说，中国企业文化软实力的张扬，是中国文化发展战略的重要组成部分。

中国企业的多种经济成分并存，是中国政府科学管理现代企业、引导各类型企业以各自经济身份和市场竞争模式参与国际市场交流，展现中国企业文化软实力的强大与胜利的基础。中国企业的多种成分形式与世界各国家复杂的经济体搅动着中国的甚至世界的市场经济。中国学者或者西方学者以西方宝典指导中国的企业文化建设及社会经济发展前进，其文化的差异与极其低质的契合度，通过其他国家短视媚外的痛苦不堪的"西方化"过程向我们发出了严厉警告。把西方思想、学者西化的研究结果及科研参考似的研究意义当"圣经"借鉴参考，是极其错误的，我国研究人员只有用具自身特征的实事求是的实践精神去审视它，才是研究的唯一路线与方法。

我国整个学术界、知识分子群体在学习、审视西方文化影响力的同时，必须打破中国研究与舆论场上对西方文化和研究的"神"的迷思，做到中国传统的精神上的伟大与自豪的不卑不亢，如此中国改革的企业文化思想环境动力航空母舰就可远航。需要我国文化研究者从新的视角、采取批判式的态度，首先从较高层面的研究做起，推动社会各研究力量立足国情特征，剔除沉迷于西方文化思想的麻木研究者。

中国文化的、传统的、进步的、科学的思想启蒙研究与活动是中国走向强大的必须马上启动研究的重大课题。这需要一大批有号召力的思想大师、文化研究者和中国企业文化建设的意见领袖勇敢站出来推动划时代的研究课题。这是世界进步历史中中国屹立于世界民族之林的必由之路。

进入 21 世纪以来，中国企业文化软实力的表现特征为：中国企业在员工"爱国力量、奉献力量、成果力量、生存力量"及企业实现管理的责任、创新、敬业、组织关系、领导能力、设计能力和价值观塑造等方面迫切需要提升和加强。这些已成为全球经济环境条件下中国企业文化软实力建设中新的"短板"，迫切需要中国企业今后相当长一段时间苦练内功，提升全球经济市场生存能力。从中国企业文化软实力的自身建设来看，中国企业文化软实力在新时期的市场生存建设与市场生存竞争力是非常显著的。

以企业为主体、市场为导向、产学研相结合的市场生存行为的实践活动为特征的科技创新体系迄今没有建立起来，这也是企业文化软实力急需加强建设的基础之一。以我国 500 强企业为例，大部分企业科技投入增加很快，研发成果突出，除众所周知的海尔集团、青岛啤酒、上海外高桥集团等 200 多家企业重视创新文化建设投入与实践设计外，大多数企业缺乏企业文化创新的思路。

笔者认为，一是加快我国企业文化软实力建设与社会文化的规则制度建设，大力开展企业适应市场生存行为的实践活动。企业文化创新是建设我国企业文化软实力与社会文化规则制度的保障。企业文化创新不是冒险，企业文化创新不存在失败，企业文化软实力是立足于我国主流文化建设的实践过程，是创新建设的一个必要路径。

以美国为例，美国文化时刻展现着冒险的个人英雄主义精神，其代表是近代以来大部分市场生存行为特征的发明创造均来自美国等国家。而中国社会的民族自豪与艰苦奋斗精神，激励着中国自然科学与社会科学界的研究者，深入一线实践，取得了工、农、商、学、兵各行业一个又一个震惊世界的成果。

正是我国这样的研究氛围，学者们在理论与实践的海洋里大显身手，是我国企业文化软实力建设与社会文化发展规则制度的典范。西方一些研究认为我国研究者过于尊重权威，不敢越雷池半步，讲服从、好面子、怕失败的结论只是一些个案。

二是加快调整设计我国企业文化软实力市场生存行为实践活动的管理现代化建设。我国企业文化软实力建设受国内社会经济发展的强力推动，国有、民营企业的管理者部分兼具企业家和官员两种特性。企业文化软实力建设在一定时期里受改造、盘活企业影响，追求 GDP 和速度，追求产能和市场占有率，科技研发的内容所占权重并不高，直接助长了企业经营者的急功近利与浮躁心态，淡化了企业文化软实力的建设。

加快调整设计我国企业文化软实力市场生存行为实践活动的管理现代化建设，走出市场生存行为技术改进的误区，提升和加快企业文化创新，使我国企业文化软实力在世界经济市场中取得突破性的创新地位。

（1）重规模、轻设计。中国企业在市场生存行为实践活动中普遍存在"重规模"而"轻设计"的现象。从企业文化软实力建设来看，企业注重规模化建设，以注重社会责任和股东关系为内核的责任型文化特征不够明显。而以创新、客户忠诚为内核的设计创新型文化，以企业市场生存行为的管理组织和员工敬业为核心的和谐型文化和以管理模式和领导能力为内核的管理型文化特征设计不足。

（2）重管理、轻执行。企业最为重要的要素是职工，职工中又分为管理层与执行层。把管理层与执行层在市场生存行为的实践活动分别作为主体来看时，可以从凝聚力与向心力来进行分析。管理层要增强企业凝聚力，一方面要加强企业管理层的市场生存竞争机制建设，另一方面还要增强企业对员工的生存合理机制的引力。凝聚力增强的同时，职工体会到企业组织的温暖，职工的生存目标与向心力也得到了增强。中国企业普遍存在重管理、轻执行的倾向。

（3）重硬件、轻软件。统计数字显示，至少90%的中国企业目前都处于从创业期到成长期的市场生存的过渡阶段。这些企业大多面临着十分严峻的市场生存行为成败的考验。因为其企业内部的"文化软实力与企业经济硬实力"建设直接关系着企业成长成熟这个阶段的成败。目前国内企业大多以扩大自己的地盘和市场份额为能事，大都以硬实力的相关数据为发展指标，而软实力的建设和加强往往被忽略，企业发展的后劲严重不足。培育软实力比培育硬实力更为重要和艰难。

目前我国大部分企业的文化软实力，与自身的经济规模、经济实力、应有的国际经济地位不太相称，与国际大企业、大公司之间的差距还很大，与国内和国外的经济、政治、文化和社会发展形势还很不适应。从宏观看，制约我们企业文化软实力生成的因素是多方面的。比如，受思想观念和认识的制约，受企业发展水平的制约，受企业文化发展历史的制约，等等。但从深层次原因分析，主要有四个"不同步"。

（1）对企业文化建设认识和重视程度与企业发展的需要不同步。企业文化软实力在引导和推进企业的发展中占有十分重要的地位。当前，一些企业认识程度不高，务实程度还不够，企业文化建设出现重形式轻内容、重制度轻理念、重物质轻精神的现象。有的企业热衷于鼓吹时髦理论，大肆炒作企业文化，只做表面文章；有的企业文化操作机构没有实际基础，企业经营者不介入，没有把企业文化的战略编入企业发展规划的整体战略中；有的企业经营理念中涉及企业使命、宗旨和目标等内容的规定力度不够，共性表达突出、个性表达虚弱。一些企业在抓企业文化建设中，对企业文化的概念不明确，或理解过于狭隘，使企业文化建设简单化、庸俗化、教条化，用文体活动、党群管理、思想政治工作代替企业文化建设。一些企业对企业文化的认识有错位，比如，许多企业对"企业核心价值观"理解错位，确立的企业核心价值观并不是企业真正的价值观；有的在确立自己的核心价值观之前，并没有考虑到自己的价值观是否满足顾客、员工及社会的需要。一些企业重视程度不够，没有把企业文化建设摆在应有的位置，主要领导投入的精力十分有限，说起来重要，做起来次要，忙起来不要；有的由于领导频繁调整，班子稳定性差，企业缺乏长远的战略规划与经营意识，管理人员只注重任期内经营指标的完成，忽视企业人文环境的建设，在企业软实力、软环境建设方面投入不足，使企业文化建设流于形式，从而影响了企业的管理效绩和对外形象的塑造。

（2）企业集团内部的母文化与子文化建设不同步。马克思主义认为，任何事物都是矛盾的统一体。从事物内部的各个方面、此物与彼物的关系中去研究事物的运动发展可知，每个事物、每个事物内部各方面的运动都和它周围事物互相联系、互相影响而构成一个统一的整体。企业文化也一样，对于集团母文化如何统领，下属企业的子文化应该如何建设、发展和表达，母文化与子文化如何既保持高度一致又能保持鲜明个性并形成更大的合力等，这些问题到现在仍然困扰着许多企业。我们一些企业集团，企业文化"共性不足，个性有余"，理念体系、行为规范体系、形象体系缺乏一体化、系统化的构建和梳理。比如，共同的理想、信念、是非观念、文明准则等等，构成了一个企业的核心价值观。这种核心价值观的培育、形成、传承等，都需要企业集团母、子公司共同来创造、蓄养和培植。而我们一些母、子公司企业精神不一致，价值体系存在很大差异，导致企业文化软实力形不成"拳头"。因此，企业文化建设，特别是我们的大型企业集团的企业文化建设，一定要注意处理好集团母文化和下属企业子文化的关系，注重在坚持共性的前提下体现个性，以统一的理念体系、行为规范体系、形象体系统领集团的母文化，保持统一性，增强凝聚力、向心力，树立母公司整体形象。同时允许下属企业培养和创造特色文化，让其留有展示个性的空间。

（3）企业文化建设的形式与内涵不同步。这就是企业文化建设表面化，忽略文化内涵的培养。根据马克思主义认识论原理，企业文化是人的主观意识对客观存在的一种反映，是一个看不见、摸不着的东西，要经历从口头到书面、从理念到行动、从抽象到具体的过程，得到全体员工的理解和认可，转化为全体员工的日常行为准则和行事风格，使企业文化真正走进员工的内心，形成一种心理感受，形成一种心理契约，使员工在生产实践中完成"主人翁"精神的回归，这才是企业文化的真正内涵。但我们一些企业，对抓企业文化建设本身往往是只有安排，没有检查、没有考核、没有落实，没有把企业文化真正纳入整个考评体系中，令员工感到做也行、不做也行。有的企业大力塑造"文化"形象，如统一的厂歌、厂标、工服，在脱离企业经营管理实际的情况下总结一套企业精神，如措辞铿锵有力的口号等，这些本无可厚非。但是，它是否真实地反映本企业的价值取向、经营理念，这些理念或精神是否被员工认可，从而起到凝聚力和向心力的作用，却很难说。还有一些企业，表面上提倡一种文化理念，实际上却背道而驰。比如口头上高喊奉献社会，行动上却唯利是图；常常以对国有资产和职工利益负责的面目出现，强调企业是经济组织而忘记其社会细胞功能，强调企业对自己的经济价值，而抛弃其对公众的社会价值。这本质上都是舍本逐末的。这些问题，都是把企业文化过于形式化，而忽视了企业文化内涵的建设，这样的企业文化是没有意义的，起不到激励作用，对企业发展也根本产生不了深远影响。因此，一个企业培植企业文化，不但要提出一种文化理念和目标，更重要的是要"以人为中心"执行这种理念，使这种理念从经营计划、绩效评估、制度安排到管理体系中的各个方面都体现出来才行，并且让全体员工真正参与进来、融入进来。这样的企业文化才能在外化于形的同时内化于心，成为员工实实在在的思维方式和行为方式，才能实现企业文化与生产经营实践、与全体员工的深度融合，才会真正成为企业的核心竞争力。

（4）企业领导者的倡导与员工的参与不同步。在企业文化建设中，企业领导者起主导作用，员工起主体作用，只有上下同心协力，才能塑造出团队文化。而我们许多企业的文化不是团队文化，只是企业家的文化、个体文化。部分企业把企业文化建设仅仅看成是领导决策层自己的事，忽视员工的参与作用。有的在企业文化建设中尚未能很好地调动员工的参与积极性，员工对企业文化的认同感不强。有一些企业还通过种种手段对自己的领导人进行拔高和抽象，甚至搞个人崇拜，使企业文化建设"个人化"。三株集团董事长吴炳新将自己的"战争式文化"贯彻到企业中去，把企业的市场划分为几大"战区"，又借用毛泽东"农村包围城市"的做法，结果是赔了夫人又折兵，大败而归。员工是企业文化的真正载体，企业家精神是一个企业精神的关键，是影响企业经济增长最重要的非经济因素，但企业家精神不能涵盖企业文化的全部。若企业文化不能在员工中得到广泛的承认，就不能为企业的发展起到导航作用。因此，在企业文化建设过程中，自始至终都需要领导和员工的共同参与、共同培养，才能形成文化软实力。

1.1.2　研究的目的

本书将综合分析国内外企业文化软实力最新研究成果，并进行理论创新，建立企业文化软实力理论体系，提出提升企业文化软实力面对市场生存的有效途径，设计企业文化软实力测定评价模型，从而为我国企业加强文化软实力建设与适应国际市场生存环境提供理论支持和实战对策。2012年初，世界经济依然处于危机状态，企业文化软实力越来越成为企业生存行为力量、民族凝聚力和创造力的重要力量，越来越成为国家综合实力的重要因素。党的十七届六中全会提出，要坚持社会主义先进文化前进方向，兴起社会主义文化大繁荣、大发展的建设新高潮，激发全民族文化创造活力，提高国家文化软实力。企业文化软实力是国家文化软实力的重要组成部分，是核心竞争力的基础。改革开放30多年来，虽然已经有大量的国内外学者在企业文化理论及其对企业发展的作用方面进行了深入的研究，但还缺乏对企业文化软实力建设影响及市场生存的系统研究。本书将从企业文化软实力入手，阐明企业文化软实力的内涵、构成、影响因素和现状等基本问题，在此基础上进行企业市场生存理论创新。首先探讨企业文化软实力对企业发展的作用机制，构建作用机制模型，接着将提出提升企业文化软实力的有效途径，并将进行中国企业特别是新建企业文化建设的设计与实证研究，还拟批判式地借鉴学习介绍国外提升企业文化软实力的经验及对我们的启示。增强对企业文化软实力重要作用的认识，而且为我国企业提升文化软实力提供理论指导和有效的实践途径。之后将研究企业文化软实力的评价问题。在提出评价原则和评价体系的基础上，将设计测定评价模型，并进行实例分析，还将分析在模型应用过程中应注意的问题。这就为我国企业进入国际市场进行生存实践行为，正确评估企业文化软实力提供了技术支持和实际的操作模式。

1.1.3 研究的意义

研究意义是由本书所研究问题的市场生存要素和国际市场环境的变化决定的。如今，国际市场企业的争锋显现，我国大部分企业的文化软实力与自身的市场生存设计、发展模式、经济规模、经济实力、应有的国际市场生存的经济地位不太相称，与国际大企业大公司之间的竞争差距还很大。我国企业进入国际市场大显身手，凸显了企业文化软实力的不足以及在市场生存利益中的应变防守态势，对强势显现品牌力量和质量技术来扩大市场地盘和市场消费份额应变策略缺乏，当关键市场生存行为力量得到西方强势市场行为力量调整时，以企业财力等硬实力来竞争，无法发挥企业文化软实力的力量。总结失败经验，依然以相关博弈数据、指标为调整策略，完全弱化了企业文化软实力的建设，缺少提升企业文化软实力应用于市场生存环境中的建设与实践设计。本书以企业文化软实力建设中形成的"爱国力量、奉献力量、成果力量、生存力量"的支撑市场生存行为力量的实践活动展开解析，以 2012 年初世界经济危机造成企业在市场生存困局的延伸问题，研究中国企业在市场生存行为中的企业文化软实力及应变市场的创新能力和价值观力量，由此提醒企业家和政府，加快培育我国企业文化软实力比培育经济硬实力更为重要和艰难。

本书通过对企业文化软实力的市场生存研究，不仅将为我国企业在国际市场的生存环境探索设计，同时为企业市场行为的经营决策提供科学依据，为企业进入国内外市场的中长期战略规划提供新的理论工具，为企业的生存发展与区域环境中实现持续竞争力提供文化软实力的支撑。企业获得实践经验后，将为政府制定市场行为政策、营造社会环境与企业文化建设氛围提供分析和对策咨询，提升企业文化软实力和增强国家文化软实力。具体而言，本研究突出企业生存文化意义在于以下几个方面：①对企业文化软实力的研究，为企业在市场生存环境中提升文化竞争力提供可操作的市场行为实践方案，以市场行为变化进行动态管理。②探索企业以市场生存为核心竞争力的企业文化软实力的影响因素和作用机制，为企业提升在国际市场行为中的竞争力提供新的理论依据。③研究新形式的企业发展对文化软实力的需求，为企业制定国内外市场生存博弈规则与战略规划，加强企业文化建设，设计市场变异数据，分析影响企业文化软实力的因素。④对企业文化软实力在市场生存与市场产品的实践行为进行评价分析，为企业判断经营决策、科学配置文化资源提供决策依据。同时，企业文化软实力建设影响国家文化软实力的提升，研究新国际环境中的企业文化软实力的市场生存作用机制和提升途径，将有利于提升国家文化软实力的生存力量，增强我国的综合国力。当前，面临全球经济衰退，政治多极化凸显，加强企业文化软实力的建设与提升是我国综合国力竞争的需要。随着跨国公司全球资源配置能力的增强，企业文化随着国际市场生存机制的变化也将成为世界经济的主要竞争方式。加快提升我国企业文化软实力，也就是提升国家文化软实力，增强我国的综合国力，实现文化大繁荣、大发展的战略任务。

研究企业文化软实力，是为了打造我国企业的文化软实力，增强我国企业的核心竞争力。这对于繁荣社会主义文化和促进我国企业发展都具有重要意义：第一，这推动社会主义文化大发展大繁荣的需要。胡锦涛同志在党的十七大报告中强调："中华民族伟大复兴必然伴随着中华文化繁荣兴盛。要充分发挥人民在文化建设中的主体作用，调动广大文化工作者的积极性，更加自觉、更加主动地推动文化大发展大繁荣。"这一论述为今后一个时期我国文化建设和发展指明了方向。我国企业特别是中央企业，大多是关系国家经济命脉和安全、在重要行业和关键领域占支配地位的国有大型骨干企业，是国家经济社会建设的排头兵和主力军，肩负着繁荣先进文化、促进经济发展、推动社会进步的重要历史责任。因此，要积极发挥示范和主导作用，快速设计提高企业自身的文化软实力，推动社会主义文化大发展大繁荣，为实现党和国家文化战略与使命作出应有贡献。第二，建设具有国际竞争力的跨国企业是国家战略的需要。国家在企业改革之初就把培育一批具有国际竞争力的跨国大公司作为战略任务。目前，我国企业依然普遍缺乏在国际市场生存的竞争力和影响力，在国际市场生存行为中并没有取得反败为胜的话语权。下文以 5 年期为一对比阶段来看前后国际市场生存条件的变化与莫测，并对学者、企业研究者提供惊醒的启示。

（1）以 2007 年我国的企业状况来看，还没有进入 500 强前 10

强，而美国有 5 家，英国占 2 家。美国兰德公司和麦肯锡公司对世界全球经济增长最快的 30 家公司进行跟踪考察后得出结论：其胜出的根本原因就在于善于给企业注入文化活力，凭借企业文化软实力，这些一流公司保持了百年不衰。[①]

（2）看 2011 年底的世界经济形势，欧洲债务危机对中国产生着巨大的影响力，这种影响力挑动着"企业家与投资者"的神经。与欧洲有贸易往来的企业家，紧张地关注"欧元的汇率"波动，整个欧元区市场消费的下降直接影响企业对欧出口的下降，可谓损失惨重，面临生存危机；欧洲资本市场中的投资者，每一次欧洲债务危机恶化，瞬间使"资本市场"产生巨大的波动，股市下跌，大宗商品降价。2011 年 11 月 21 日，中国农业银行发布宏观经济报告指出，近来随着欧洲债务危机愈演愈烈，欧元贬值将对中国外汇储备造成汇兑损失，受价格及汇率变化等因素影响，第三季度中国外汇储备减值 879 亿美元。[②]

5 年后，中国企业的经济实力与文化软实力已经达到在国际市场生存环境中竞争的雄厚实力，中国企业进入 500 强企业前 10 名的指标意义已经变化。现以欧洲债务危机的影响来看国际市场生存环境中的中国企业文化软实力。欧洲债务危机中，一些学者、研究者没有深入国际市场生存环境中去研究企业的生存行为竞争机制，对欧元问世后的市场过高期望和购买欧洲债券的升值潜力缺乏系统的企业生存伸缩拉力研究，只臆想预测利好走势，甚至没有预测出现欧洲债务危机的应变设计，足见国际市场生存环境的博弈与变异以及学者、研究者缺乏市场生存行为（有学者强调研究者在企业历练 5 年以上）的实践与审慎的研究水平。

现在来看欧洲债务危机对中国企业的致命打击与影响。

---

① 程心能：《中国企业文化软实力思考》，《企业文明》2008 年第 7 期。
② 《农行指欧元贬值对中国外汇储备构成汇兑损失》，金融界，http://hk.jrj.com.cn/2011/11/21133311608101.shtml，2011 - 11 - 21。

（1）影响市场贸易。欧洲债务危机恶化，直接抑制中国企业对欧洲的出口。

"据不完全统计，2011年我国遭受全球16个国家60多项贸易调查，而次贷危机爆发以来，针对中国的反倾销、反补贴调查高达690余件，其中由美国发起的案件就达到100多件。以光伏企业为例，中国一度占据全球光伏市场60%的份额，而在过去几个月时间里，已有50多家太阳能企业倒闭，1/3的企业处于半停产状态。中国最大的太阳能光伏企业无锡尚德，股价从巅峰时期的90美元/股，一路狂跌至1.7美元/股，最大跌幅高达97%。"①

（2）影响生存收入。欧元下跌导致中国出口企业损失惨重。

中国企业对欧洲出口基本上是以欧元结算，欧元贬值，中国企业出口收入就"打折"缩减，损失非常严重。"东莞一家以出口女装为主的外贸企业，在2010年年初签了一笔50万欧元的服装订单，规定3个月交货。按照当时的汇率计算，10万欧元可兑换97.97万元人民币，但到了交货的时候，还是10万欧元却只能兑换85万元左右的人民币。这笔价值50万欧元的订单，仅汇率波动就损失了60万元人民币。"②

（3）影响生存空间结构。由于欧洲深陷危机，欧洲企业出现拖欠或者赖掉货款现象，给中国企业带来风险并造成巨大损失。

受欧美债务危机的冲击，以前被视为信誉度高、风险较低的欧美市场，却频现欠账不还的买家，受损失最严重的是中小企业。中国信保总公司提供的信息显示，2011年前三季度欧美市场风险呈不断上升趋势，特别体现在光伏、电子、钢铁、纺织、汽车、轻工、船舶等多个行业，超千万美元的大案、要案频发，主要集中在美国、德国、比利时等国家。厦门一家石材出口企业的一位德国客

---

① 《外贸祛魅：欧债危机的教训》，《江苏商报》2011年12月30日。
② 徐芸茜：《欧元贬值套牢中国企业，10万欧元订单赔10万人民币》，《华夏时报》2010年6月5日。

户，合作七八年来从不拖欠货款，近期竟然申请破产了，十多万美元的货款也跟着打了水漂。①

欧洲债务危机同样对中国股市产生了巨大的风险影响（本书不再讨论分析）。

可以看出，欧洲债务危机的持久冲击给全球多样的市场生存环境提出了新的发展思考，企业文化软实力的建设与影响力是企业在化解危机中的关键力量。欧债危机带给中国企业的最大伤痛是损失，但同时带给中国企业的最大收获是企业明白了一个道理：面对复杂变化的国际市场生存环境，没有企业文化软实力的强大作用力，企业就无法适应各种危机或者市场突变情况。当前，国际生存市场的竞争日趋激烈，国际企业文化、经济和政治相互交融，文化交流与传播日益频繁，各种思想文化相互激荡，产生的影响力已成为竞争区域的决定力量。因此，中国企业只有加快企业文化软实力建设，才能适应国际市场生存与竞争环境。

1.2　相关文献综述

1.2.1　国外学者企业文化和企业文化软实力研究综述

笔者为了学习、借鉴不同区域的学者以不同的区域烙印及历史角度研究企业软实力的成果报告，以引用参考的方式列出各参考论述与观点，目的是揭示企业文化软实力研究者所忽略的关键问题。无论西方学者还是中国学者，2011 年欧洲债务危机的持续性就证明了笔者提出"企业文化软实力是建立在企业市场生存行为基础之上的实践活动"的研究课题是全球经济形势的需要，是中国企业市场生存环境的需要，以新的视角或分析解析《企业文化软实力新论》一书的观点。

---

① 《受欧美债务危机影响厦门石材外贸公司遭赖账》，《石材》2011 年第 12 期。

笔者借鉴学习研究著作，赞同一些学者的研究。西方企业管理理论在经历了"经济人""社会人""自我实现人"与"复杂人"假设之后，越来越重视企业文化与企业组织的管理理念、管理过程与组织中长期业绩关系的研究。20 世纪 80 年代，企业文化的研究以探讨基本理论为主，如企业文化的概念、要素、类型以及企业文化与企业管理各方面的关系等。80 年代中期，在对企业文化的概念和结构进行探讨之后，便立即转入对企业文化产生作用的内在机制以及企业文化与企业领导、组织气氛、人力资源、企业环境、企业策略等企业管理过程的关系的研究，进而对企业文化与企业经营业绩的关系进行量化的追踪研究。

进入 90 年代以来，企业文化研究出现了四个走向。一是企业文化基本理论的深入研究；二是企业文化与企业效益和企业发展的应用研究；三是关于企业文化测量的研究；四是关于企业文化的诊断和评估的研究。

目前，国外企业文化的研究已经超越了纯科学化、理论化和显性行为管理的层面，企业文化、组织行为的研究已深入到诸如工作伦理、情绪商数、职业生涯规划、企业再造、经营业绩、组织学习、核心能力、文化创新、管理伦理、绿色管理等隐性因素。美国著名的企业管理大师汤姆·彼得斯认为，"我们正在着手一项事业：重新审查我们的管理原则和经济结构"。他在 MBWA（Managing by Wandering Around，即"走动管理"）中指出，只有通过创新才能激发企业活力，唯有创新企业才不致被不断向前发展的社会所遗弃。美国著名管理学家彼得·杜拉克富有远见而敏锐地指出，知识生产力将日益成为一个国家、一个产业、一家公司竞争实力的决定性因素。管理学家拉比尔·S. 巴赛说，新世纪有效的管理者在实施企业文化中应当充分注意情境管理的方法。

可见，国外企业文化研究走的是一条理论研究与应用研究相结合、定性研究与定量研究相结合的道路。定量研究是在企业文化理论研究的基础上，提出用于企业文化测量、诊断和评估的模型，研发出一系列量表，对企业文化进行具有可操作性、定量化的深入研究。

从国外的研究来看，学者们的研究主要从以下几个角度展开。

（1）研究企业核心能力中的文化因素。以桑德拉·沃尔特（Sandra Kogut）等为代表的企业知识观认为，企业是一个产生知识的实体，是一个知识实践社区，企业相对于市场做得更好的方面在于它能够提供一系列组织原则，高效地实现组织中个人和群体知识的共享和转移，达到知识整合和知识创新的目的。企业能力本质上是知识集合，它内嵌于员工技能、技术系统、管理系统和价值规范等；又是一个知识整合的社会过程，它存在于将个人和职能专长结构化、协调和沟通的组织原则上。从知识角度看，企业动态能力不仅是知识整合的过程，更重要的是知识创新的过程。

大卫·拉纳德（Dawy Leonard）基于企业知识观将企业核心能力定义为识别和提供竞争优势的知识集，核心能力有四个维度，即雇员知识和技能、技术系统、管理系统和价值准则。四者之间的关系是：核心能力的内容体现为雇员知识和技能，并且根植于技术系统之中；管理系统引导知识整合和创新的过程；雇员知识和技能、技术系统、管理系统都基于企业内部的价值观与准则，它们与各种各样的显性或隐性知识，以及与知识创新和控制过程密切联系。核心能力的四个维度在不同程度上对企业核心能力有增强和阻碍作用。新产品和流程开发项目经理都会遇到一个两难境地，即怎样充分地利用核心能力，而不为核心刚性所累。正如菲里戈·垒恩（Feargal Quirm）认为，认识并且管理好这种矛盾是一个强有力的变革杠杆，具有多种框架可能是自我更新型组织最重要的属性。拉纳德要求研发项目经理必须藐视传统企业中的各种技能、系统、价值，这样也许可以重新定义核心能力，开发新的能力。唯有这样，组织才能持续地革新。

（2）研究企业文化与企业绩效的关系。自 20 世纪 90 年代初以来，诸多国外学者对于企业文化与企业的经营管理绩效之间的关系进行了比较深入的探讨。1990 年，本杰明·施耐德（Beenjamin Seheider）出版了他的专著《组织气氛与文化》（*Organizational Climate and Culture*），其中提出一个关于社会文化、组织文化、组织气氛、管理过程、员工的工作态度和工作行为等与组织效益的关系的模型。在这个模型中，组织文化通过影响人力资源的管理实践、影响组织气氛，进而影响员工的工作态度、工作行为以及对组织的奉献精神，最终影响组织的生产效益。1997 年，爱德加·沙因（Edgar. H. Sehein）的《组织文化与领导》（*Organizational Culture and Leadership*）第二版出版。在这一版中，沙因增加了在组织发展各个阶段如何培育、塑造组织文化，组织主要领导如何应用文化规则领导组织达成组织目标，完成组织使命等；他还研究了组织中的亚文化。1999 年，特瑞斯·迪尔（Terrence E. Deal）和爱兰·肯尼迪（Allan Kennedy）合作出版了《新企业文化》（*New Organizational Culture*）。在这本书中，他们指出稳定的企业文化很重要，他们探寻企业领导在使企业保持竞争力和满足工人作为人的需求之间维持平衡的途径。他们认为，企业经理和企业领导所面临的挑战是建立和谐的企业运行机制、汲取著名创新型公司的经验、激励员工、提高企业经营业绩，以迎接 21 世纪的挑战。

（3）研究企业文化与企业核心竞争力的关系。综合有关文献，我们发现，关于肯定企业文化与企业核心竞争力之间关系的看法主要可以归为以下几类：一是认为企业文化是企业核心竞争力的重要组成部分。这种看法采用狭义的企业文化概念，将企业文化和技术、管理、人力资源等并列为企业核心竞争力的组成部分，较早期的文献大多持这种观点。二是认为企业文化本身就是企业核心竞争力。这种看法从广义上理解企业文化，认为企业文化涵盖了技术、组织结构、管理、制度等因素，本身就是一种企业的核心竞争力。目前较多的理论文献都是围绕这个方面进行阐述的。如美国著名企业文化专家爱德加·沙因所说，大量案例证明，在企业发展的不同阶段，企业文化再造是推动企业前进的原动力，企业文化是核心竞

争力。三是认为企业文化能够对企业核心竞争力的构建和提升产生
重要作用。这种观点将企业文化和企业核心竞争力视为两个独立的
个体，认为企业文化可以通过发挥导向作用、激励作用、教化作
用、凝聚作用等在构建和提升企业的核心竞争力中发挥巨大的作
用。目前，大多数案例分析或实证文献都持这种观点。如美国盖洛
普咨询公司曾经做过一个调查，发现有竞争力的尤其是核心竞争力
强的企业，具备三大法宝：一是顾客忠诚度的高低和忠诚顾客群体
的大小；二是员工忠诚度的高低和员工忠诚群体的大小；三是品牌
影响度大小。这三条决定了企业的命运，而决定企业能否具备这三
大法宝的主要是企业文化。

　　上述资料观点及大量的国外学者在企业文化理论及其对企业发
展的作用方面进行了调查与预测分析的研究，但还是缺乏对企业文
化软实力的市场生存力量系统开展研究。

　　"软实力"是近年来风靡国际关系领域的最流行关键词之一，
它深刻地影响了人们对国际关系的看法，使人们从关心领土、军
备、武力、科技进步、经济发展、地域扩张、军事打击等有形的
"硬实力"，转向关注文化、价值观、影响力、道德准则、文化感
召力等无形的"软实力"。

　　"软实力"的概念是由美国哈佛大学教授约瑟夫·奈提出来
的。20 世纪 90 年代，他在《美国定能领导世界吗？》一书中提出
了"软实力"的概念。约瑟夫·奈指出，一个国家的综合国力既
包括由经济、科技、军事实力等表现出来的"硬实力"，也包括由
文化和意识形态吸引力体现出来的"软实力"。他指出，硬实力和
软实力依然重要，但是在信息时代，软实力正变得比以往更为突
出。今天我们对文化"软实力"的认识越来越充分了。可以说，
进入新世纪以后，文化软实力在综合国力竞争中的地位和作用已经
越来越突出。由经济繁荣而发展文化，又由文化发展而熏陶人们的
精神，使其创造出更多的物质财富。这已经成为当今世界发展的一
大趋势。

《财富》杂志认为："世界500强胜出其他公司的根本原因，就在于这些公司善于给他们的企业文化注入活力，这些一流公司的企业文化同普通公司的企业文化有着显著的不同。"纵观世界各国企业发展的历程，企业竞争在经历了产品竞争和服务竞争之后，在21世纪初迎来了第三阶段的文化竞争。文化竞争阶段的特点可以归纳为两句话："我做得好，你做不好。"基本的服务现在企业一般都能做到，例如大件商品送货上门，售后服务实现"三包"，这些都已经成为许多企业的一般性规范。但是如何在企业的产品和服务上从"做得到"发展到"做得好"，这就要考验企业是否具有良好的文化内涵。国外优秀企业的实践证明，文化在企业竞争中发挥着非常重要的作用。国外优秀企业都有自己独具特色的优秀企业文化。在这些企业的长期发展中，企业文化起到了至关重要的作用。在企业的各种管理行为当中，都充满着文化的因素。在 IBM、索尼、通用电气等众多著名企业的成功过程中，公司内部强有力的企业文化力无一不对企业竞争力的增强起到了决定性的作用。

当今世界，经济全球化方兴未艾，信息全球化迅猛发展，世界多极化逐渐凸显，文化扩张性不断增强。在这个激烈竞争的时代，企业文化越来越成为生存的民族凝聚力和创造力的重要源泉，越来越成为综合国力竞争的重要因素。企业要在激烈的市场竞争中取胜，就必须具备市场生存行为制胜与应变能力及竞争优势，而企业文化软实力正是形成和维系企业市场生存行为与竞争优势的重要基础。在全球新形势下，企业文化软实力是企业在一定的社会经济文化环境中，为谋求自身的生存发展而在长期的生产经营实践活动中形成的，基于该企业在国际市场生存社会环境中的文化认同感而产生的市场生存行为力量基础之上的价值力、生存力、应变力、亲和力、感召力、吸引力、凝聚力和竞争力，彰显出企业文化软实力是国家文化软实力的重要核心组成部分，是一个企业的生存力与生产力形成的生命力，是一个企业综合经济实力和文化核心竞争力的空间结构支撑。影响、塑造、规范企业文化软实力的市场行为，在知识经济时代，构建科学、高效的企业文化软实力，成为企业发展的基础。今天来看，国内外许多成功企业，在经营过程中都把企业文化软实力作为战略决策的前提，使自己在激烈的市场生存竞争环境中立于不败之地。总的来看，相关企业文化软实力理论研究落后于国内外市场生存行为的需要及市场危机的实践需要，企业文化软实力的研究课题具有鲜明的跨界市场生存行为的时代特色和重大而深远的理论和现实意义。

1.2.2　国内学者企业文化和企业文化软实力研究综述

（1）国内学者企业文化研究综述。

笔者参考相关研究发现，企业文化在我国引起新的关注和兴趣，始于 20 世纪 80 年代中期，较早出现在权威杂志《管理世界》上的一篇名为《组织文化》的文章（Wilkins & Ochi），学者由此开始了企业文化在我国的研究。它系统地总结了 20 世纪 80 年代的主要研究成果，包括企业文化的基础理论、社会学、社会心理学、人类文化学及其关系，并对企业文化的研究传统和方法作了较全面的介绍，十分有助于我们对企业文化的理解。然而，这篇极具学术价值的文献综述并没有像想象的那样在我国掀起研究企业文化的热潮，其可能的原因是，这篇介绍企业文化理论的文章视野宽泛，超出了当时国人的理解能力。直到最近，才有一些研究者采用 Schein 的"整体阐释性"研究方法和"分析框架"来阐释企业文化，采用 Hotstede 的定量方法研究企业文化也取得了长足的进步。

笔者研究还发现，在我国，很多学者将企业文化的研究分为大陆派和港台派。在香港、台湾多采用 Hofstede 的定量化研究方法，如陈正南、黄文宏的《成功企业之企业文化类型》，刊载于《中国文化与企业管理学术研讨会论文集》中。徐联恩、赖国茂的《企业文化属性与企业绩效——权变观点》，占德干、张炳林的《企业文化构建的实证性研究——对四个不同类型企业的调查与分析》，刊载于《管理世界》，等等。而国内研究者多青睐于 Schein 的"深入""参与""观察""阐释"的临床研究方式，如陈春花的《企业文化的改造与创新》，刊载于《北京大学学报》。

笔者赞同占德干、张炳林采用"中国价值倾向调查表"进行的关于中国企业文化构建的一项实证性研究，发现这些变量的综合作用对企业文化实践产生很大的影响。李琪在《欧洲管理学者看中西企业文化的差异》中指出，中西人士对 management 一词的理解存在很大的不同，对中国人来说重在"掌管"，而对西方人来说重在"授权"，因此，在权力距离、思维方式、沟通习惯、法制观念、企业组织与员工关系、领导方式上存在着广泛的差异。林娜的《中日美三国企业管理差异的社会文化渊源》在管理思想、管理主体、管理客体以及管理行为方式等方面进行了差异分析，重点分析了东西方文化对群体和个体、人际关系、物质利益的不同看法以及不同的时间哲学。胡晓清在《中国建设现代企业制度的社会文化困扰》（1998）一文中指出，资本主义"这种独特的新式运转模式牵涉着一套独特文化和一种品格构造"，在文化上，资本主义企业的特征是自我实现，而我国的企业正是缺乏这种"自我实现，追求个人既定目标的自我意识"。他认为当代中国社会缺乏主流文化是一种过渡性文化，这种没有主流文化的过渡性文化使建立现代企业制度在整个外部文化环境方面遇到较大的障碍。王利平（2000）在宏观意义上对中国管理的文化特征进行了总结，指出中国传统的管理模式是一种儒法互补、兼兵家权谋的管理文化，并对中国的"单位"提出了许多新的见解。黎红雷（1999）指出，适应"知识社会"管理的需要，取代以往的"政治人""经济人"假设，必须确立"人是文化动物"的认识，并在管理历史、管理文化、管理精神整合的基础上，进行相应的管理理念的更新，以"变化"为管理的前提、以"创新"为管理的动力，以"整体"为管理的模式、以"和谐"为管理的形态，从而推进人类管理的进步。仲伟周等（2000）认为，"企业文化是一种内在化的企业人格体现，是整个社会文化在企业中的影像，企业文化建设正是运用满足人们多方面需求的办法，在企业内产生一种最为完全的激励和认同机制，这在很大程度上是经济手段的补充和替代，是减少企业内部交易成本的最好途径。因为企业的归属感、荣誉感等是一种全体员工可以共同拥有的非排他的公共产品，这种激励可以遍及企业的每一个员工而不需要太高的成本，这就是企业文化最深刻的经济学底蕴"。回顾企业文化的研究史不难看出，管理学界和企业界作了大量的理论和实践探索，建立了多角度、多方位的企业文化模型，并在企业文化同企业经营业绩的关系、企业文化的测量、企业文化理论的深入研究等方面进行了大量卓有成效的研究，取得了一定的理论成果。①②③

（2）国内学者企业文化软实力研究综述。

国内有学者分析认为，如果对企业的生存与发展追根溯源，就会一直追溯到能力、知识、创新、学习等心理和文化的软实力因素，而在现有的理论框架中，这些因素是很难纳入主流经济学特别是新古典主义经济学的研究范围的。因此，在回答是什么因素最终决定了企业的持久发展这个问题上，主流经济学特别是新古典主义经济学的解释力是十分有限的。经济学上对人的假设是经济人，如果就经济意义来研究企业发展，效率是关键。但实际上现实的人并不完全是经济人，或者说在逻辑推演的终极意义上，经济人理性主义行为实际上是以社会学和心理学所观察和研究的非理性行为为条件的。④所以，企业行为是彻底理性的命题就不成立了，企业也是有限理性的。在这样的背景下，尤其是对所谓企业核心理念的认识和描述，必然涉及对企业以及构成企业实体的个人实际行为的研究

①　张军峰：《知识经济条件下企业文化的构建》，《北方经贸》2003 年第 2 期。
②　缪合林：《按照先进文化要求建设企业文化》，《光明日报》2002 年 1 月 8 日。
③　李俭：《努力打造高品质的企业文化》，《中外企业文化》2002 年第 12 期。
④　孙泽厚、李冬梅：《人力资源管理中的风险管理》，《中国人力资源开发》2002 年第 9 期。

和分析，对企业发展的研究具有了超越经济学的跨学科性质。今后对企业发展的研究除了现代管理学外，一定还会涉及更多学科的理论，比如心理学、组织行为学等范围，使其他学科与经济学相融合，探寻到理念、价值观、文化、伦理等心理层面的软实力因素。在企业诸多软实力因素中，文化软实力是核心。到目前为止，已有不少国内学者从不同的视角对企业文化软实力进行了研究，并取得了一些积极成果。

第一，关于企业文化软实力的基本内涵。

程心能认为，企业文化软实力是指一个企业在一定的社会经济文化环境中，为谋求自身的生存发展而在长期的生产经营实践活动中形成的，基于该企业在国际社会的文化认同感而产生的亲和力、感召力、吸引力、凝聚力和竞争力。韩巧欣指出，软实力要求企业按照一定的文化理念把相关资源要素（包括硬实力）整合起来，形成核心能力，因而直接关系到企业生存力的强弱和生命力的持续。具体而言，企业的软实力就是企业文化彰显出的实力和竞争力。尹晓燕综述专家普遍看法提出，企业文化作为最高境界的一种企业管理模式，应该也能够为企业带来成就和持久竞争力。企业文化软实力，是一种把企业文化变成促进企业竞争力和可持续发展的能力。李耀光提出，如果文化软实力是国家软实力的重要组成部分，那么企业文化就是企业的"文化软实力"。企业文化软实力是国家文化软实力的重要组成部分，是企业综合实力和核心竞争力的重要体现。向音、张伟华、何璐认为，企业文化软实力在企业内部主要表现为企业文化凝聚力、策划创新力、决策执行力等指数高昂；在企业外部，主要表现为企业具备良好的社会公信力、影响力和号召力，并因此能够尽可能多地获得有利于推动企业发展的政策扶持、公众评价、人际和谐等发展环境。[①]

---

① 祝爱民、于丽娟：《战略联盟企业间的和谐性分析与优化》，《中国管理科学》，2004，第 12 页。

第二，关于企业文化软实力的基本特点以及对企业生存和发展的意义。

王宝义认为，企业文化软实力是一种独特的文化力，又是一种文化管理理论和策略。因而，企业文化软实力既具有一切文化力都存在的共同性，但又不同于一般社会文化力，它具有人本性、独特性、客观性、和谐性、民族性、时代性、可塑性和地域性等基本特点。丁丽敏指出，企业文化软实力是企业的灵魂，对企业的生存和发展有着重要意义。一个企业如果没有强大的文化软实力作支撑，是难以在激烈的市场竞争中生存和发展的。首先，企业文化软实力推动企业提高核心竞争力。其次，企业文化软实力促使企业可持续成长。最后，良好的企业文化软实力是企业网罗人才、留住人才的制胜法宝。

第三，关于提升企业文化软实力，增强企业竞争力的对策措施。

韩巧欣指出，企业需要用文化来增加凝聚力和创造力，激发职工的创造活力，提高企业的软实力，从而增强企业的生命力和竞争力。提升企业文化软实力，一要树立充满活力的企业文化软实力理念；二要制定行之有效的企业文化软实力战略；三要形成科学合理的企业文化软实力系统。李耀光认为，企业文化软实力是国家文化软实力的重要组成部分，要建设企业文化，提升企业文化软实力，则应该做到：企业的核心价值观须符合社会主义核心价值体系的要求，企业文化须继承优良传统，企业文化需体现先进文化。程心能认为，要提高企业文化软实力，需要把解决我国企业文化建设中存在的问题作为着眼点，注重抓根本、抓关键、抓重点、抓长远，才会取得实实在在的效果。具体对策措施是：①提高对企业文化软实力重要意义的认识。②认清本企业文化软实力的现状和问题。③加强对员工的学习培训，增强其创新力。④制定和落实提升企业文化软实力的中长期规划。向音、张伟华、何璐则认为，中华文化博大精深，在 21 世纪的软实力竞争中具有较大的优势，是我们提升软实力开发不尽的宝藏。他们从传统文化的角度分析了中国传统文化对提升企业文化软实力的影响和作用。

综上引用学习参考发现与分析所述，有不少国内学者对企业文化软实力进行了研究，笔者从企业实践的学习与总结中，首次提出以"企业文化软实力是建立在企业市场生存行为基础之上的实践活动"为研究主线脉络，以新的视角或分析，解析《企业文化软实力新论》一书的观点。

由于中国企业文化软实力作为国家战略提出，正值全球经济危机的化解期，各国学者、研究者使出浑身解数也无济于事。相对于中国经济的支撑力量，再次证明了中国市场生存行为的合理设计与应对危机能力，是中国市场管理体制和市场开放机制的作用成果，中国企业对经济危机的应对也再次说明中国企业文化软实力建设的重要性，并且已经具备了在国际市场博弈的能力。

具备这种市场生存能力的企业，其成功完全是以"企业文化软实力是建立在企业市场生存行为基础之上的实践活动"为规划设计取得的，这是国内外学者、研究者始终不愿研究或者始终漠视企业生存的重大问题，也是依据各地统计数据或并不准确的信息预测研究，无法进行实践行为研究课题的原因。

笔者认为，本书是从"企业文化软实力是建立在企业市场生存行为基础之上的实践活动"为主题线索展开研究的。研究才刚刚起步，对相关企业市场生存行为的问题进行深入系统的探讨，以新的研究视角、研究重点、相关专题，研究建设企业文化软实力空间格局的道路还很长。

企业文化软实力与企业发展之间同样存在市场生存行为的张扬关系，并且企业文化软实力对于企业的发展具有重要的市场行为实践作用，其市场生存行为的力量作用已经开始被企业界和理论界所高度重视。纵观国内外研究课题，对于企业文化软实力如何作用于"国内外市场生存行为环境"实现企业发展，如何基于市场生存行为力量扭转企业发展颓势，引用博弈市场生存行为来评价企业文化软实力的威力，并在市场检验生存行为的基础上不断提升企业文化软实力，没有完整系统的理论研究，也没有现成的模型框架。学者、研究者继续停留在如何基于企业发展提升企业文化软实力的摸索阶段，而实际情况是我国在国内外市场生存行为中的企业都是依靠自身的生存力量与直接经验积累，尝试建设并提升基于企业发展的企业文化软实力，导致出现"企业市场生存行为力量理论研究落后于企业市场生存行为实践成果"。这种具有讽刺性的结果，多年来始终没有引起学者、研究者的重视。欧洲债务危机的持续大大增加了企业的风险，同样增加了企业市场生存行为力的成本。生存市场是无情的，事实是，学者、研究者脱离企业实践，闭门造车，面对欧洲债务危机这样波及全球的经济危机束手无策、无法应对。笔者与很多研究企业的学者、企业家交换意见，普遍感到脱离企业市场生存的实践研究是毫无意义的，甚至是人生的悲哀。因此，在全球经济形势下，我国企业怎样在激烈的国际市场生存行为竞争中生存和持续发展，我国学者、研究者深入企业市场生存环境学习体验，对企业文化软实力进行系统研究，贡献智慧成果，已经成为一项非常迫切的、具有战略意义的理论课题。

1.3　研究的内容与方法

1.3.1　研究的内容

本部分在已有相关研究的基础上，研究企业文化软实力的基本理论问题，分析企业文化软实力对企业生存和发展的意义和作用机制，探索我国企业文化软实力的形成机理和提升途径，构建企业文化软实力的结构模型。

论文共分 7 章：第 1、2 章是企业文化软实力研究的目的与方法；企业文化软实力研究的理论基础。第3、4、5、6章是主体：分别是企业文化软实力的形成机理，企业文化软实力的结构模型，企业文化软实力的作用机制，我国企业文化软实力的提升途径；第7章是总结和展望。内容包括引述相关学者关于文化软实力与企业文化软实力的基本理论研究与观点，其目的是以此告诉读者，笔者研究的命题是以"企业文化软实力是建立在企业市场生存行为基础之上的实践活动"为主线脉络研究的。

第1章　说明本新论的研究背景、研究目的和研究意义以及研究内容与研究方法，并综述相关文献。以"企业文化软实力是建立在企业市场生存行为基础之上的实践活动"为主线脉络展开研究的理论基础是《共产党宣言》《中共中央关于深化文化体制改革推动社会主义文化大发展大繁荣若干重大问题的决定》，马克思政治经济学、文化经济学也是企业文化软实力新论研究的基础理论，说明本研究的重要性。

第2章　阐述企业文化软实力研究的理论基础。内容包括：文化的力量探析；文化软实力理论，企业文化软实力理论，包括企业文化软实力的基本内涵、企业文化软实力的基本特点、企业文化软实力对企业生存和发展的意义、企业文化软实力的培育等。

文中以"企业文化软实力是建立在企业市场生存行为基础之上的实践活动"为主线脉络展开研究，理论基础是《共产党宣言》《中共中央关于深化文化体制改革 推动社会主义文化大发展大繁荣若干重大问题的决定》，以及马克思政治经济学、文化经济学的理论与实践的伟大成果及影响力，解读笔者重视研究企业文化软实力的创新方法是企业生存需要，也是国家文化软实力战略的需要。

第3章　以"企业文化软实力是建立在企业市场生存行为基础之上的实践活动"为主线脉络展开研究，分析企业文化软实力的形成机理。内容包括：企业文化的形成过程和形成机理，企业文化软实力的形成过程和形成机理，企业文化软实力的核心——企业学习力的形成机理，并展开实例研究——旅游企业文化软实力的形成机理分析。

第 4 章 以"企业文化软实力是建立在企业市场生存行为基础之上的实践活动"为主线脉络展开研究,构建企业文化软实力的结构模型。内容包括:企业文化的基本框架,企业文化结构模型解析,企业文化软实力结构模型解析,企业文化软实力之文化竞争力结构模型解析,企业文化软实力之企业学习力结构模型解析。企业爱国文化、奉献文化、成果文化和生存文化共同组成了企业文化,它们蕴涵着巨大的能量,形成了精神力、制度力、行为力和形象力,共同构成企业文化软实力。

第 5 章 以"企业文化软实力是建立在企业市场生存行为基础之上的实践活动"为主线脉络展开研究,分析企业文化软实力的作用机制。内容包括:企业文化软实力提升企业核心竞争力机制,企业文化软实力增强企业经营绩效机制,企业文化软实力的核心——企业学习力的作用机制。企业文化可以通过发挥导向作用、激励作用、教化作用、凝聚作用等在构建和提升企业的核心竞争力中发挥巨大的作用。

第 6 章 以"企业文化软实力是建立在企业市场生存行为基础之上的实践活动"为主线脉络展开研究,提出我国企业文化软实力的提升途径。内容包括:提升中国企业文化软实力,应该着力把握好以下三个方面的诉求:一是企业的核心价值观必须符合社会主义核心价值体系的要求;二是企业文化必须继承优良传统;三是企业文化必须体现先进文化。提升企业文化软实力的基本途径是:树立充满活力的企业文化软实力理念,制定行之有效的企业文化软实力战略,形成科学合理的企业文化软实力系统,切实加强企业文化工作队伍,不断推进企业文化工作创新。以中国传统文化提升企业文化软实力,要加强中国传统文化对企业文化软实力提升的积极作用,消除中国传统文化中的消极因素对提升文化软实力的影响。

企业实例——积极探索提升企业文化软实力的途径,是提升企业文化软实力的成功实践和鲜活实例。

第 7 章　总结与展望。以"企业文化软实力是建立在企业市场生存行为基础之上的实践活动"为主线脉络展开研究。总结全书主要内容和主要创新点，展望未来可能的研究方向。

1.3.2　研究的方法

根据本题的研究内容和思路，拟采取以下研究方法或技术路线。

本书以我国企业文化软实力影响在市场生存的现状与问题为研究背景。首次提出并以"企业文化软实力是建立在企业市场生存行为基础之上的实践活动"展开研究，以新的视角或分析，解析《企业文化软实力新论》中的系列观点。任何一个企业必须具备基本条件（企业性质、经营范围、注册资本、法人代表、从业职工、生产地址、环境评估、品牌产品）和生存条件（企业文化、生存力量、市场行为、价值观确立、产业规划、消费收入设计、应变策略、企业硬实力与软实力实践与储蓄）。

（1）理论分析和模型建构方法。理论分析和模型建构是科学研究的基本方法。本书深入探析企业文化软实力的基本理论问题，包括企业文化软实力的基本生存内涵、企业文化软实力的市场生存行为实践活动的基本特点、企业文化软实力对企业生存和发展的意义、企业文化软实力的市场生存行为实践活动的培育等。在理论分析的基础上，建构企业文化软实力的结构模型，以便为其他创新性的相关研究提供理论基础和框架依据。

（2）创新定性研究和定量研究相结合的企业实例实践方法。通过实例，研究定性研究与定量研究相互综合、相互补充，分析适应企业文化软实力研究的实践过程的条件与企业生存需要。在研究过程中，把各种科学理论和人们的相关经验、知识有机结合起来，充分发挥各种方法的综合优势，并研究在企业文化软实力的市场生存行为的实践活动作用中形成的软实力机理、作用机制。

（3）实例研究方法。实验和实证是科学研究的基础，理论联系实践是科学研究的基本要求。笔者通过丰富的企业实践经历参与设计新建企业的文化建设实例。笔者实地走访和调查了部分典型企业的成长背景和文化软实力的建设过程，并对它们展开具体深入的研究，以此为基础，提出提升我国企业文化软实力的基本途径。

1.4　本章小结

本章综述了国外学者企业文化研究和国内学者企业文化软实力研究的现状，并以我国企业文化软实力的现状与问题为研究背景，在吸取国内外企业文化软实力最新研究成果的基础上进行理论创新，建立企业文化软实力理论体系，提出提升企业文化软实力的有效途径，通过企业实例，设计企业文化软实力建设机制，从而为我国企业提高文化软实力提供理论支持和实战对策。

本章关于企业文化软实力的研究，不仅将为我国企业经营决策提供科学依据，为企业中长期战略规划提供理论工具，为企业的科学发展提供文化软实力的支撑，而且将对政府制定政策、营造社会先进文化氛围提供分析和咨询，并有利于提升和增强国家文化软实力。

第2章 企业文化软实力
研究的理论基础

　　企业文化是两个人（法人与自然人）的生存行为基础上的精神活动及其产品的总称。它是一个具有企业发展与创新的历史积累和复杂多样的生存价值与市场行为的实践系统。从与经济、政治对应的概念上说，文化就是指由哲学、政治法律思想、道德观念、宗教、艺术、科学等系统化的社会意识所组成的观念形态系统，与精神文明指称同一个概念。笔者同样研究认为，"文化"一词由其起源与本质来看，是内涵最丰富、外延最广泛、歧义最多的概念。

　　企业文化软实力研究自然被纳入哲学体系，成为市场生存哲学的重要内容，是以"企业文化软实力是建立在企业市场生存行为基础之上的实践活动"的"企业文化人与企业管理者"的实践成果（管理与哲学实践活动）。也就是哲人曾说的"人造之物"，应该是企业文化者、企业产品生产者（职工的自然人行为）创造的所有供养市场消费的物质和精神财富产品的总和，通过企业（法人的组织结构行为）将企业生产的器物（产品）文化、企业生存文化和企业价值文化的市场生存行为的实践活动转换为市场各类型的消费活动，实现企业的利益与收入。所以，企业文化软实力与其他人类的持续创新性活动密切相关，意味着企业文化软实力活动在其本质意义上是持续创新进步的，创新生存和持续进步是企业文化软实力的生存与成果的价值基础。

2.1　文化的力量探析

2.1.1　文化：民族凝聚力和创造力的重要源泉

文化是民族的血脉和灵魂，是国家发展、民族振兴的重要支撑。一个民族的文化，凝聚着这个民族对世界和生命的历史认知和现实感受，积淀着这个民族最深层的精神追求和行为准则。古往今来，每一个伟大民族都有自己博大精深的文化，成为其生存发展和繁荣振兴中取之不尽、用之不竭的力量源泉。

以"企业文化软实力是建立在企业市场生存行为基础之上的实践活动"为主线脉络展开研究。企业文化软实力的市场生存行为的活动方式是由企业所在的市场要素及多种变化情况所决定的，一方面宣扬企业民族的历史价值和生存精神，另一方面实现以产业品牌力量通过市场行为转化成民族凝聚力。

企业文化软实力中体现的民族凝聚力，形成将一个民族结成统一的有机整体并不断在市场生存竞争中推动民族企业向前发展的力量。企业文化软实力元素不断扩展增强，需要国内外市场生存的规则，取决于企业生存环境的经济制度、政治制度的不断完善，合理设计建设企业文化软实力支撑体系。企业文化软实力同时是维系民族团结和国家统一的精神纽带的重要部分，肩负着传承国家民族共同价值观与和谐市场思维方式等优良的文化传统的责任，辐射到全民族文化认同、政治认同的确立及全社会共同理想的形成。企业文化软实力所起到的全民族认同的文化观念和价值取向、共同理想和精神支柱的传导作用，以其企业文化软实力巨大的凝聚力量、动员力量和鼓舞力量，促进着国家民族的团结和谐与安定，推动着国家的经济社会发展进步。

企业文化是一个民族创造力的重要源泉之一。企业文化人越自由，创造力就越强；创造力越强，企业文化的张扬就越自由。企业文化自由,就是指企业文化人对企业生产成果及生存价值必然的掌握和驾驭。企业文化上的每一个进步,代表着人类迈向爱国、自由的一步,企业文化创造财富的创造性得到快速提升的一步。企业文化人在掌握和驾驭自然规律和社会规律的过程中创造了自己独特的企业文化。同时,企业文化人生产出来的文化产品反过来又为人类进一步掌握和驾驭企业生存的自然规律和社会规律提供工具、创造条件。企业文化人创造的文化越先进,企业对先进文化与市场扩散成果的运用越得心应手,企业文化占据市场自由进军的工具也就越先进,企业生存的条件也就越充分,企业冲击市场的激振力和自由度也就越大。企业文化人要想获得更大的文化设计与宣扬自由支持,必须加快主流文化价值的建设与设计研究,注重我国先进文化的发展,不断地提升企业文化的创新性。实现文化的大发展和大繁荣,从根本上促进企业文化建设和民族素质的加快和提高,促进中华民族企业文化创造力的不断提升。

国民之魂,文以化之;国家之神,文以铸之。中华民族之所以能够屡经磨难一直发展至今,其根本原因就在于中华民族在五千年的发展中历经磨难而信念愈坚,饱尝艰辛而斗志更强,开发建设了祖国的大好河山,创造了灿烂的中华文明,形成了伟大的民族精神,不断地滋养和强化着中华民族的凝聚力和创造力。企业面对新时代的发展境遇,分析国际市场生存的经济环境,坚持中国马克思主义主流文化价值,坚持社会主义先进文化前进方向,兴起文化大发展、大繁荣的社会主义文化建设新高潮,激发企业文化建设及全民族文化创造活力,提高国家文化软实力,是中华民族实现伟大复兴的重要基石,是中国特色社会主义建设事业的重大课题。

2.1.2 文化:综合国力竞争的重要因素

胡锦涛在党的十七大报告中明确指出:"当今时代,文化越来越成为民族凝聚力和创造力的重要源泉、越来越成为综合国力竞争的重要因素,丰富精神文化生活越来越成为我国人民的热切愿望。"

随着时代的发展，文化与经济、政治相互交融的程度不断加深，在综合国力竞争中的地位和作用越来越突出，人们对文化在综合国力中的重要地位和作用的认识愈益深化。如美国未来学家托夫勒所描述的那样，在当今世界，军事力量和经济力量将不再作为衡量国家实力的主要指标，知识的控制是明日世界争夺权力的焦点，谁的文化成为世界主流文化，谁就是国际权力斗争中的赢家。

美国哈佛大学教授约瑟夫·S.奈也认为，在当今世界，倘若一个国家的文化处于中心地位，他国就会自动地向它靠拢；倘若一个国家的价值观支配了国际政治秩序，它就必然在国际社会中居于领导地位。

首先，之所以说文化越来越成为综合国力竞争的重要因素，是因为文化实力从总体上反映着综合国力的强弱。综合国力作为一个国家的总体实力，最根本的仍是"硬实力"，也就是物质实力。在综合国力中，文化实力虽然是在物质实力的基础上产生、发展起来的，但文化又深深渗透到经济实力、科技实力、国防实力等"硬实力"之中，成为决定这些实力的水平和质量的关键因素，而且其自身也能形成颇具潜力的大产业，直接参与国际竞争。一定程度上可以说，文化实力的大小反映着物质实力的大小，从而也总体上反映着综合国力的强弱。综观当今世界各国，综合国力占优势的国家和地区，都具有很强的文化竞争力。美国目前已经控制了世界75%的电视节目和60%以上的广播节目的生产和制作，并把向全球推销其文化产品和文化价值观作为维护其世界霸权的软力量，法国、俄罗斯、英国也都确定了积极的对外文化政策，日本、韩国甚至成立了专门的文化振兴机构扶持文化产业，促进文化发展。正如1998年联合国教科文组织《文化政策促进发展行动计划》中所指出的："发展可以最终以文化概念来定义，文化的繁荣是发展的最高目标。"无疑，未来世界的生存竞争市场也将是生存文化或文化力的竞争，文化的建设与成果将成为21世纪最核心的话题之一。

其次，之所以说文化越来越成为综合国力竞争的重要因素，也因为文化实力影响着综合国力中物质实力的形成与发展。随着世界多极化、经济全球化的深入发展和科学技术的日新月异，文化与经济、政治相互交融的程度不断加深，与科学技术的结合更加紧密，经济的文化含量日益提高，文化的经济功能也越来越强。一方面，经济的文化含量日益提高，越来越呈现文化化的发展态势。离开文化实力的提升，能够参与综合国力竞争的现代物质实力无法得以形成和发展。世界银行在 1999～2000 年《世界发展报告》中指出：当今世界国家间经济发展水平的差距，实际上是知识的差距，而全民受教育程度无疑是国家知识水平高低的重要条件。据统计，经合组织主要成员国国内生产总值的50%以上是以知识为基础获得的。近年来，美国的文化产品已在其对外贸易中占据首位，日本的文化产业产值已超过汽车工业，而我们的近邻韩国，已经成为世界第五大文化产品与服务出口国。韩国的电视剧，已形成了风靡亚洲的"韩流"文化。另一方面，文化的经济功能越来越强，文化日益呈现经济化的发展态势。离开文化产业的发展，综合国力中物质实力的提升将失去重要的支柱。近年来，文化产业日益成为重要的新兴产业，在各国国民经济中的地位越来越重要，已成为世界经济中的支柱产业之一，被誉为21世纪的"朝阳产业"。

据统计，2011 年之前，文化商品的国际贸易额呈阶梯式的级数增长。英国文化产业的年产值近 1000 亿英镑；美国文化产业的产值占 GDP 近 2/5，其音像制品出口超过航空航天业，是全美第一大出口贸易产品，占据 40% 以上的国际音像市场份额。

最后，之所以说文化越来越成为综合国力竞争的重要因素，还因为文化实力是物质实力发挥作用的重要条件。物质实力的作用要发挥，需要拥有这种物质实力的人具有相应的思想道德素质和科学文化素质，以及相应的精神状态和精神动力。当美国率先开启电气时代，并由此率先进入第二次工业革命后，很快取代了英法的领先地位，以领头羊的姿态走在了世界前列。在 20 世纪后半叶，美国掀起了信息革命的浪潮，进一步扩大了其领先的优势。在美国崛起的背后，有一些不容忽视的至关重要的因素，如永不停息的创新精神、发达的教育体系以及超前的科学战略等——创新、教育、科学，被称作美国人的三大立国之本。可以说，只有加强文化建设，造就具有相应素质的、运用物质实力的人及有利于物质实力发挥作用的精神条件，物质实力才能作为综合国力的重要部分现实地参与国际综合国力的竞争。

2.2　文化软实力理论

党的十七大报告中明确指出："要坚持社会主义先进文化的前进方向，兴起社会主义文化建设新高潮，激发全民族文化创造活力，提高国家文化软实力，使人民基本文化权益得到更好保障，使社会文化生活更加丰富多彩，使人民精神风貌更加昂扬向上。"提高国家文化软实力，推动社会主义文化大发展大繁荣，已经成为实现中华民族伟大复兴的重大战略任务之一。

2.2.1　文化软实力的含义

哈佛大学教授约瑟夫·S. 奈在 2004 年出版的《软实力——国际政治的制胜之道》一书中首先提出"软实力"的概念。他认为，一个国家的综合国力，既包括由经济、科技、军事实力等所体现出来的"硬实力"，也包括以文化和价值观念、社会制度、发展模式、生活方式、意识形态等的吸引力所体现出来的"软实力"。软实力虽然没有硬实力那样具有明显和直接的力量，但有更加持久的渗透力。

约瑟夫·S. 奈教授认为，一个国家的软实力主要存在于三种资源中：第一，它的文化，即对其他国家和人民具有吸引力的文化；第二，它的政治价值观，特别是当这个国家在国内外努力实践这些价值观时；第三，它的外交政策。软实力是国家通过自己的吸引力来实现发展目标，而不是靠武力报复以及经济制裁，它产生于一个国家的文化吸引力、政治行为准则和良性对外政策。硬实力（比如，经济、军事）通常依靠"施压"迫使他国非自愿接受，是直接的、即时的、集中的、显性的；软实力则通常依靠"吸引"得到他国自愿认同，是间接的、历时的、弥散的、隐性的。美国之所以成为一个世界性大国不在于它的领土扩张，而在于强大的"软实力"。具体体现在：美国几乎吸引了6倍于德国的全球移民，居世界第一；美国是世界上最大的电影和电视节目出口国；全球160万留学生中，在美国留学的外国学生占28%，英国以14%位居第二。另外，美国的出版物、音乐制品、电子网址，以及物理、化学和经济学诺贝尔奖获得者人数居世界首位，诺贝尔文学奖获得者人数居法国之后，位于世界第二位。《瞭望》新闻周刊2007年第11期专题文章指出，意识形态吸引力、文化感染力、外交说服力等方面构成了中国的软实力，建设与中国大国地位和影响相对称的软实力，已经成为当前国家发展战略中的紧迫任务，这需要不断改善整个国家建设的经济、政治和文化生态，着力于理念、制度和文化建设。

关于文化软实力，约瑟夫·S.奈在《软实力——国际政治的制胜之道》中也作了阐述：文化软实力是指一个国家维护和实现国家利益的决策和行动的能力，其力量源泉是基于该国在国际社会的文化认同感而产生的亲和力、吸引力、影响力和凝聚力。他认为，文化软实力的最大价值在于，可以用自己的文化和价值体制塑造、规范世界秩序，而不需要诉诸武力和经济制裁。我国文化部原副部长、中国文联党组书记高占祥在《文化力》一书中主张，文化力是软实力的核心，文化蕴涵着巨大的"力"，这种"力"并不同于物理学上的"力"，因而，人们更形象地将文化之力称之为文化软实力。他还强调，"文化软实力，越来越为世界各国所认识、所重视。"

2.2.2 文化软实力的意义

党的十七大报告中首次提到文化软实力，这标志着"软实力"正式成为国家发展战略新的着力点，中国正开始通过发展国家软实力提升国家形象，增强国家综合竞争力。这是实现中华民族伟大复兴的必然要求，是在经济全球化背景下对文化在经济社会发展全局中战略地位和重要作用的新认识、新论断。

当今时代，文化在综合国力竞争中的地位日益重要。谁占据了文化发展的制高点，谁就能够更好地在激烈的国际竞争中掌握主动权。从国际竞争看，现在国力竞争更加注重软实力，未来的斗争将主要是文化的竞争。正如美国战略家布热津斯基所言："控制人类共同命运努力的成败，归根结底取决于具有极端重要意义的哲学和文化层面，正是它形成了指导政治行为的重要观念和影响。"一句话道出了文化软实力的真谛。文化软实力是国家软实力的核心组成部分。一个国家要真正成为一个大国，不仅要有以经济为主要内容的硬实力，还要有以文化为主要内容的软实力。没有软实力，就只是一个物质外壳，没有内涵、没有支撑，不能叫真正的强国。一个民族要真正自立于世界民族之林，不能只靠一个经济的躯体，还要有强大的精神文化支撑。一个民族的觉醒首先是文化的觉醒，一个国家的强盛离不开文化的支撑。文化深深熔铸在民族的血脉之中，始终是民族生存发展和国家繁荣振兴取之不尽、用之不竭的力量源泉。

中国经济实力大大提升，作为世界经济体的重要一极，受到世界各国的广泛重视。如何展示真实完整的中国形象，这是提升中国文化软实力的重要内容。随着世界多极化、经济全球化的深入发展和科学技术的日新月异，文化与经济、政治相互交融的程度不断加深，与科学技术的结合更加紧密，经济的文化含量日益提高，文化的经济功能越来越强，文化已经成为国家核心竞争力的重要因素。文化的进步反映着社会的文明进步，文化的发展推动着人的全面发展。我们所要实现的现代化是经济、政治、文化、社会全面发展的现代化，全面建成小康社会既需要殷实富足的物质生活，也需要丰富健康的文化生活。

提升国家文化软实力，重视文化建设，推动社会主义文化大发展大繁荣是建设中华民族的精神家园的需要。党的十七大报告指出："当今时代，文化越来越成为民族凝聚力和创造力的重要源泉、越来越成为综合国力竞争的重要因素，丰富精神文化生活越来越成为我国人民的热切愿望。"要建成这样一个先进的文化体系，建设中华民族的精神家园，就要不断汲取中华民族优秀传统文化，重视传统文化在提升国家文化软实力中的重要作用。世界上任何一个国家都不可能通过割断自己的文化传统而走向现代化，因此要特别重视传统文化在塑造民族精神方面的作用。提升文化软实力要有自己的文化特色，最重要的是要有中华文化的特色。中华传统文化具有很大的软实力，弘扬中华传统道德，进行伦理道德建设，塑造良好的道德风貌。传统节日中蕴涵着丰富的传统文化内容，是传统文化的结晶和载体，是活的传统文化，是民族精神的黏合剂，其中包含了亲情情结、敬祖意识、寻根心理、报本观念，可以唤起对亲人、家庭、故乡、祖国的感情，唤起对民族文化的记忆和对民族精神的认同。同时，把延安精神、长征精神、雷锋精神、大庆精神等同传统民族精神结合起来，融合民族文化的传统和革命文化的传统，塑造新时代的中华民族精神。

2.2.3 文化软实力的构建

文化软实力重在构建。以"企业文化软实力是建立在企业市场生存行为基础之上的实践活动"为主线脉络展开研究，设计构建。

推动社会主义文化大发展大繁荣，构建国家文化软实力，应注重以下几个方面：一是大力建设社会主义核心价值体系，增强中华民族的凝聚力。文化软实力在很大程度上表现为国民的精神状态、意志品格和内在凝聚力，而这一切主要来自人们对社会核心价值的认同。我们要把建设社会主义核心价值体系作为提高我国文化软实力的首要任务，坚持不懈地用马克思主义中国化最新成果武装全党、教育人民，用中国特色社会主义共同理想凝聚力量，用以爱国主义为核心的民族精神和以改革创新为核心的时代精神鼓舞斗志，用社会主义荣辱观引领风尚，不断增强人们对中国共产党领导、社会主义制度、改革开放事业、全面建成小康社会目标的信念和信心。二是加快发展文化事业和文化产业，不断提高我国文化的总体实力和国际竞争力。发展是硬道理，是解决中国所有问题的关键，也是提高国家文化软实力的关键。要实施重大文化产业项目带动战略，加快文化产业基地和区域性特色文化产业群建设，培育文化产业骨干企业和战略投资者，打造具有核心竞争力的文化产品和文化品牌。三是提高文化传播能力，不断扩大我国文化的影响力。一个国家文化的影响力，不仅取决于其内容是否具有独特魅力，而且取决于是否具有先进的传播手段和强大的传播能力。文化的传播能力已经成为国家文化软实力的决定性因素。提高我国文化软实力，一方面要不断丰富和创新文化内容形式，另一方面必须花大力气提高文化传播能力。四是调动社会各方面力量参与支持文化建设，激发全社会的文化创造活力。提高国家文化软实力，是一个宏大的系统工程，需要全党全社会共同努力。人民群众不仅是物质财富的创造者，也是精神财富的创造者。要充分发挥人民群众在文化建设中的主体作用，坚持发展为了人民、发展依靠人民、发展成果由人民共享，进一步激发人民群众的文化创造潜能，使文化大发展大繁荣拥有广泛而坚实的群众基础。

2.3　企业文化软实力理论

2.3.1　企业文化软实力的基本内涵

对"企业文化"的认识众说纷纭，概念描述种类繁多，比较普遍认同的是"广义狭义说"中的狭义理解。中共中央党校教授潘云良的《当代管理通论》一书作了阐述：企业文化，是指企业在长期经营实践中形成的，并为本企业职工自觉遵守和奉行的共同价值观念、经营哲学、精神支柱、伦理道德、典礼仪式及智力因素和文娱生活的总和。企业文化软实力就是企业在一定社会经济文化环境下，为谋求自身生存发展而在长期生产经营实践中形成的，基于该企业在国际社会的文化认同感而产生的亲和力、感召力、吸引力、凝聚力和竞争力。它是企业综合实力和核心竞争力的重要组成部分。基于企业精神、最高目标、价值体系、基本信念而产生的凝聚力，基于道德行为准则、社会责任、经营形象而产生的影响力，基于经营方式、企业优势、管理机制而产生的竞争力等，共同构成企业文化软实力的总和。它是企业的灵魂和潜在生产力，是一个企业综合实力和核心竞争力的深层支撑，以此能够影响、塑造、规范行业领域秩序。

党的十七大提出，"当今时代，文化越来越成为民族凝聚力和创造力的重要源泉、越来越成为综合国力竞争的重要因素"，要"兴起社会主义文化建设新高潮，激发全民族文化创造活力，提高国家文化软实力"。这充分体现了党中央对国家文化软实力建设的战略眼光和战略思考，高屋建瓴，立意深远。当前，经济全球化方兴未艾，政治多极化逐渐凸显，文化在综合国力竞争中的地位作用日益突出。随着跨国公司全球资源配置能力的增强，跨国经济集团将逐渐成为全球化的运作主体，企业文化也将在文化领域逐步取代民族文化而取得文化主体地位，最终将引导经济社会发展和政治运作方式，成为全球化时代的主要竞争方式。因此，加强企业文化建设，提高我国企业文化软实力，也是中华民族伟大复兴征程中的一项战略任务。

2.3.2 企业文化软实力的基本特点

企业文化软实力是企业在市场竞争中的一种独特的文化生存

力，又是一种具有生存特征的文化管理理论和策略。因而，企业文化软实力在企业实现市场生存行为中既具有一切文化力都存在的共同性，但又不同于一般社会文化力，它有严格的市场生存行为的内涵和外延，有着自身的规律性。归纳起来，现代企业文化的基本特点有以下几个方面，现以"企业文化软实力是建立在企业市场生存行为基础之上的实践活动"为主线脉络展开研究。

一是企业文化人。企业文化软实力最核心的内容就是企业文化人的价值观、道德、行为规范等"文化价值"在企业管理中的核心作用，强调和突出企业文化人的地位、作用、以人为本、以人的素质开发为本。一般而言，企业文化人的素质包括技能与身体素质、创造与智力素质、价值与人本素质。管理企业，要重视员工各项素质的提高，创新智力素质的开发也是工作的重要内容之一。但最重要、最关键的工作还在于对员工质量与道德考核、生活与情操关怀、实践与价值观教育、自豪与行为准则观培育、爱国敬业精神、企业责任心等综合人本素质的提升、锻造、培育。以"企业文化人"为中心，以企业文化引导为建设手段，以激发企业员工文化创新的自觉行为为生存目的，探索独特的企业文化管理现象和管理思想。

二是企业文化特征。每个企业都有自己的发展、创造、建设、文化历史、产业类型、生存性质、发展规模、人员素质等基本特征。因此，在企业经营管理过程中，必然会形成具有本企业特色的文化价值观、市场经营准则、产品经营渠道、道德规范手段等文化特征。也就是说，企业文化软实力都应具有鲜明的个位性和独特性。在一定条件下，这种独特性越明显，其内聚力越强。所以，在建立企业文化软实力过程中一定要结合企业自身的特点，形成独具特色的文化特征。

三是企业文化实践。企业文化软实力是一种文化力的实践积淀。企业在其所处的生存与社会物质环境——包括企业文化传统、企业与社会组织方式、企业与社会交往方式、企业与社会心理素质等合力作用下，以各类企业匠人的技能建立一定的生产工艺及运行机制，将企业生存必需的文化传统、文化习俗、企业信念、职工意识等相对的企业生产经营的结果，在实践中形成企业文化事实。企业文化人的主观作用，形成了客观独立的企业文化形态。形态展现出成功的企业文化软实力的强大魅力；淘汰的企业存在有企业文化软实力的噪音。无论区域何种管理模式，企业文化软实力总是代表自身国家文化力的一部分，坚持了主流企业文化价值观，市场就是客观存在的，并不断地秉承着积极的接受与生存理念，否则，盲目西化的企业文化影响力终将被市场价值弃之，因为主流文化是一个国家生存的根，自然是各类企业生存的根。

四是企业文化和谐性。企业文化的生存与发展离不开它所处的社会环境，企业文化软实力是一个开放的动力系统。健康的企业文化软实力都追求生存与社会环境的和谐，其经营目标、市场经营作风、行销经营特色都以满足社会的需求、促进区域和环境社会的进步和谐发展为己任。当企业文化软实力的作用得以充分展现与发挥时，全体成员就会以自然的责任自觉地、积极地按企业文化的精神、企业文化价值目标去完成自己的工作。因此，企业文化软实力建设好的企业通过其成果与优质的产品、责任与良好的服务及对公益事业的热心，带动和优化社会风尚，形成和谐体。

五是企业文化民族性。中国企业文化民族性，是自己独特的五千年文化进化途径与企业文化个性的张扬。历史进程中不同的企业文化、经济环境和社会环境中形成了特定民族心理、企业文化习惯、企业与宗教信仰关系、企业文化道德风尚建设、企业伦理意识研究、企业文化价值观念、企业文化行为准则和企业生活方式等。这些都是中国企业文化软实力的民族特性。研究企业文化，注意同一民族的企业中企业文化软实力往往表现出极大的相似性。各个民族不同，企业的企业文化软实力都有自己的本源特征，有自己的企业文化独特性。企业有时会交叉、融合，但其文化本源极少出现合并的文化现象，各民族的企业文化软实力呈现丰富多彩的文化景观。

六是企业文化时代性。企业文化都要置身于一定的时空环境之中取得检验成果，以极大的责任感受时代精神感染而又服务于文化社会环境。企业文化的时空环境是影响企业生存和发展的重要因素，企业文化软实力是各时代的产物。因此，它的形成与发展、内容与形成，都必然要受到一定时代的经济体制、政治体制、社会结构等因素的影响与制约。

七是企业文化地域性。企业文化软实力不仅在不同国家中表现出较大的差异，而且在同一国家内部，不同地区的企业也会显示出文化的区别。例如，我国沿海地区的企业文化软实力与内陆地区的企业文化软实力，经济发达地区的企业文化软实力与经济不发达地区的企业文化软实力都有明显的差异。这是由于生活在不同地域或不同社区的人们，往往会表现出不同的文化特质、不同的文化习性，以及由此而形成的人们价值取向上的某些差异。而这一切，作为区域文化或社区文化对企业文化软实力的影响和制约，在企业行为中表现出来时，便形成了企业文化软实力的地域特性。

八是企业文化可塑性。企业文化软实力的形成，不同时期、不同阶段，受企业文化软实力因素的影响不同，但也受现实的管理环境和管理过程制约。由于世界经济在发展、世界市场在转换、社会在进步，必然要求企业文化的经营与管理思想、管理行为以及企业生活观念等适应新时代的变化。面对新时期的新环境，企业文化建设要倡导新准则、新精神和新道德风尚，对旧的传统文化进行扬弃，塑造和形成新的企业文化软实力，紧跟时代潮流，以立于不败之地。

2.3.3　企业文化软实力对企业生存和发展的意义

企业文化软实力是企业市场生存行为的基础力量，对企业的生存和发展有着重要的指导、建设、调整意义。一个企业，如果没有强大的文化软实力作支撑，是难以在激烈的市场竞争中生存和发展的。

以"企业文化软实力是建立在企业市场生存行为基础之上的实践活动"为主线脉络，研究解析：

企业文化软实力的建设是推动企业在市场竞争中提高核心竞争力的关键。

企业文化竞争力的建设内容有：文化与产品部分，包括生存市场的设计、企业文化设计、文化产品设计、产品及质量控制设计能力、企业的市场消费售后与服务设计、成本控制、营销、研发能力设计与检验；企业文化建设生存制度部分，包括各企业文化经营管理要素组成的结构平台、企业及文化建设的内外环境、文化资源关系、企业文化设计运行机制、企业文化规模、文化建设品牌、企业文化产权制度；企业文化建设核心部分，包括企业文化建设理念、企业文化价值观为核心的企业文化软实力，文化张力形成的内外一致的企业文化形象，企业文化创新能力，企业文化显现的文化差异化、个性化的企业特色，企业文化所表现的稳健的财务关系、拥有卓越的远见和长远的全球化发展目标。企业文化的设计与结构表现在：第一部分是企业文化市场生存行为张扬的竞争力；第二部分是企业文化制作推动市场竞争支持平台的竞争力；第三部分是企业文化价值观与企业所在市场环境形成的核心的竞争力。这三个部分企业文化软实力的建设直接影响着企业竞争力的强弱。

建设企业文化软实力，内容震撼且简单明确。企业文化价值观得到企业结构组织成员的广泛认同，在这种企业价值观指导下的企业文化实践活动中，各企业的主要成员产生使命感，由此使企业员工对企业文化及企业的领导人、企业文化形象产生强烈的认同感。这是企业文化软实力成为企业发展内在动力的基础。

建设企业文化软实力，关键在于增强企业竞争力。有四大功能：

一是企业文化的凝聚功能。企业文化软实力是企业的凝聚器，可以把员工紧紧地黏合在周围、团结在一起，使员工的价值、情感、目的明确，协调一致。企业员工队伍凝聚力的基础是企业的根本目标。目标选择正确，就能够把企业的利益和绝大多数员工的利益统一起来，是一个集体与个人双赢的目标。在此基础上企业文化建设就能够形成强大的凝聚力。否则的话，企业凝聚力的形成只能是一种幻想。

二是企业文化导向功能。企业文化导向包括企业信仰价值导向与企业市场行为导向。企业信仰爱国、奉献的集体主义价值观与企业强大的精神，能够为企业文化建设提供具有长远意义的、更大范围的生存与设计的正确方向，为企业文化在激烈的市场竞争中逐步完善基本竞争战略和制定政策提供依据。企业文化软实力创新尤其是观念创新对企业的生存行为的持续发展而言是首要的。在构成企业文化软实力的诸多要素中，企业文化价值观念是决定企业文化软实力市场生存行为实践特征的核心和基础，企业必须对此给予足够的重视并使之不断设计创新、与时俱进。

三是企业文化的市场生存应变的激励功能。企业文化应变的激励是企业特定的精神力量和生存状态成果的需要。企业文化软实力所形成的企业内部的文化建设氛围和企业价值导向能够起到强烈精神激励的作用，将职工的生存竞争、积极性、主动性和创造性调动与激发出来，把人们的潜在智慧诱发出来，使职工的能力得到充分发挥，提高各部门和员工的自主管理能力和自主经营能力。

四是企业文化的约束功能。企业文化软实力、企业精神为企业确立了正确的方向，对那些不利于企业长远发展的不该做、不能做的企业文化行为，常常发挥一种"软约束"的作用，为企业提供"修复免疫"功能。约束功能能够提高企业职工文化行为的自觉性、积极性、主动性和自我约束意识，使职工明确工作意义和方法，增强职工的责任感和使命感。

企业文化软实力促使企业可持续成长。众所周知，物质资源总有一天会枯竭，但是企业文化软实力是生生不息的，它会成为支撑企业可持续发展的支柱。世界上可持续发展的企业，坚持不懈的核心企业价值观是它们的共同特征，显现出独特的企业文化软实力。企业文化软实力的本质体现在其核心价值观上。企业成长的可持续关键是它的稳定结构设计与利益平台的延伸作用，促使追求长治久安的核心价值观延续确认。后继人又具有自我修复批判的能力，这样就能使企业文化核心价值观在适应技术与社会环境变化的前提下得以继承和延续。新的企业机制中，众多企业所提倡的第二次创业，其目标实际上就是可持续成长。第二次创业的主要特点是要淡化企业家个人的文化塑造色彩，强化企业文化职业化管理，企业领袖的人格魅力、个人推动力变成一种企业文化建设的氛围，形成合力，以推动和引导企业的正确发展。

企业文化软实力建设好的企业可以健康成长，相反，没有好的企业文化软实力的企业则难以实现可持续成长。企业没有文化就好像没有灵魂，没有指引企业长期发展的明灯，因而无法获得牵引企业不断向前发展的动力。企业文化不解决企业盈利不盈利的问题，文化只解决企业成长持续与否的问题。从这个意义上说，中国企业能否不断成长为世界级企业，成为可持续发展的企业，与企业文化软实力建设的成败有着密切的关系。

一个企业没有好的企业文化软实力设计与规划，就会失去市场生存持续发展的动力，最终走进失败的深渊。

良好的企业文化软实力是企业经济腾飞与网罗人才、留住人才的制胜法宝。在当今社会，知识经济时代的来临使人才成为企业生存和发展的关键。企业网罗大量的优秀文化人才并留住文化人才，对企业的发展来说是非常重要的，因为这些是能够推动企业文化技术与建设实现升值的人力资本。对这些人才的争夺已经成为当前国际竞争的一个重要方面。

在企业争夺市场与人才的竞争中，最重要的不是金钱，而是企业文化软实力。如果单纯以金钱报酬为标准，只会造成职工没有归属感，频繁跳槽，长此以往，形成恶性循环，对人才成长和企业发展都会造成消极影响。一项全球性的人力资源统计数字表明，在跨国公司中，89% 的辞职人员说，他们不是因为报酬太低而提交辞呈的。

企业文化软实力的魅力是非常大的，它的生命力在于会使员工非常热爱企业，有时达到难以想象的地步。对于高级知识型人才来说，物质不再是非常重要的东西。他们不全是经济人。当物质需要得到满足之后，他们就会有高层次的需求。此时物质利益对他们的吸引力就非常小了。因此，单纯靠高薪、高待遇是不容易网罗人才、留住人才的，因为只凭借高薪是无法满足他们的高层次需求的。只有良好的企业文化软实力才会对他们产生很强的吸引力，使他们产生强烈的归属感。

在企业文化建设的人才争夺战中，最吸引人的是企业文化软实力。企业对人才的争夺真正体现在不同的企业文化软实力的竞争上。各种人才通过对企业文化软实力的了解、认识，选择适合自己发展的公司。很多人才都是因为青睐一个公司的企业文化软实力而选择进入该公司的。

进入知识经济时代，企业文化软实力的建设对员工进行管理、提高员工的工作积极性起着关键作用。在有着优秀的企业文化软实力的企业中，企业管理层与企业执行层、作业层就发展与生产问题达成共识的概率是 99%，沟通也是很顺畅的。基于企业文化软实力是企业员工都曾参与的市场生存行为过程，因此对员工都有积极的、普遍的特征性引导、制度性约束作用，不会造成员工感到迷乱、抵制而不愿服从的情况，也不会出现企业文化软实力建设中扯皮与脱节的现象。由于企业文化软实力的高强性的凝聚力量，企业文化建设充分体现了维权共利同心的企业文化现象。

企业建设自己的企业文化软实力是市场生存行为的实践活动的需要及时代的进步与需要。在知识经济时代，一个企业要长远设计规划发展，建设优秀的企业文化软实力是个重要的战略举措。

2.3.4　企业文化软实力的培育

（1）培育企业文化软实力应塑造企业精神。

企业精神在生存竞争的市场环境中是企业文化的灵魂和核心，也是企业文化软实力的重要内容。它是在企业生产经营管理的实践中形成的，是建立在共同信仰和共同价值观基础上的，并为企业全体成员所认可和接受的一种群体意识，例如创新精神、开拓精神、竞争意识、改革意识、危机意识等。企业精神以延续性、制约性、渗透性、旗帜性为其鲜明特征。所谓延续性，主要是因为企业精神受社会文化、民族文化深刻影响，从而具有历史继承性。同时，它又是一个企业相对稳定而又独立的意识形态，甚至可以在一个企业撤并、转型等改变组织形态后继续存在一段时间，而作为一种客观存在的企业群体主导意识、企业精神会对背离其思想、原则的行为产生制约作用，还能对符合精神的言行产生激励效能。企业精神的渗透性表现在它能产生持久的影响，潜移默化地影响员工思想行为并渗透到企业生产、经营、管理活动的整个过程之中。企业精神旗帜性是指它如同一面鲜艳的旗帜，为企业群体指明了努力方向和奋斗目标，鼓励员工积极地为企业发展作出贡献，同时这面旗帜还是企业形象的集中体现。我国企业精神的形成，历经了一个从不自觉到自觉的过程。在传统计划经济时期，产生了诸如"以厂为家、埋头苦干"之类内容相似的精神，但这属于一种不自觉的组织行为。市场经济时代企业间竞争加剧，就需要自觉塑造一种积极、健康、富有个性的企业精神作为参与竞争的内在动力。因此，企业文化的建设对培育企业精神起着很大的作用。应该强调的是，现代企业精神最大的特征就是必须符合现代企业制度要求，充分体现现代企业制度的特征。

塑造企业精神应积极开展主题活动。主题活动对培育企业精神有重要作用。以企业精神为主题，经常开展各种各样的文化活动，在活动中潜移默化地熏陶培养职工对企业精神的觉悟与意识，这是培育企业精神的一条重要渠道。社会在发展，时代在前进，人们的思想观念渐趋多元化，要让职工接受一种精神、价值观，单靠灌输宣传已经不能够取得成效。因此，必须开展多层次、多渠道的社会性、知识性、娱乐性的活动，这既是企业精神培育的一条途径，也是企业文化软实力建设的重要内容。通过寓教于乐，向职工渗透企业精神，培育企业精神。

塑造企业精神应注重塑造企业形象。企业形象是企业精神物化的外显形态。企业精神是无形的、抽象的，但可以通过一定的方式物化为有形的、具体的东西，如通过厂旗、厂服、厂歌、厂貌、招牌、广告等，展现企业精神的内涵，反映本单位的特征及员工的精神风貌，从而促进企业精神的培育和成长。

塑造企业精神应借助于典礼仪式等特定载体。企业精神是一种文化实在，它必须借助于特定载体来予以宣传、张扬和表达。典礼仪式是促进企业人员对企业精神的认同，是强化企业精神的有效手段。典礼仪式包括升国旗、公司旗仪式，唱公司歌，朗诵企业精神，以及公司庆典等活动，具有教育功能、激励功能和娱乐功能，对企业精神的培育起到"增强剂"的作用。

（2）培育企业文化软实力应塑造企业形象。

企业形象是指社会公众对企业的认识和评价。企业作为认识和评价的对象，它的客观存在及其生产经营活动，必然会在社会公众心目中留下一定的印象并获得相应的评价。所谓企业形象良好，就是企业得到了社会公众的好感和信赖。如果得不到社会公众的好感和信赖，我们就说这家企业形象不好。企业形象反映着社会公众对企业生存行为的产业品牌的认可程度，体现了企业的声誉和知名度。

塑造企业形象的基础是质量和信誉。要树立良好的企业形象，就必须从质量抓起。质量是企业生存的基本条件，能使消费者满意是衡量质量优劣的基本尺度。"质量是走向世界各地的通行证"，这句话恰如其分地道出了如今激烈竞争的市场中产品质量的重要地位。企业在经营中，必要的广告宣传和营销策划都是不可缺少的。但是，这一切都必须建立在质量可靠的基础上。也就是说，产品必须建立在消费者满意的基础上，没有这个基础，所有的广告宣传和营销策划都失去了它存在的意义。所以，质量是树立企业形象的开始。企业开展的经营活动，就是通过自己优质的产品和服务"销售"自己的信誉。信誉决定着企业的未来，信誉是企业的无形资产。良好的信誉是一张王牌，可以在市场竞争中取得事半功倍的效果。

塑造企业形象最根本的目的就是让顾客能够认识企业、了解企业、信赖企业，使他们愿意购买企业的产品，但这一切都离不开质量、服务和信誉。因为广大顾客是通过质量、服务、信誉来认识企业、了解企业的，只有使用和消费该企业提供的产品和服务以后，才能真正对企业作出评价。顾客对企业的亲身感受是最重要的，顾客最关心的就是自己的切身感受。所以，要使顾客满意，要使顾客对企业产生信任，必须在质量、服务和信誉上下工夫。这是企业最基础的工作，否则塑造企业形象就会成为"无源之水、无本之木"。

塑造企业形象应采取正确的策略。企业形象最深层的核心理念部分被纳入公众的价值体系内，成为公众态度体系中一个有机组成部分，并在行为中自觉不自觉地流露出来。公众态度的形成与转变从服从到内化是一个复杂的过程。企业形象的塑造可采用以下策略。一是强化策略。企业通过不断地增加内容，不断强化公众的注意与举动，便能达到真正改变公众态度的目的。如深圳中华自行车集团股份有限公司，多年来坚持多品种、小批量的生产经营方针，共开发设计了郊游车、山地车、赛车、童车、健身车、高级铝合金车等六大系列8000多个品种。公司创新目标，平均每天开发出5个新品种，每分钟换一种颜色，每秒钟就生产出一辆高档车。因此，中华自行车名牌的塑造使企业形象深入人心。二是定式策略。企业通过一些具体的规范使员工的行为遵循一定的原则，久而久之，这种理念便成为企业组织中多数成员的自觉行为，同时也在公众中形成某种自觉的习惯。希尔顿集团创始人希尔顿在 50 多年里不断到世界各国的希尔顿旅馆视察业务。他每天至少与一家希尔顿旅馆的服务人员接触，问得最多的一句话是："你今天对客人微笑了没有？"由于希尔顿对企业礼仪的重视，并制定了完善的规章制度，下属员工执行得很出色，形成了自己的传统和习惯。三是迁移策略。利用公众原有的态度，在此基础上引发新的态度，这就称之为态度的迁移。利用态度的迁移，比白手起家形成一种新的态度容易得多，速度也快得多，能达到事半功倍的效果。也就是说，让消费者重新认知一个过去熟悉的名牌，比让消费者认知一个陌生的新名牌所花费的开支要少得多。聪明的上海人正是利用了人们对名牌的一种怀旧心理，提出了"利用名牌，重振雄风"的口号，这就为"培罗蒙"服饰产品进入市场打下了扎实的基础。四是信度策略。企业形象一定要与宣传口号等传播内容相吻合，使公众认为企业实事求是，是可以信赖的。现在人们每天都在接触大量的广告，每种广告几乎都是当众夸耀自己的产品质量如何如何好。可是，这些话都让人听腻了，使得广告未必都能达到预期的效果。因此，当我们通过塑造企业形象与顾客进行沟通并努力使顾客对企业产生好感和信赖时，有一条非常重要的原则，那就是任何广告宣传、任何企业形象的树立都应该实事求是、留有余地、话不说绝、词不用尽。任何过头的语言、夸大的宣传，只能收到昙花一现的效果，最终仍然会影响顾客心目中美好形象的树立。

（3）培育企业文化软实力应发挥各方面的作用。

根据中外企业文化软实力建设的成功经验，建设企业文化软实力有着规律性的途径和方法，找到适合本单位的途径和方法才能收到事半功倍的效果。本书认为，培育企业文化软实力应主要发挥以下几方面的作用。

一是舆论宣传的导向和激励作用。人的思想是受社会舆论环境影响的，舆论宣传对人的思想行为能产生导向作用、熏陶作用、激励作用和制约作用。通过电视、广播、厂报、厂刊、宣传栏、黑板报、标语、宣传品等舆论工具和媒介及报告、讲演、座谈、讨论等宣传方式，宣传、传播企业精神，使企业精神深入人心，从而营造良好的企业文化软实力氛围，这是培育企业精神的基本途径之一。

二是企业领导者的引领和示范作用。企业领导者是企业文化软实力之源。企业精神的人格化首先体现在企业领导者身上。因此，企业领导者不仅要做企业精神的积极提倡者，而且要做企业精神的率先示范者和实践者。如果企业领导者的言行举止、风格境界与企业精神格格不入，企业精神就不可能在广大职工群众中扎下根来，化作神奇的精神力量。因此，培育企业精神首先需要企业领导者模范地实践企业精神。

三是职工市场生存行为的实践和典型榜样的作用。企业精神是全体职工共享的价值观，企业精神是全体职工实践的结晶，只有回到实践中去，被广大职工身体力行地实践锤炼，才能养成、发展和升华。没有职工的实践，企业精神之树就如同没有土壤，无从生长，更不用说开花结果了。职工是企业组织的主体，也是企业精神的主要载体，职工接受、认同、实践、锤炼企业精神的过程，也就是企业精神的培育过程。塑造典型榜样，是培育企业精神、改造企业文化软实力的有效途径。"榜样的力量是无穷的"，因为英雄人物集中体现了企业精神，出色地体现了行政组织的价值观，是企业精神忠实的实践者。美国的迪尔和肯尼迪在《塑造公司文化》一书中这样写道："如果价值观是企业文化软实力的灵魂，英雄人物就是价值观的化身，以及企业组织力量的缩影。英雄人物是企业文化软实力的枢纽。"不同时代、阶段，大庆油田的"铁人"王进喜使大庆精神大放光彩；劳动模范张秉贵使北京百货大楼"一团火"精神声名远播……这些英雄人物，既为本单位内部职工树立了实践企业精神榜样，又为本单位树立了良好的社会公众形象。

总之，企业文化软实力是一种独特的文化，是一种文化的积淀。培育企业文化软实力最重要的是深层文化，它是具有企业特点的群体意识，同时也是社会文化系统的一个有机组成部分。因此，每个企业应根据中外企业文化软实力的成功经验，寻找适合本单位的途径和方法，建设优秀的企业文化软实力。

2.4　本章小结

文化是人类的精神活动及其产品的总称。当今时代，文化越来越成为民族凝聚力和创造力的重要源泉、越来越成为综合国力竞争的重要因素，丰富精神文化生活越来越成为我国人民的热切愿望。文化软实力是指一个国家维护和实现国家利益的决策和行动的能力，其力量源泉是基于该国在国际社会的文化认同感而产生的亲和力、吸引力、影响力和凝聚力。

以"企业文化软实力是建立在企业市场生存行为基础之上的实践活动"为主线脉络展开研究，企业文化软实力是企业综合实力和核心竞争力的重要组成部分。企业文化软实力就是企业在一定市场生存行为的实践活动与社会经济文化环境下，为谋求自身生存发展而在长期生产经营实践中形成的，基于该企业在国际社会的文化认同感而产生的亲和力、感召力、吸引力、凝聚力和竞争力。企业文化软实力是国家软实力的核心组成部分。一个国家要真正成为一个大国，不仅要有以经济为主要内容的硬实力，而且要有以文化为主要内容的软实力。

企业文化软实力是一种独特的文化力，又是一种文化管理理论和策略。因而，企业文化软实力具有一切文化力都存在的共同性，但又不同于一般社会文化力，它具有人本性、独特性、客观性、和谐性、民族性、时代性、可塑性和地域性等基本特点。企业文化软实力是企业的灵魂，对企业的生存和发展有着重要意义。一个企业，如果没有强大的文化软实力作支撑，是难以在激烈的市场竞争中生存和发展的。首先，企业文化软实力推动企业提高核心竞争力。其次，企业文化软实力促使企业可持续成长。最后，良好的企业文化软实力是企业网罗人才、留住人才的制胜法宝。

培育企业文化软实力应塑造企业精神和企业形象，还应发挥各方面的作用。企业精神是企业文化的灵魂和核心，也是企业文化软实力的重要内容。塑造企业精神应积极开展主题活动，应注重塑造企业形象，还应借助于典礼仪式等特定载体。塑造企业形象的基础是质量和信誉，其最根本的目的是让顾客认识企业、了解企业和信赖企业。塑造企业形象应采取正确的策略。培育企业文化软实力还应发挥各方面的作用，如舆论宣传的导向和激励作用、企业领导者的引领和示范作用、职工市场生存行为实践和典型榜样的作用。

第3章　企业文化软实力的
形成机理

3.1　企业文化的形成过程和形成机理

企业文化是以企业文化建设与文化影响力设计为主要内容的管理哲学。笔者在企业工作多年，根据自己的感知与管理实践认为，企业文化建设的核心价值观是"爱国、奉献、成果、生存"，这是企业员工的基本精神，是企业生存的支撑。这些方面可以形成增强企业员工归属感、生存积极性和成果创造性的基本的企业文化人本管理理论。另一方面，企业文化又是受区域社会文化影响和制约的、以企业规章制度和物质现象为载体的一种特征性较明显的经济文化。

狭义的企业文化主要是指企业的精神文化，笔者认为，企业文化不存在狭义的概念，因为企业本身就是"人与物""管理与实践"的实验基地。其内涵和各种元素应有尽有，并不是一些学者闭门研究的狭义与广义区分；如果对企业文化如此区分，直接后果是企业无员工、企业无产品。企业文化并不是一些研究者所说的在长期的经营活动中形成的共同拥有的企业理想、信念、价值观和道德规范的总和，笔者研究表述为：企业文化是由文化精英与企业员工共同参与设计，形成企业生产与生活共识，以"爱国、奉献、成果、生存"为核心价值观，在经营活动实践中形成的企业文化活动行为规范（本表述可与资深研究者讨论，可参考）。企业文化是企业生存的根本，也可以说是"生存灵魂"。

广义的企业文化是指企业在创业和发展过程中形成的共同价值观、企业理想目标、基本行为准则、制度管理规范、外在形式表现等的总和。笔者认为，广义的企业文化概念是重复解释，即便在逻辑上需要狭义与广义区分，同样要重视企业文化是生存为目的的文化，不是单纯的精神层面的文化。有必要将企业文化的意识形态修正为企业价值观，物质形态修正为市场与生存机制，制度形态修正为利益与消费结构设计，较符合文化的复合体研究模式。形态应该是企业文化市场行为的形与态的学术研究，与实践行为脱节，本章不作展开。

3.1.1 企业文化的形成过程

企业文化的形成过程是在企业区域环境和企业产品市场需求的生产经营环境中，以企业文化"爱国、奉献、成果、生存"为核心价值观，寻找适应企业生存发展的市场，由全体企业有关共同创造，企业文化精英带领倡导和实践，运用先进的企业文化管理思想，定向传播和规范管理逐步形成的实践成果。现以"企业文化软实力是建立在企业市场生存行为基础之上的实践活动"为主线脉络研究企业为适应生存发展需要而形成的特征文化。

（1）企业文化是在一定环境中，企业为适应生存发展需要而形成的特征文化。存在决定意识，企业文化的"爱国、奉献、成果、生存"为核心的价值观就清晰地体现了企业求生存、谋发展的规划与定位。在此基础上，企业文化组合了"企业是我家，建设为国家；高兴上班，快乐生产；争创一流班组，制造一流产品；用户第一，顾客至上；产品是品牌，品牌是质量；立足国内，走向世界；为祖国争光，创世界市场；中国企业，无敌质量"等企业文化的特征经营观念，激烈地竞争与谋划占据世界商品经济的买方市场，不畏国际国内企业间激烈竞争的态势，企业文化的强大优势在这种条件下自发形成，超越了任何形式的预计和研究结果，企业文化正是在"爱国、奉献、成果、生存"为核心的价值观的基础上自我调节设计文化力量，实现企业的生存价值。首钢和大庆为国分忧、艰苦创业、自力更生的企业文化精神，是在创业过程中，在 20 世纪五六十年代我国面临国外封锁、国内经济困难，石油生产又具分散性及一定危险性等环境下形成的企业特征文化。企业是社会发展中最具生命力的社会有机体，企业文化是确保企业生存、发展的动力，但是客观条件又存在某些制约和困难，企业为了适应和改变自身与衍生的客观环境，就必然产生相应的企业价值观和行为模式。反映企业生存的发展和需要的文化，是全体员工所认同的，同时也是企业文化持续展现强大生命力的重要基础。

（2）企业文化不是个别人的倡导与示范。企业文化是企业员工意识体现出的能动产物，不是客观环境的消极反映。企业文化在客观上出现对某种文化的需要时，企业文化特征明显地区别于（脱离出）交织在各种相互矛盾的利益之中，羁绊于根深蒂固的传统习俗之内的文化约束。企业文化是全体员工的觉悟与实践，不是少数人的权力觉悟。企业员工是企业文化提出反映客观需要的文化主张的实践者，倡导改变旧的观念及行为方式，成为企业文化的先驱者。企业文化的实践者促成少数领袖人物和先进分子在更为广泛的层面上进行企业文化实践的示范，创新和带动了企业文化的系统建设，形成了企业文化建设新的文化模式。

（3）企业文化是企业特征的宣传，以实践和规范管理的崭新方式体现企业行为。企业文化是在区域与目标的延伸线上以创新的姿态取得成果，与其他文化的成果在实质上有区别，不是简单的一个以新的思想观念及行为方式战胜旧的思想观念及行为方式的过程，而是企业文化特征的设计创新和生存理念的实践行为。企业新的文化思想观念必须经过企业实践的宣传、灌输才能逐步被市场和全体员工所接受。中华民族的企业文化终于形成了自己的特征，形成了企业全体员工乃至全民族的危机意识和创新竞争的文化精神。

　　企业文化的建设是逐步完善、创新、设计、定型和深化的过程。企业文化进程中一种新的文化思想观念是基于主流价值观前提下的需要，并在不断实践中，通过吸收企业集体的智慧不断补充、修正，逐步趋向明确和完善的价值。在实践中企业领导者一旦确认企业创新文化的合理性和可持续性，就要以企业文化的核心价值观来检验并在区域内进行宣传强化，制定与企业文化相关的行为规范和管理制度，通过企业特征文化现象在企业生存线上进行企业文化渗透力的转变，促使员工的生产作业流程与生存创新思想观念及行为转换为新的企业文化过程（模式），为设立新的企业文化结构奠定基础。

3.1.2　企业文化的形成机理

　　新时代企业文化的建设是在企业生产与生存的基本过程中和企业精英的指导下形成的一系列价值观的成果，表现形式多样。企业文化并不是在一种由假设、价值和"文物"三个基本层次所构成的企业精神体系下形成的。第一，假设企业文化。就是企业在生存观中出现幻觉，对企业文化要达到的目标的理解出现认知错误，一些研究者所灌输的理应如此、天经地义的公理性的东西，反而会造成企业员工的迷茫。企业文化的真正性在于，企业体建立那一刻起，全体员工进入的岗位角色就已经形成了基本的企业文化结构，形成了特征明显的企业文化基本机理，不存在假设性。企业文化表现为企业最内在的文化理想追求，是企业全体员工最根本的精神支柱。第二，企业价值。有学者研究认为，企业文化价值就是在企业基本假设的基础上形成的、企业全体员工共同奉行的、与企业经营活动相关的方方面面的价值观念和价值取向，这种说法是不科学的。笔者认为，企业价值是在企业体建立时就已经存在的、在"爱国、奉献、成果、生存"为核心的价值观基础上形成的主流核心价值，是企业体全体员工和精英的共识，不是通常认为的企业经营活动相关的方方面面的价值观念和价值取向，因为企业文化必须坚持主流价值。第三，"文物"。学者研究和解读企业文化是由假设及假设基础上的价值所代表的文化蕴涵或意义之物，它包括企业象征、故事、神话以及从各种物理展示一直到档案材料、规章制度、行为方式、人际关系、心理氛围和哲学口号，等等。笔者认为，企业文化建设是基于企业体成立之时，在"爱国、奉献、成果、生存"为核心的价值观基础之上的企业生存延伸线上的实践行为。所以说，企业文化形成是"企业体特征的建立，代表企业的理念；主流价值体现的是企业的生存目标，实践行为则表现的是企业的创新行为"。

企业文化的力量体现在这种由"生存理念到生存目标再到实践行为"所组成的内容丰富的企业文化体系，本质上是这个企业在其区域内外的市场中文化情势下所发生的各种状态，企业文化在社会化实践过程中逐渐积累的成果。企业文化形成机制正是在这种企业文化的社会化实践过程中起到了关键性的作用，形成了企业文化的机理。

（1）企业文化的文化与生存创新机制。企业文化的文化与生存创新机制过程中，"企业文化的文化与生存关系"体现在与企业员工的共识目标和企业领袖带领责任的认同性质方面，同时围绕"企业关键的生存生产事件"形成的企业文化规范，是企业文化形成的两个基本的、可持续的重要机制。首先，企业员工的共识目标和企业领袖带领责任的认同性质明确了企业领袖人物或企业的创建人、领导人等的信念、价值观和秉持的责任传递信息给社会提供一种文化宣传的范式，对企业全体员工产生实际引导作用和影响。其次，企业员工的共识目标和企业领袖带领责任的认同性质可以使模范人物和典型人物（其中典型人物也包括那些对企业文化有着特殊意义的所谓反面人物）进行实践行为。在"爱国、奉献、成果、生存"为核心的价值观基础之上的企业生存延伸线上的实践行为，使企业文化在其实践价值观和追求、行为方面，以及企业文化和员工们对它们的建设性意见上常常产生明显的示范效应，并形成一定的企业文化实践的氛围。再次，对于新进入企业的成员来讲，对企业文化行为体验最深刻的老匠人、技术能手、工程师和其他同事，企业生存延伸线上的实践行为对企业的价值观也有着重要的影响作用。企业文化的机理就是在这些基本要素的推动下产生相互作用，影响着企业在区域社会关系中逐渐成熟、繁荣和沉淀下来。"企业关键的生存生产事件"可区分为"企业重大生产事件"和"典型的生存影响事件"两种。"企业重大生产事件"主要是企业生产运营过程中以企业文化事件为表现的、企业所遇到和经历的影响企业全局或员工根本利益的重大事件。"典型的生存影响事件"则是企业发展中直接对企业生存产生重大影响的事件，事件随区域经济环境或影响力可大可小，判断标准是事件产生所意味的文化意义是否具有典型性。企业体系及其领导人和员工如何认识、对待、处理这些关键事件，是企业文化规范产生的最重要的处理平台。可以认为，企业文化是"企业文化的文化与生存关系"体现在企业员工的共识目标和企业领袖带领责任的认同性质方面，同时围绕"企业关键的生存生产事件"形成的企业文化规范，经由企业全体员工的社会化的实践活动取得认同，在企业围绕"企业重大生产事件"和"典型的生存影响事件"客观行为过程中自然的修正创造出来的成果。

（2）企业文化的社会性质与文化创新机理，即保存企业文化的社会性质与文化创新，及创新文化与市场认可拓展机理。企业文化的社会性质与文化创新最初的体现是文化创新，关键是企业的文化在主流价值观的作用下再次被规范地创造出来之后，要经过企业文化的社会性质保存，才能表现出企业文化的社会性质，即企业在社会中扮演着主力军的角色，文化创新（即企业生存设计）与市场占有份额是企业主力军的品牌旗帜。创新文化与市场认可拓展机理，是企业文化建设中实现创新文化的设计与市场拓展激励机制的检验结果。创新文化是企业在实践中调整或设计重构企业文化的举措，与政策性支持的文化创新是两个不同状态下的结果。企业的市场化经济行为可使其企业文化的社会性质与文化创新机理不断丰富和逐渐持续化，从而形成和发生竞争力的文化动力作用。否则，这些实践的规范就有可能是模糊的，同时缺乏广泛的企业文化传播与受众心理基础支撑。在保存企业文化的社会性质与文化创新，及创新文化与市场认可拓展机理过程中，企业的实践行为可促成主观刻意保存与拓展和自然进化等两类主要机制。

保存企业文化的社会性质与文化创新，及创新文化与市场认可拓展机理又分为两种情况：一是企业成员上岗时的精心选拔与招聘。企业招聘时，提出自己的文化目标及吸引人才的文化成分，希望那些与企业文化有着相同或相近的价值观的人员进入企业，成为企业的新成员。同样，企业也精心选拔那些已经认同了企业基本价值观和可服务于提供重要岗位的成员，特别是各种领导岗位。以这样的努力缓减机构的紧张度，一定程度上可消除企业内部文化冲突引起的紧张与压力，还可以通过这些被选择的成员的融入、努力、影响与示范，使企业文化在社会性质化的延续过程中得到较好的张扬、弘扬与拓展。二是对企业成员在岗过程中的多种形式的培训。企业文化建设和形成的初期，真正深刻领会和彻底认同其价值观的成员并不是很多。这就需要企业以重合度极高的价值行为对其员工进行有目的的培训，使企业文化被更多的新成员所接受和认同，真正转变为企业集中机制下的成员共同体的共同心理与行为准则，从而使其通过这种成员中的传承与普及得到保存与拓展。创新培训的形式不拘一格，例如，正向系统的与非正向系统的、集群体的与个体的、行业系列的与随机顺序的、顺序性的与非顺序性的、常态固定的与可变的、区域展览性的与非区域性的，等等。

（3）企业文化的自然进化与变异机理。企业文化是在企业区域环境和企业产品市场需求的生产经营环境中，以企业文化"爱国、奉献、成果、生存"为核心价值观，寻找适应企业生存发展的市场，由全体企业员工有关共同创造的企业文化精英带领倡导和实践，运用先进的企业文化管理思想，定向传播和规范管理逐步形成的实践成果。

　　企业文化是经由人运用先进的企业文化管理思想而不断延续与发展的。在企业文化的形成演化过程中，除了上述刻意的保存与拓展之外，还存在着明显的自然进化机制。这种机制主要表现为如下两种情况。第一，企业文化接受被动学习与适应过程。企业在其设计管理与运营过程中，以内生环境与外在区域的生存环境不断发生剧烈的变化为参考数据，通过对数据的分析与提炼消除因这种情境变化形成的压力和紧张状态，寻找出对企业主流价值观和现有的企业文化设计形成的不同程度的影响力，迫使企业管理层与全体成员借鉴学习与适应，促使企业文化的自然演变或成长。特别是生存环境与文化元素环境出现重大变化后，自然进化的程度将加快，同时衍生一系列新的文化要素。这种生存环境促使自然进化，会成为新状态下成长中的企业文化的有机元素。第二，企业文化促成社会获得性遗传与变异。遗传与变异是两种力量，先有遗传，后有变异。企业文化在市场交流中表现的社会获得性的传播与扩散就是遗传，是通过企业成员之间的协作、劳动和在成员的新老技术交替中形成的群体环境与规则，加以配合、暗示、感染、模仿等心理机制来实现的（企业为了强化这些机制，有的企业常常会专门设计制造一些相应的系统特征、提示、符号、象征、神话、仪式或营造类似的场景与情境）。在企业文化的社会化活动的延续过程中，企业内部的岗位不同、单位的性质不同、所处区域（地域）不同、人员构成不同以及新成员的不断加入等，在企业文化运行中会产生一些更小的亚文化群体，形成企业内部的文化差异甚至冲突，这就是变异。企业文化的本质特征是这些亚文化要素的表现与谈判的结果，是它们结识共处、相互作用、磨合与整合的结果。这种结果有可能使企业文化发生某种变异，严重时还会发生根本性的变革。遗传和变异这两种力量在新时期的企业文化建设中，由于面临自然进化中的同时作用力，企业文化改变了一成不变的结构，形成了有着旺盛生命力的活生生的、日渐丰富与多彩化的成长机理。

　　（4）受指导和经过管理的自然进化的企业文化。自然进化的企业文化变革与发展，是企业文化自然进化时期要面临的两种重大风险。第一，企业文化是自然进化的产物，受时空域环境的影响，可能出现极其不稳定、忽快忽慢的现象，极有可能不适应企业发展的基本要求。第二，企业文化在自然进化的方向中不受控制。企业因丢失企业文化的价值，迷信西化经验或借鉴西方研究案例，有可能把企业引向错误的文化发展方向。企业文化的核心价值观是领导者和管理者在感到自然进化中出现杂音或者外力介入时，以打击风险的力度规避风险，高度的责任感促使企业文化精英开始自觉地指导和管理企业文化的建设与发展（同时借助主流价值和生存机理的帮助）。企业精英们在一些方面调整策略作出相应的持续的努力，针对特定的文化环境冲击情势，制定现有的或相关的措施，结合企业文化特征或现象，反复地宣讲变革或保持现有文化的重要性与紧迫性，并营造共识氛围求得认同；结合目标的变革在必要时提出新的科学方向进行指导；根据实践及事件的文化现象状态，进行相应的人员调整并起用新人到重要岗位，确保新企业文化理念的贯彻与实现；规划与设立并启动相应的新机理下的各种奖励与惩罚机制，以规范人们的行为；在企业文化发展中进行必要的文化战略重点的调整，融入主流文化价值并为文化工程的建设加固基础；对企业文化特征、象征、符号、广告、仪式等各种"文物"现象进行扬弃，以先进的发展方式并在适当的时候加以渲染以引起普遍关注，引导企业文化建设者深入地反思和形成长久的感染力。企业文化建设者们要在各个层面研究发动与推进企业文化的变革与发展的同时，采取一系列具体化的措施对企业文化进行责任设计与精心的培育，顺利地促成企业文化的健康机理。

　　实践告诉我们，企业文化体系的形成不能速成，也不能漫长地去探索，必须是一个设计持久且建设适中的行为过程。以上四种实践行为过程的企业文化形成机制，只是企业文化建设中的普遍特征。企业文化建设中涉及公司法、破产法、民法通则、知识产权法

等几十部法律、几百种法规，全部关联企业文化在兼并中的文化状
态彻底迁移、移植、整合、扬弃、融合机制以及不合适的文化体系
的消除、摧毁、改造机制，等等。企业文化在不同的企业以及企业
的不同发展阶段中，因区域不同，企业文化的形成过程还会有一些
更为特殊的特征，需要专题研究、个案分析。本章在企业文化的建
设、设计、创立、延伸、拓展、变革、演化和持续、创新、发展等
方面对企业文化建设的整体过程进行了基本讨论，对企业文化建设
方法的研究提供了前提和基础。

3.2　企业文化软实力的形成过程和形成机理

3.2.1　企业文化软实力的形成过程

（1）企业成立之初，就已经具有潜在的文化软实力，经过企
业的生存机制运行转换后，才表现为企业现实的文化软实力。

企业文化建设是企业成立之时，在"爱国、奉献、成果、生
存"为核心的价值观基础之上的企业生存延伸线上的实践行为，
是形成企业文化软实力的基础。企业成立之初，企业文化的理念、
价值观等企业主体观念的形态、软资源和企业硬实力虽然是形成企
业文化软实力的基础和来源，但尚需企业文化的传播功能在宣传力
度上得到客体认知和认同，激活企业潜在的文化软实力。企业文化
软实力的作用和力量的发挥，显著特征是激活企业潜在的文化软实
力，转换为现实文化软实力。企业文化软实力的形成进程中，将潜
在的企业文化软实力向现实的企业文化软实力自然性的转换，要求
企业精英一方面增强对企业潜在文化软实力的认知和把握度，另一
方面要在生存机理的促动下在与利益相关者互动过程中主动地借助
传播企业理念、价值观等观念形态和软资源的展示机会，分享企业
文化软实力资源，吸引众多不同客体的认同，达到企业文化资源张
扬的预期行为目的，平稳实现企业潜在的文化软实力向现实文化软

实力转换。

（2）企业硬实力是企业文化软实力的补充，如何发挥与增强企业硬实力，并通过企业硬实力的提升来增强企业文化软实力，笔者有较深的体会。

我们平时看到研究企业文化软实力的文章和著作中，普遍认为"企业文化软实力作用的发挥，离不开企业硬实力，但企业文化软实力具有明显补充、增强硬实力的作用"。笔者研究认为，普遍认为的"纯粹的企业文化软实力不存在"的说法是错误的，正确的说法是"纯粹的企业文化软实力是存在的"。证据有两点：①企业是实体，是依照法规申请成立的合法活动组织，一人公司、合伙公司、独资公司都是企业，企业成立之初，企业文化软实力自然形成，因为"企业"本身就是"文化"。②企业成立之日起，企业文化软实力就发挥了重要作用，在"爱国、奉献、成果、生存"为核心的价值观基础之上的企业生存延伸线上的实践行为，第一时间就向外界（世界）宣布了生存价值。此两点，均是企业文化软实力自身带来的表现特征，同时也是企业硬实力的特征。需要一定的载体张扬企业文化软实力，或者说依赖性决定了企业文化软实力离不开企业硬实力，是极其片面的结论。企业文化软实力作用的发挥，在市场层面超越了硬实力的文化品牌效果等范围，实现了硬实力所不具有的功效；在企业作业层面，是以企业文化的价值观指导全体员工在生存为条件的技术活动中增强企业的硬实力。企业文化软实力可以通过硬实力巩固和强化。所以，企业文化软实力与硬实力是企业同步存在下的结果，体现着企业总体实力水平。

（3）影响力是企业文化软实力的力量。其在企业利益相关者管理与实践层面发挥直接影响认知、响应甚至改变其市场机制中其他企业文化价值观的作用。

从企业文化软实力形成过程可以看出，企业文化软实力发挥影响力的一个重要环节是得到同类企业文化建设者及利益相关者的共同价值认同。而价值认同的前提是所有结构中的利益相关者对企业主体价值观的认知，同时共同价值观问题说到底是主流价值层面的国家力量依托和生存问题，因而企业文化软实力力量的发挥必然要影响到企业利益相关者的核心价值层面，通过"爱国、奉献、成果、生存"为核心的价值观基础之上的企业生存延伸线上的实践行为，实践着区域内的传递、呼应、迎合甚至改变其企业其他价值观，得到共同价值认同而显示企业文化软实力。在影响力的方式上，可以设计为有形的或是无形的，通过长期积累，潜移默化地显示其强度力量。比如借助于企业文化建设的沟通、传播，影响到不同的企业文化软实力带动发挥作用的客体，吸引并得到所有认知目标和目标客体的认同。

（4）企业文化软实力的传播与互动，表现在企业文化主流价值的系统传播与企业生存利益相关者的互动，是企业文化软实力有效发挥影响力的重要环节和途径。

企业是企业文化软实力的实践者，同时也是企业文化软实力的生产者。企业文化信息传播，如何使企业处于最佳的生存文化环境，使企业的生存利益相关者对企业文化影响力和企业产品均产生价值评价，产生企业预期的销售行为，促进企业文化健康传播与企业产品可持续发展，取决于企业主流价值（主观）依据对象对各种信息（客体）的认知互联处理规律进行传播与互动。

企业文化价值通过企业群系统规划与塑造，传播信息给企业群客体公众（利益相关者）的过程，也是企业文化信息的传达过程、企业建设有目的的实践过程。企业在共同价值利益相关者的区域文化影响力的认知、了解基础上，形成对企业的价值认同，企业文化建设的条件成熟时，促成文化力量的群体设计，促使企业进行互动，使企业文化的传播作用直接形成强大的企业文化软实力。

（5）企业的活动是利益相关者群体认同企业文化的主流价值。认同企业文化的主流价值是企业文化软实力有效、正向发挥影响力的重要前提。

企业活动是集体利益相关者对企业文化建设及企业经营行为的

认同，企业的文化软实力体现由此得以提升。企业文化价值的认同，是企业在生存的视角下审视企业行为的方式中形成的。企业文化软实力的实质是企业集团或者企业组织在区域生存的特征程度上，形成了社会、经济、文化的交流，是利益相关者取得的价值认同，由此显现出由利益相关者在企业文化的特征区域里实践企业预期行为的能力。企业文化软实力作用的过程就是企业集团（企业）和利益相关者之间在互动中坚持主流价值观前提下，不断对各自的企业文化关联价值观念重新定位和调整，取得共同价值的认可和共享。实践中，为体现这一过程的企业文化价值观，企业需要积极地采取主动，对自身的主流价值观念予以明确定位和定向，还要影响和引导企业集团及各利益相关者的认同，获得张扬企业文化的共同价值认同，实现企业集团及各利益群体实践企业文化的目标。

3.2.2　企业文化软实力的形成机理

企业文化软实力的形成，笔者体会有四个力量要素起关键作用。①市场为企业文化的软硬资源力提供了展现舞台，企业载体转化和传播之后所体现出来的不是感染力，而是生存力量；②企业文化行为的目标是吸引消费者形成稳定的购买力，企业产品的质量正是企业文化显示创新力的机会，体现出企业的价值力量；③企业群体之间在市场舞台上的纵横角力使企业文化的张扬在经济环境、经营中显露出实力派的企业体，显示了企业的文化力量；④企业是国家经济、文化生活中关键的组织活动体，企业规模大小及贡献多少，都是创造性的结果。需要强调，企业是成员与企业精英在企业生存线上的共同价值观引导下，以自有生产技术的硬条件和企业文化的软实力，启动了企业潜在的文化软实力。生产技术的硬条件和企业文化的软实力的启动利用与转化，使企业在市场机制中获得了消费的吸引力。企业凝聚力只是为了实现在市场中的竞争力，真正促使企业文化软实力形成的是企业发展的持续力量。生存力量、价值力量、文化力量、持续力量是企业的生命超越、利益诉求的文化特征。这四要素形成了新时代企业文化软实力的基本机理。实现机理和机理发挥作用的正确性要通过市场消费（客体行为）各要素的实践检验，以及企业集团或者各企业利益相关者的价值认同检验。

企业文化软实力建设同时需设计企业体各"环境与资本"的关系。环境关系有企业体与企业文化的制度关系、企业生产环境与生存的区域生活关系、企业文化建设与宣传关系、企业产业化发展与规划的实践行为关系、企业人力资源与市场机制结合后的设计创新关系，等等。环境关系伴生着资源与资本元素。企业文化软实力的建设十分重视有利于企业文化建设的内部机制及形成良好的人力资本和组织资本元素，与此同时，加强在外部的环境建设力量，建设并形成长期的社会资本和影响力资本。企业文化软实力建设的影响效果表现在：①与企业密切的利益相关者的认同度高低，首先取决于企业文化核心价值观的确立，其次才是设计企业潜在文化软实力的宣传与塑造的水平。②企业在生存线上的活动不排除企业在文化软实力转化过程中变动或者扭曲了所应传递的特征信号。企业通过自有的认知设计模式把潜在的企业文化软实力转换为现实的企业文化软实力的技术与转换过程就是获得价值认同，实现企业设计的预期行为的实践过程。简单地说，就是通过关联互动与转换传播的方式，使企业的生存方式在各种行为者认同后，通过企业内部（激活调动潜在文化软实力）与企业外部（扩大认知区域）两种增强企业文化软实力的有效途径，以市场的检验行为方式拓展企业文化软实力的深度和广度。

3.3 企业文化软实力的核心——企业学习力的形成机理

企业学习力是现代企业管理思想中的核心理念之一。很多学者持相同态度。笔者认为，企业学习力是企业文化软实力的核心，应该将学习力的内容在现有的研究和内容上大幅提升，才符合企业持

续发展的机理。企业学习力，是指企业学习总结企业体设计失败
的能力。企业的一次失败就可能使企业破产，但它并不是平常说
的企业中个人学习能力，也不是企业学习力，而是企业组织内部
的各成员通过对内外环境变化的认识，及时传递信息、达成共识，
并迅速地作出调整与决策，使企业更好地适应环境变化并具备可
持续发展条件的能力。好的企业是在不断学习总结企业体设计失
败的能力中发展起来的，企业文化软实力建设的强弱，正是在
"常态化研究失败机制"的前提下实现的设计方案。失败机制使
一个企业的文化行为力在市场经济冲击下反映新时代的需要，同
时将失败的连锁信息高速传递给竞争对手。失败的学习力使新时
代的企业在几分钟内处理完毕调整方案，在更快速的、分布各地
的市场对接点上扩张能力。失败是市场竞争的最高奖赏，但是企
业由此将会退出市场。企业生存的主要环境是失败的设计与传播
环境条件，在企业间的竞争关系中学习获得经验是极其错误的教
条，丝毫影响不了后进企业，失败设计才是企业真正产生行为变
化的过程，失败设计是企业的创新能力。强大的企业文化软实力
是失败设计基础之上的创新力、学习力。将企业学习的本质以已
知求未知的过程来看待，不适合企业文化建设，因为企业是生存
前提下的创造者。

结合企业群的实践经验、分析，从系统的观念出发，提出新企
业学习力的形成机制。

3.3.1　设计学习失败论，形成企业精英学习力

企业群的组织成员是企业文化的实践者。企业中设计学习失败
论，是最基本的生产环节，企业精英学习力是企业组织学习力的基
础。失败论对企业而言是特征岗位和特殊部门。未来企业的设计部
门传递和承担的设计任务均为失败论的成果。根据笔者亲身的感受
与管理体会，笔者认为，个人学习力是组织成员素质、能力的反
映，个人学习效果的好坏可体现出个人学习力的大小等观点是文化

学习认知结构的缺陷，无法形成企业家精英学习力。

下文通过企业如何学习失败，从中总结经验教训，分析以"企业文化软实力是建立在企业市场生存行为基础之上的实践活动"为主线脉络的企业市场生存机制的合理性。其机制如下。

（1）设计企业合理机构的学习机制。企业现代化建设与社会文化交流中，企业合理机构机制的设置是企业生存的关键。企业精英们将精力重点放在企业合理机构的调研与设计中，是企业成功的基础。企业精英学习力表现在设计业务机构与培训的市场开发力方面，设计失败模式，确立持续发展目标。

（2）设计企业失败产品的学习机制。企业是以生存为目的的组织，员工是以企业提供生活保障为目标的机制创造者。企业产品是企业文化软实力强大的特征之一，是成功的象征。通常企业员工看重的是收获，不是失败。而市场是无情的，失败是随时出现的，真正的企业里讨论失败的原因的群体大大超过讨论成功的喜悦的群体。通常说，企业里提倡个人建立自觉学习习惯，学习中实现自我超越，探索内心阻碍自我成长与成功的因素，运用自己的力量来突破这些障碍等，是企业文化建设中无法体现在生存空间里的。

（3）设计企业文化实践的学习机制。企业文化软实力是企业文化学习力的最终成果。设计企业文化实践学习，首先，通过"爱国、奉献、成果、生存"为核心的价值观基础之上的企业生存延伸线上的实践行为，学习主流价值观的含义；其次，设计企业合理机构学习机制，学习持续发展目标；再次，设计企业失败产品学习机制，清楚认识到自我超越的修炼是无意义的；最后，设计企业文化实践学习机制，走出有效地形成个人学习力的误区。

3.3.2　设计学习市场论，形成企业品牌学习力

品牌学习力是企业产品在市场成功的集中体现，是形成企

业设计学习市场论的基础。企业品牌学习力的形成机制具有战略价值。品牌建设与宣传是企业成功的学习力的形成要素，是企业文化设计、企业体系指挥系统完善、市场实际机制方案可行的竞争力表现雏形，是市场论在实际生存状态下检验企业产品进入市场的学习成果。在企业科技力量的快速发展与全球性市场高度竞争大环境下，品牌建设是企业文化软实力提升的关键力量。各类组织机构越来越重视品牌的学习力。品牌学习力是指企业组织在确立市场机制之前在成功的销售行为中检验发挥关键作用的市场论观点的正确性，检验发挥员工技术专长及调节技术潜能精神与力量的效果。品牌学习力在企业组织成员间的个人素质方面同样有重要的力量基础，品牌是学习市场的武器、是企业文化发展的变革力量、是整体企业效益与实现共同目标能力的市场学习活动的成果。品牌是企业产品冲向世界的企业最佳文化软实力的力量之一。

　　设计学习市场论，企业文化软实力的形成中必须重视四种环境资源，即企业文化生命力环境、企业文化传播控制力环境、企业文化设计专业知识环境和市场的影响力环境。市场论的学习是重视各个资源环境的基本学习力。市场论的学习形成是企业产品与品牌效果在企业文化软实力建设中的实践结果。它是市场论的企业主体文化元素、是企业有意识的工作设计目的、是企业形成产业化的基础、是企业文化贡献总构成。

　　形成企业品牌学习力，在市场实践中要注意企业内部精英团队学习力形成机制。

　　（1）市场学习力。市场论学习的核心是企业为生存设计了市场论（学习方式），企业需要占有市场精选企业文化设计方案时，首先要思考较复杂的市场变异问题。企业内部精英团队是企业突遇市场危机时的拯救力量。

　　（2）市场运作力。企业在产品进入市场后需要具有创新性，在行动协调一致前提下，展现市场运作力。企业员工学习市场的实践经验与结合关系，采取互相配合、协调一致的方式。

（3）扩展影响力。企业文化软实力的特征体现在企业与市场的互动中影响了所有市场品牌的注意力，是企业重视市场学习力培养的持续影响能力。

3.3.3 设计学习局部与整体关系学，形成企业协同竞争学习力

企业文化的展现不是简单的宣传片、资料，而是企业组织在市场竞争中掌握局部与整体关系学的指挥能力。企业精英们在研究个人学习力和团队学习力的形成中，分析发现了企业学习力是以市场论为前提的，同时学习局部与整体关系学是企业文化形成的主要内容之一。因为局部是相对于一个整体存在的，局部或个体的强弱并不能反映整体组织的全貌。只有将局部（个体）与整体（全貌）关系学建立起来，企业才有协同竞争的学习力实践市场；只有有机地结合起来，开展企业协同竞争学习，才能形成企业组织行为的整体学习力。设计局部与整体关系学是组织整合，形成倍增效应，充分发挥竞争优势，解决企业以市场为中心实现生存价值经营企业难题的突破口。设计局部与整体关系学机理，表现在以下两个方面。

（1）局部与整体关系学只设计了一个部分，即企业生存的土壤在市场。企业文化软实力同样需要市场的检验。良好的企业局部与整体关系，是企业组织内部机制健康、创新的特征，是企业具备局部信息传递和整体协同应急指挥功能的力量关系。

（2）企业竞争协同学习力表现在市场的应变关系中。企业文化建设的目的是在市场引导中组织协同企业间的作用机制。企业运用系统市场学习思考的思路与方法，采用品牌力学习的手段，在培育企业文化实践中激励和共创企业市场，以整体关系力量的目标意识增强组织的凝聚力，提高组织认同感和认知度，从而培育和提升企业文化软实力。

3.3.4　设计企业群信息学习课，形成企业成果的借鉴学习力

设计企业群信息学习课，是新时代企业面临的生存技能。企业处理各种市场变化的学习力问题，需要企业建立一个直接的信息系统。企业因市场的分布不确定性，随企业的文化影响力占有程度不同实现其在区域及其他边界信息因市场的定位相对独立于企业作业的外部环境，处理信息的技术手段是企业群信息学习的行为，是一种借鉴式的信息运作。信息技术的发展，使企业群与各组织间以市场为主线的关系、联系、交流和沟通更加便捷。这种交流方式因企业文化的作用力不同，无法在竞争中形成组织间既是竞争者又是合作者的战略联盟，只有企业在共同利益和产业一致利益的前提下，这种联盟才可以结成，从而形成企业成果的借鉴学习力的有效机制。

市场竞争使企业具备向世界市场学习、与跨国公司共振市场、建立市场观战机制、建立战略联盟的能力。市场退出机制学习、客商攻占机制学习等均为企业成果的借鉴学习力模式。

企业文化建设，学习力的四个基本方面和市场为中心的需求层次同为组织系统的有机构成部分，因企业文化与市场的实践形成相互联系的学习力量的整体。四个不同层次的学习力与实践结果是企业合理整合与协同运行并收到巨大效果的企业学习力量，最终形成一个良性的可持续的循环。

3.4　实例研究：旅游企业文化
软实力的形成机理分析

为了说明企业文化软实力的强大作用力量，笔者结合案例，以新的研究视角进行分析，提出新的观点。旅游企业文化软实力是指以区域旅游资源的硬实力吸引顾客实现硬实力转化为文

化软实力并获得利益的区域主流价值观的文化价值力量。旅游企业文化软实力的可持续竞争优势是企业文化主流价值正向作用取得的，是市场对企业的实践行为的最佳判断。企业旅游文化是企业通过区域自然资源与政府资源，以技术改造的方式，结合旅游文化整体形势整合各种文化资源的获取、开发和传播设计。企业旅游文化也是最终形成的一种区域力量，凝聚着利益相关者的价值认同。

国内旅游企业因文化大发展、大繁荣的建设政策，将彻底改变企业普遍存在的重硬件设施建设轻软件投入、重景观规模扩张轻文化力量营造、重旅游生产经营投入轻企业文化人力资源开发、重旅游市场轻旅游品牌等初级设计现象。旅游企业的文化建设是我国特色文化建设的结果，国内旅游企业总量规模、豪华程度、硬件设施等方面建设缺少科学设计，存在浪费投入。国内旅游企业的整体建设情况并不逊色于国外著名旅游企业。但是，国内旅游企业在经济效益、市场占有率、市场规划效应、品牌价值、综合景观实力等文化延伸元素指标上远远落后于国外旅游企业。其主要原因是，国外旅游企业普遍重视文化软实力建设，从而获得持久的竞争优势。市场经济的需求，使 21 世纪的全球旅游业无条件地进入文化软实力的竞争时代。我国旅游企业的文化建设将面对国外著名旅游集团的文化设计与景观文化宣传的强势竞争压力，国内旅游企业想做大做强只是意向，不是行动，必须在市场的生存条件下，设计出科学的区域企业旅游文化价值特征，以此为主，形成区域旅游景观文化品牌艺术，采取不同风格的市场实践行为，形成新时代的旅游企业文化软实力的建设机理。

旅游企业文化软实力的形成主要包括两个转换：①旅游企业在区域环境中学习将景观特征硬实力转换为旅游文化软实力。②获取和开发区域旅游文化资源利益符合形成的主流价值观，形成旅游企业的文化软实力。在市场竞争中，旅游企业注意内外部的市场行为，旅游企业在与利益相关者的互动传播中获得其价值认同，从而形成市场条件下现实、全面的企业文化软实力。

3.4.1　旅游企业在区域环境，学习将景观特征硬实力转换为旅游文化软实力

旅游企业文化软实力的形成，由硬实力转换为旅游文化软实力的过程使企业获得市场机制中的利益相关者的价值认同。旅游企业文化软实力建设，必须学习将景观特征硬实力转换为旅游文化软实力的理论与方法。

（1）将景观特征硬实力转换为旅游文化软实力，采取转换差距分析法，在科学市场运行机制调研的基础上，以旅游企业文化的渗透力了解社会公众对于旅游企业文化软实力的实际认知与期望水平，分析转换差距产生的原因，并结合旅游企业景观区域特征与企业发展战略，确定区域内企业文化软实力在旅游为目的的社会公众心目中的特征位置。市场的行为检验后，企业文化软实力转换差距分析法所显现的区域旅游文化特征完全展现给公众判断、选择。

（2）将景观特征硬实力转换为旅游文化软实力，科学进行资源的获取与开发。旅游企业的行为目的是利益，已经不符合新的时代需要，市场的无情使旅游企业必须重视建设企业文化软实力。将景观特征硬实力转换为旅游文化软实力，通常采取选择性地获取"软资源"的方式，包括区域动力资源、区域文化资源、利益品牌资源、景观形象资源、企业智力资源等，市场机制不可能全部接受，因为旅游企业文化资源是建立在硬实力基础上的。与"硬资源"不同，"软资源"的获取不能通过租赁、借用、贴牌甚至购买、收购等市场交易方式获得，只能依靠旅游企业自身的设计、实践与逐渐提升形成。国外旅游企业品牌的塑造过程大多经历了艺术设计阶段、意识品牌建立期、市场设计与品牌实践阶段、文化现象与品牌公众结合阶段、市场认知与品牌旅游设计影响阶段。例如，以迪斯尼乐园为代表的世界知名旅游企业品牌的形成与发展，至少

经历了 30～50 年的时间。旅游企业文化软实力的形成是在市场认知"软资源"以后，将景观特征硬实力转换为旅游文化软实力，依然需要进行长期系统、科学的文化资源开发行为，这是客观规律的成果，不是人为的景观设计。

3.4.2 获取和开发区域旅游文化资源利益符合形成的主流价值观，实现旅游企业的文化软实力

通常企业及政府认为，区域企业及旅游企业重视挖掘潜在的文化软实力转化为能影响利益相关者行为的现实文化软实力，是区域旅游文化建设的路径，是有欠完善的研究。获取和开发区域旅游文化资源利益符合形成的主流价值观，必须要通过测试企业文化软实力的设计水平与利益相关者的交互传播阶段来实现旅游企业的文化软实力。旅游企业在特定区域环境中以景观的自然特征与加工设计取得公众的参与，目的是文化传播，实质是希望与利益相关者的沟通中影响其品牌的建设与价值认知，争取其最高的市场学习和市场行为的效益认同，促使所有的利益相关者对区域旅游企业文化给予积极的评价。

政府支持区域旅游企业与各利益相关者的接触、学习、交流、传播过程，是区域政府与旅游企业直接的品牌效果实践，目的是使各利益相关者参与利益博弈。政府希望在旅游企业介入后在与利益相关者交流过程中产生特征文化的副价值冲突，以此提供给政府在管理与建设中不断地进行核心价值观宣传与区域文化软实力建设的重新设计定位。政府在观察企业磨合的过程中，在市场的引导下，总结旅游企业文化主流价值观建设与企业效益的平衡点，形成区域价值认同模式。另外，政府以区域的旅游企业（不包括外力介入的投资、合作等）与各利益相关者的交流共识与品牌传播过程是建立在传统的常态中的市场效益基础之上，目标是利益最大化，其次是文化建设的检验，这种设计是地方政府以政绩为前提的，通常研究者的结果在实际中是无用的，也是政府不愿采纳的。笔者研究

企业文化体会到，旅游企业文化目的是要展示文化软实力信息，以此吸引众多的旅游参与者实地体验，政府此时的任务是对参与者进行跟踪、统计，关注的是市场中的利益行为结果及突发事件的处置能力，以此为基础，极力地确保企业文化软实力的张扬力度和影响力。旅游企业关注的是时间关系中的利益最大化，将效益信息借助政府平台及媒介载体传递给各市场参与者及利益相关者，取得品牌文化效益的认知。实现企业市场认知的文化软实力顺利转化为现实的企业文化软实力，通过市场环节的利益行为进行调整传递，最终实现旅游企业的可持续发展。

3.5　本章小结

狭义的企业文化主要是指企业的精神文化，笔者认为，企业文化不存在狭义的概念，因为企业本身就是"人与物""管理与实践"的实验基地。其内涵和各种元素应有尽有，并不是一些学者闭门研究的狭义与广义区分，如果对企业文化如此区分，直接后果是企业无员工、企业无产品。企业文化并不是一些研究者所说的在长期的经营活动中形成的共同拥有的企业理想、信念、价值观和道德规范的总和，笔者研究表述为：企业文化是由文化精英与企业员工共同参与设计，形成企业生产与生活共识，以"爱国、奉献、成果、生存"为核心价值观，在经营活动实践中形成的企业文化活动行为规范（表述可与知名资深研究者讨论，可参考）。企业生存文化是企业生存的根本，也可说是"生存灵魂"。

以"企业文化软实力是建立在企业市场生存行为基础之上的实践活动"为主线脉络的应用机制来看，广义的企业文化是指企业在创业和发展过程中形成的共同价值观、企业理想目标、基本行为准则、制度管理规范、外在形式表现等的总和。笔者认为，广义的企业文化概念是重复解释，即便在逻辑上需要狭义与广义区分，同样要重视企业文化是生存为目的的文化，不是单纯的精神层面的文化。有必要将企业文化的意识形态修正为企业价值观,物质形态修正为市场与生存机制,制度形态修正为利益与消费结构设计,较符合文化的复合体研究模式。

企业文化的形成过程是在企业区域环境和企业产品市场需求的生产经营环境中,以企业文化"爱国、奉献、成果、生存"为核心价值观,寻找适应企业生存发展的市场,由全体企业员工共同创造,企业文化精英带领倡导和实践,运用先进的企业文化管理思想,定向传播和规范管理中逐步形成的实践成果。

实践告诉我们,企业文化体系的形成不能速成,也不能漫长探索,必须是一个设计持久且建设适中的行为过程。以上四种实践行为过程的企业文化形成机制,只是企业文化建设中的普遍特征。企业文化建设中涉及公司法、破产法、民法通则、知识产权法等几十部法律、几百种法规,全部关联企业文化在兼并中的文化状态彻底迁移、移植、整合、扬弃、融合机制以及不合适的文化体系的消除、摧毁、改造机制,等等。企业文化在不同的企业以及企业的不同发展阶段中,因区域不同,企业文化的形成过程还会有一些更为特殊的特征,需要专题研究、个案分析。本章在企业文化的建设、设计、创立、延伸、拓展、变革、演化和持续、创新、发展等方面对企业文化建设的整体过程进行了基本讨论,对企业文化建设方法的研究提供了前提和基础。

真正促使企业文化软实力形成的是企业发展的持续力量。生存力量、价值力量、文化力量、持续力量是企业的生命超越、利益诉求的文化特征。四要素形成了新时代企业文化软实力的基本机理。实现机理和机理发挥作用的正确性要通过市场的消费(客体行为)各要素的实践检验,以及企业集团或者各企业利益相关者的价值认同检验,从而形成企业文化软实力发展的持续力量。

上述四个不同层次的学习力与实践结果是企业合理整合与协同运行并收到巨大效果的企业学习力量,最终形成一个良性的可持续的循环。

　　企业文化软实力建设的影响效果表现在：①与企业密切的利益相关者的认同度高低，首先取决于企业文化核心价值观的确立与否，其次才是设计企业潜在文化软实力的宣传与塑造的水平的高低。②企业在生存线上的活动不排除企业在文化软实力转化过程中变动或者扭曲了所应传递的特征信号。企业通过自有的认知设计模式把潜在的企业文化软实力转换为现实的企业文化软实力的技术与转换过程就是获得价值认同，实现企业设计的预期行为的实践过程。把潜在文化软实力转换为现实文化软实力的转换过程就是通过获得价值认同，达到预期行为的过程，即通过互动与传播，企业各种行为及行为背后的理念得到利益相关者认同，并转化为企业预期行为的过程。

第4章 企业文化软实力的结构模型

企业文化软实力是以"爱国、奉献、成果、生存"为核心价值观，企业寻找适应其生存发展的市场，由全体企业员工共同创造，企业文化精英带领倡导和实践，运用先进的企业文化管理思想，定向传播和规范管理中逐步形成的实践成果。

企业文化软实力是企业坚守"爱国、奉献、成果、生存"为核心的价值观基础上，以开拓市场的竞争态势，在企业进入新时代发展阶段的文化建设成果，企业在市场建设行为中实现了物质文明建设和精神文明建设的发展目标。

本章以"企业文化软实力是建立在企业市场生存行为基础之上的实践活动"为主线脉络解析企业的文化建设与实践，完全体现了企业的设计与创造意识和企业生存的价值观念。

企业文化软实力建设显示的是一种力量，是企业在文化建设期、培育、成长、成就的发展过程中所形成的"爱国、奉献、成果、生存"为核心的价值观深入利益相关者的生活生存环境的一种生存武器，是企业竞争力的保障。

4.1 企业文化的基本框架

新时代企业的文化特征是以企业文化的影响力与企业生存为条件的文化特征，具体有企业文化结构要素（爱国文化、奉献文化、成果文化、生存文化，另见文化结构部分展开论述），以及人文文化、创新文化、服务文化、评价文化、生产文化、诚信文化等显著特征。如从创新文化入手，展开文化力研究，具体到工作业务文化影响力，塑造特色企业文化，将是中国企业文化软实力的突破口。

4.1.1　人文文化

企业人文环境的培养、人才成长、涌现及其创新与实践的作用，直接影响到人才消长的规律性，与企业文化建设有密切关系，与企业的产品创新进步有关联。企业文化作为员工实现共同价值观和共同利益的精神动力，决定了企业的生产行为与发展方向。人才是人文文化的第一产物，反过来也是推动经济文化发展的第一力量。

4.1.2　创新文化

创新文化是企业发展的持续动力。企业学习力的机理是企业生存生活积极创新的基础，是企业文化建设力量的土壤。社会发展、力量对比、时代进步、时空变迁、物移事新，企业处于新的市场生存环境与经营条件下，因市场的实践与企业转型等条件不断变化，文化建设也处于不断变化之中，企业的生存策略、产品加工及创新方式、设计结构方法等也相应地进行自我调整。创新文化是指企业学习力建设服务于企业的整体文化水平，积极设计企业创新，是企业文化形成竞争力和在市场进行加工检验所必须积累的文化元素。

4.1.3　服务文化

企业文化研究模式中，研究者、学者将企业文化分为多个层次，其中以价值观层、行为层、制度层、形象层等四个层次最为常见。服务文化渗透的方式和力度植入在每一个层面上，体现为四个层面的综合反映。

4.1.4 评价文化

评价文化是企业文化影响力的核心，其基础是绩效文化，从企业的绩效文化入手来设计企业的评价文化，是相对成功和具有可信度的。企业以生存为前提，本质特征是利益性的。企业的创造首先在于能够为他人带来什么，即其基础是企业的价值创造能力。企业生存于变化多端的市场经济环境中，市场经济的基本规则是投入决定回报，企业要实现自己的生存价值并取得生存空间只能通过竞争。企业之间的生存竞争本质上是价值与评价的竞争，而价值与评价竞争效率的基础是绩效文化，绩效文化影响企业的生存。

4.1.5 生产文化

企业生产文化是企业文化的组成部分，是企业文化在企业生产领域的创新与发展。进入新世纪以来，世界经济已经呈现新的发展格局和规律，企业文化延续了改革开放和时代发展的核心价值，企业人员以其"爱国、贡献、敬业、和谐"的生存文化改变着企业的生产、生活理念和建设企业文化软实力的张扬力量。中国企业文化的和谐市场机制理念的优势冲击了西方单边市场独大文化，中国的生存文化激荡世界市场经济化的价值思考，对地球村人们的价值观产生着重大影响，生产与安全理念文化已经越来越引起人们的广泛关注。

4.1.6 诚信文化

诚信是企业文化的通行证，也是一种文化软实力。从经济学的角度来说，诚信原则的收益主要在于能够降低市场交易成本、提高创新效率、摆脱感染阻力等方面，这无疑是企业文化软实力的有力体现。市场是检验企业诚信的主要渠道，市场经济就是诚信经济。建设诚信企业文化软实力，是企业占领市场并参与竞争的唯一前提。

我国的企业文化有着悠久的历史渊源。中华民族传统文化一些优秀内容已被美国、日本和我国香港应用于企业管理。我国在宋朝时造船工业发达，远洋贸易经济体现了我国企业文化软实力强大与深远的影响力，引领着国际经济潮流，造船企业的技术与文化软实力影响了整个世界经济。新中国建立后，我们党和国家从国情出发，建设企业文化，管理中积累了丰富的企业文化经验。企业文化发展经历了三个阶段。一是新中国成立至十一届三中全会，是国家企业文化阶段，企业职工地位高，当家做主人，国家整体利益高于一切，思想进步、争先赶优，创造了无数奇迹。企业文化软实力感动了中国，迎来了改革开放的新时代。二是十一届三中全会以后，改革开放 30 多年取得巨大成就阶段。中国的企业文化显示出了"振兴中华，国家强盛，经济增长，和谐安定"的雄厚实力。从我国持续的改革开放和社会主义现代化建设的经验与新情况出发，在继承和进一步深化这些经验的同时，又引进了外国学者在 20 世纪80 年代提出的"企业文化"的概念。从 80 年代初开始，国家一些研究机构、学术部门和企业文化部门为了适应社会主义现代化建设的需要，提高企业管理，调动职工的产业与文化参与的积极性，探索式地逐步设计开展企业文化实践和研究活动，对企业管理和效益的提高发挥了积极的作用。企业文化设计与建设活动逐渐由沿海地区企业向内地企业发展，由三资企业、国有企业向乡镇企业、民营企业发展，由工业、交通企业向科技、商业、金融企业和服务行业发展。企业和部门相继重视并开展了这项工作，积极创造具有时代特色和各具个性的企业文化，初步形成了实践、探讨、研究企业文化的企业机制。

企业文化建设的实践，体现在企业文化建设进行了许多有益的探索实践，形成了各具特色的企业文化类型。①企业职工的生活福利型文化，体现在企业的文化建设程度与企业储备的物质生活、福利保健实施程度等方面有利于职工享受与生活。②企业职工的集体文化与业余娱乐型文化，其中集体文化体现企业整体环境风貌与文化影响力，业余文化体现企业为职工创造或设计相关自由文化生活内容，包括企业内部广泛开展的各种文化活动以及带有文体娱乐性质的庆典活动和传统风俗活动等。③企业职工开展技术生产型文化和思想引导教育型文化，集中体现了新时代的企业文化建设是与经济格局的形成呈正向目标的，表现在企业的生产经营活动之外，由企业设计倡导或职工自发组织，围绕企业生产经营、市场、生存等问题而开展的各类职工参与的技术活动，如企业进行的技术革新、技术攻关、技术交流、技术合作和技术操作表演等，以及提出产品改进合理化建议、参与决策管理、自主型的生产与设计管理、市场管理咨询、班组劳动竞赛、设计质量管理小组等一系列综合性、群众性的技术文化实践活动。④思想教育引导型文化，以企业主体品牌的生存力量为设计条件，企业精英带领职工向生存市场企业群灌输文化信念、企业精神和宗旨，提高职工参与企业建设的文化素质和为企业生存进行的思想教育所开展的各种活动，主要包括价值观念宣传、企业文化教育、产业技术培训和创建文化模范四个方面。

企业文化实践活动中，中国企业文化建设有五种典型的代表模式。

（1）以青岛海尔集团为代表的"三层次说"的企业文化构建模式。海尔经验指出，"我们将企业文化分为三个层次，最表层的是物质文化，即表象的发展速度、海尔的产品、服务质量等等；中间层是制度行为文化；最核心层是价值观，即精神文化"。海尔人以创新为价值观，构建了先进的精神文化，包括海尔理念、海尔精神、海尔作风和海尔目标等，以此为核心构建了制度行为文化，在此基础上构建了现代文明的物质文化。

以青岛海尔集团为代表的"三层次说"的企业文化构建模式具有我国大中型企业文化建设实践共性的特征与贡献，是青岛海尔集团始终坚持市场实践文化品牌作用的结果，也是市场检验企业生存的特征表现。这说明企业文化软实力是以"爱国、奉献、成果、生存"为企业的核心价值观，企业寻找适应其生存发展的市场，由全体企业员工共同创造，企业文化精英带领倡导和实践，运用先进的企业文化管理思想，定向传播和规范管理中逐步形成的实践成果。

（2）以中国林科院经济林开发中心为代表的中小型企业、科研机构多年来实践的"以人为本"的企业文化建设模式。它体现了由国家层面领导、指导的现代企业文化管理的主旨是"以人为本"，在市场经济前提下实现：①"完成市场经营目标的模式"，强调了企业文化理念与市场经营战略相结合的企业行为；②"培育企业市场开拓的精神"，涵盖了企业文化建设与产业生存的文化行为规章制度、企业作风和企业道德的建设内容；③"塑造企业文化形象"，展现企业文化影响力与市场竞争力，综合了企业文化产品形象、市场服务形象和员工参与品牌建设形象等多方面的文化力量。

（3）以三亚、敦煌、张家界等城市区域的旅游企业（集团）为文化实践先行代表的构建模式。它着眼于区域旅游企业特征财富的基础设计，将企业的生存理念与企业的利益目标综合设计成互联共享机制系统、企业文化行为的延伸系统和企业文化传播系统三个层面，系统地将企业文化影响力的实践模式以形象塑造与企业文化建设的形式投入市场。旅游企业文化建设在企业文化的构建模式中具有一定的影响力，是我国国际化市场经济和企业发展的方向，呈现企业文化营销战略逐步提升为企业文化战略的趋势。

（4）以东风汽车集团为代表的多数中国大型国有企业的"设计市场实践品牌"的构建模式。这是以企业的生存与发展的目标为核心的设计构建思路，以产品和服务文化的持续影响力为重点的市场行为，展现企业管理文化与经营文化在实践与市场检验中融为一体，开拓了国际市场的企业文化软实力建设的新型模式。

（5）以北京、上海、广州等全国正常运营的 1000 家大中型城市医院（无特指医院）（企业）为代表的"生命生存生活"一体化的构建模式。将医院（企业）的特征文化设计为服务文化主体，将医院内外区域人文文化、区域环境社区文化和家庭文化三者结合为一体，进行系统的"生命生存生活"一体化特征文化建设。这种模式虽具有其特殊性，即适用于医疗区域内外和环境社区，但是企业的特征文化影响着整个城市区域的主流文化价值，对于城市的文化建设与文化传承力具有重要的意义。

4.2 企业文化结构模型解析

企业文化软实力是以"爱国、奉献、成果、生存"为核心价值观，企业寻找适应其生存发展的市场，由全体企业员工共同创造，企业文化精英带领倡导和实践，运用先进的企业文化管理思想，定向传播和规范管理中逐步形成的实践成果。

很多论述中通常将企业文化划分为四个不同的层次，即精神文化、制度文化、行为文化和物质文化，不同层次的企业文化在提升企业核心竞争力过程中将发挥不同的作用。笔者研究认为，企业文化可以定性分为爱国文化、奉献文化、成果文化、生存文化四个基本方面。爱国文化、奉献文化均可看作包含了企业的精神文化的重要部分，但是奉献文化包含企业精神很多内容。企业生产的特征性，要求企业以定性明了的主流价值观确立目标，而不是参与到精神张扬的研究中，这是企业发展的最重要方面。

以"企业文化软实力是建立在企业市场生存行为基础之上的实践活动"为主线脉络进行分析，在信息时代与知识时代，仅通过键盘影响企业文化设计及企业职工信息渠道的内容很多，但是体现企业主流价值的爱国文化、奉献文化、成果文化、生存文化依然是企业文化建设的基础。其他如制度文化、行为文化和物质文化等均为企业文化建设与文化研究的延伸课题。

4.2.1 企业的爱国文化

企业的爱国文化是企业发展的根本，是企业创新与持续发展的动力，是企业文化建设的基础。爱国文化的实践展现着国民素质的市场行为，体现企业文化软实力的强弱，包括企业设计的产品、技术、品牌、资源和企业口号，等等。爱国文化是民族特有的主流价值观的体现，难以被其他国家或者利益相关人模仿的核心文化建设技术。西方个人英雄主义的文化企业或者企业文化没有体现在爱国文化方面，其经济实力与西方的自由价值观经常发生冲突，说明西方利益前提下的企业文化支持的核心产品的款式、工艺、技术、操作均较先进，却是市场竞争的非主流性的结果或利益集团的成果，文化元素特征为创新文化。在我国企业文化中，爱国文化与成果文化体现了企业品牌产业的核心竞争力，并形成其重要的组成部分。奉献文化体现在企业职工的"有国就有家"的合理劳动岗位与技术贡献方面，生存文化体现在自主设计核心技术的先进与应用方面，并在激烈的国际市场竞争环境中展现了企业文化软实力。爱国文化的实践活动随着人们在市场购物消费时注重品牌、价值和服务的过程，体会到传递的文化影响力，认识并了解企业文化的魅力及由此带来的感受和满足。爱国文化的实践活动促使企业的竞争从产品、质量、价格的竞争，发展到企业的包装、品牌、价值、服务的竞争。这种竞争更多地体现为科技和文化的竞争，企业需要加大科技和文化力量在产品中的投入。我国企业在获取政策支持的前提下，基本上采用了科技、文化的优势替代传统的自然资源优势和成本价格优势，增加产品的科技和文化含量，提高产品的科技和文化附加值，重视消费者在购物消费时的心理满足和求新、求美、求异的要求，用文化纽带促进和保证企业的正常运行和发展。企业正是在这种爱国文化的力量作用下形成了富有自我特色的企业文化和核心竞争力。

4.2.2 企业的奉献文化

奉献文化是精神文化的综合表现，包括企业文化在市场行为中的价值观念、企业精神、企业定位道德和从业人员职业道德等诸多方面。以企业"爱国、奉献、成果、生存"为核心价值观为例，企业价值观作为企业文化的核心奉献（精神）层，指明了企业存在和发展的意义和目标、总体方向。在企业价值观的指引下，企业要根据环境条件的变化和自身的各项条件和努力水平确定自己的经营范围和长短期目标，并培养自己的核心竞争力。具体来说，由于企业所处内外环境及自身实力的动态变化性和不确定性，企业必须在经营过程中不断探索修正符合企业价值观的行为方式。以市场行为标准不断调整企业经营范围、经营策略、管理方法和短期目标；不断用符合自己价值观的行为方式来实现短期目标，进而逐步实现长期目标；在这个周而复始、不断循环的过程中，企业逐渐形成了自己的核心应变能力。企业文化在核心竞争力的形成过程中发挥着无可替代的基础性作用，企业价值观是企业生存的奉献（精神）力量。企业的市场与经营实践行为，本质上都受到企业文化价值观的指导，是价值观的集中体现。企业价值观的确立从企业发展的根本上影响着企业核心竞争力的强弱和企业文化的具体内容。企业"爱国、奉献、成果、生存"为核心价值观成为企业的核心竞争力，是企业在产业发展、产品研发现状和未来设计环境中所需的生存条件。形成这种市场调节机制下发展现状的企业生存价值的展现具有相对的创新性和持续性，这种持续的稳定作用可以使企业在市场实践中以品牌价值的市场占有率判断运行消费行为，创新性和持续性特征可以使企业在解决同样的生存和发展问题时，以市场化的实践结果展现企业奉献文化独特的企业个性和竞争优势。奉献文化体现在企业文化软实力的张扬与企业进行的技术、管理、设计、战略定位等变革中。企业产品在市场应用效果不佳时，奉献文化所体现的价值是以企业实践的行为方式来解析、定位自己的核心价值观。

4.2.3 企业的成果文化

成果文化是企业文化建设的关键部分。企业的成果文化包括企业的设计成果、企业决策成果、管理制度、企业结构设计特征成果以及企业职工行为规范，等等。成果文化的核心是培植企业文化，取决于企业文化建设与市场生存知识与消费服务的创新能力。市场与消费服务的创新变化则取决于企业文化观念与企业文化产权制度的变化。通过企业管理创新文化建立起与新的文化经济发展相适应的企业发展战略与组织形态，设计企业运作机制、管理模式、营销体系等；通过企业管理创新可以提高企业的创新能力，进而构建和提升企业核心竞争力。成果文化通过管理创新进行：一是管理设计创新，这是成果文化在管理创新中最重要的部分，也是能够发挥最大作用的一种管理创新，它将极大地提高企业的竞争能力。管理设计创新目的，其成果从市场争夺最终产品市场占有率转向争夺企业设计核心产品市场份额。成果文化不但重视成果对其文化的外部环境的适应性，更重视提高企业自身的文化素质。成果文化的全面管理是企业关键环节的管理建设，企业从纵向多元化发展转向对企业核心价值硬实力的扩展，从横向多元化扩张转向企业生存业务核心化发展，从在市场竞争中学习相关利益企业的成功经验与风险防范策略转向加快企业发展增强企业开发市场建设的实力，从企业产品设计管理技术建设转向市场应用技术操作管理，显现出成果文化在企业产业化中既追求设计规模的经济效益，又注重设计培育持续的竞争优势。二是设计创新力，针对企业文化建设的动力与持续力的管理结构和管理方式方法，形成新型组织创新力体系。表现在建立现代的企业文化力、企业产业力、企业制度力，完善公司法人治理结构准则，并根据企业义化建设的持续性进行组织力量型的结构设计。三是设计战略联盟创新，直接影响企业文化的发展思路和企业发展大方向。在经济全球化的格局下，企业文化的设计程度越来越高，企业产业结构由单纯的市场竞争形态战略向合作竞争形态战略转化，通过各种形态战略联盟和合作机制，提高企业文化的核心竞争能力。四是设计新型信息控制创新，是企业文化建设具体的市场行为的日常事务，在实践中通过提高企业各项目的经营效率，增强企业文化建设与产业化的核心竞争力，改善并确立全新的信息控制标准，推进企业信息化，研究和使用新型信息处理与设计控制技术。五是可持续发展的人力资源与管理创新。在信息知识经济的条件下，研究企业市场生存理论与企业产业发展成为新文化论的重要议题，其共识即可持续发展的人力资源是企业最重要的资源，创新管理与设计目的、理念、方式等均需引入柔性管理的企业文化手段，通过市场的实践检验增强企业文化力量的可持续性。

4.2.4 企业的生存文化

企业生存文化集中体现在企业的产业定位及产品的质量与效能应用方面，研究企业文化，不能忽视这个重要方面，必须予以高度重视。上至企业精英层，下至普通员工，所有的行为和言谈举止，所传递的信息往往会影响外界对企业的认识和看法。企业生存文化是从企业文化市场行为阶段来看的，企业职工的市场实践行为方式大多数体现了企业的价值观，企业生存文化的检验是在市场的行为方式设计运行活动中，以生存利益为目的、以主流价值观为引导的能够在企业危机条件下拿出高效、节约、环保、有效的技术实现启动失衡的生产技能和调整有机结合的辅助技术运行手段。企业生存文化的市场行为方式不同，市场反映的积累的利益与经验也就不同，所以企业生存文化行为方式决定了它能启动失衡的生产技能、市场反映的积累的利益与经验形成的强大的核心竞争力。企业生存文化影响力方面，实践中要特别注意职工的市场行为方式与企业的文化影响力是否都完全体现了企业的主流价值观，注意调整职工因市场行为的干扰而在业余时间的文化生活中偏离企业尊崇的主流价值观，防止不当的行为给企业造成损害，削弱企业的核心竞争力。企业生存文化的市场行为实践是企业利益显现与持续生存的关键文化特征。生存与市场的关系也是企业市场中生存文化中的行为文化，在设计市场行为活动中能够充分体现企业价值观的行为准则和行为规范，通过职工在市场行为实践中的强化途径增强企业价值观的渗透力，提升企业的核心竞争力。

4.3　企业文化软实力结构模型解析

企业文化可以定性划分为爱国文化、奉献文化、成果文化、生存文化四个基本方面。爱国文化、奉献文化均可看作企业精神文化的重要部分，但是奉献文化包含企业精神的很多内容，企业生产的特征性需要企业以定性明了的主流价值观确立目标，而不是参与到精神张扬的研究中，这是企业发展最重要的方面。信息时代与知识时代，仅通过键盘影响企业文化设计及企业职工信息渠道的内容很多，但是体现企业主流价值的爱国文化、奉献文化、成果文化、生存文化依然是企业文化建设的基础。企业爱国文化、奉献文化、成果文化、生存文化的文化软实力力量，形成了爱国力、奉献力、成果力和生存力，共同构成新时期全球经济格局下新的企业文化软实力。

4.3.1　企业的爱国力

爱国是企业核心理念，是企业全体职工所遵守的、对企业的长期生存与稳定发展起着重要作用的思想。爱国精神是企业文化建设在持续的经营中积累的思想的精华，深深融入企业的文化建设中，并形成企业的共同价值观、企业精神、企业伦理等爱国力量型的文化。企业文化建设总体目标和发展方向离不开核心理念的导向和企业产业品牌的市场实践。企业爱国力量型的文化是企业生存的核心理念，是企业运行的战略前提和保证，贯穿于企业战略规划的始终。企业爱国力核心理念影响职工的人生价值观形成，使职工的行为方式始终保持在"有国才有家"的理念中。企业文化中爱国力影响着生产经营与市场行为过程的每一个环节和方面。企业爱国力是企业文化力的源泉。在企业参与的社会生活中，企业的市场行为受显现的道德、伦理、宗教等意识形态的力量无时不在的影响。爱国力量是伟大的力量，能焕发全体职工的爱国力量、责任感、使命感、荣誉感、工作热情和创新精神，由表及里地约束、引导和激励着全体员工的行为乃至整个企业的行为。笔者赞同一些研究者的观点，即优秀的爱国力核心理念就像一个能量场，其能量渗透到企业的目标、战略、策略、日常管理及一切活动中，反映到每个部门、每个职工、每个产品上，甚至辐射到企业的外部环境，包括顾客和竞争对手。

4.3.2 企业的奉献力

奉献力是企业核心价值观的一部分，也是企业文化建设与制度设计的主要内容。企业奉献力是企业生存与持续发展的特征文化表现，奉献力是职工、经营者在产业与市场行为中的"产能与才能"的技术表现，是企业利益最大化的实践行为。企业奉献力所展现的强大经济效力与管理措施和经营手法，是企业奉献力文化建设的精华，是新环境中企业文化力在核心价值观理念指导下，在长期的市场竞争经营管理实践中逐步形成的。奉献力是以此转换并以价值观核心理念的积极作用在企业生存与竞争环境条件和发展阶段中的实践行为。企业文化建设的成功，取决于独特的核心价值观所产生的奉献力和设计制度的实践过程。奉献力的实践经验也可形成一种企业的核心制度，有利于企业的整体经营，及时解决企业经营管理中出现的关键问题。制度设计与实施，需要企业稳定的市场行为，以奉献力量的主题作用力实现目标，它是一个企业区别于另一个企业而取得竞争优势的重要设计依据。设计制度，必须在核心制度方面把握两大特性，即制度的独占性和制度的时效性。核心制度具有独占性：①有些是因为受到资源设计与自有及技术的市场力量影响，采取知识产权、专利权保护；②有些是因为企业设计信息与生存信息需要对外严格保密；③有些则因其技术与产业的特殊性，其他企业无法知晓，由于企业所处的生存与发展的外部环境以及发展阶段的不同，管理、设计水平、资金、设备、技术、人员素质等条件的不同，特别是在企业的价值信念方面的差距，其他企业受限于技术与产业的奉献力的实践过程，暂时或根本无法仿效，即使仿效，也达不到同样效果。特殊性的应用促使企业设计核心制度的时效性：①企业生存与发展所处的外部环境发生变化，或企业文化力的作用促使自身的发展壮大、技术的更新、战略的调整等，企业设计的核心制度随之发生变化甚至失效；②企业通过市场行为的实践、运营、借鉴学习、设计创新，可以不断修正和完善原有的核心制度，或形成新的核心制度；③随着时间的推移，各种条件的变化，外部环境促使企业的某些核心制度最终将失去其独占性，成为企业文化建设与市场行为中的一般性制度。企业发展中价值观的统一与奉献力量的一致性，推动企业文化建设与发展形成可持续的奉献力。在企业所处的社会环境与时代背景中，企业生存发展阶段、企业战略、经营项目、产品特点等不同，相同的奉献力可能在不同企业表现出不同的制度设计形式。企业的奉献力打破了企业利益相关者的不同生存状态，以主流价值观渗透到经营实践中，不断布局、定位、设计、探索、总结、改进、完善各种企业的管理体制和市场行为方法，形成自己的奉献力实践制度。

4.3.3　企业的成果力

企业的成果力是企业实践行为科学的成功力量。企业职工的任何市场行为都有一定的生存心理基础。一切成果的成功因素对企业市场行为和职工的实践行为的影响，都要通过成果发挥作用。心理学家认为，人的行为有两大动力系统：一是基于"自我需要"的动力系统（简称自我动力），是个体为获得一定的利益或机会满足纯"自我"需要而产生的动力系统。在这一系统作用下，人是以"自我"为中心的，一切行为都是为了维护"自我"的利益与机会。二是基于"超越自我"的动力系统（简称超我动力），是个体为满足社会（有时表现为组织、企业等）需要、社会利益而产生的动力系统。在这一系统作用下，人是以"社会"为中心的，行为的目的是实现社会的价值、社会的理想，维护的也是社会的利益。笔者研究认为，企业是现实市场行为的特殊性质的"法人"，与"自然人"有着共同的心理特征，企业的生存目标为主的"自我动力"运行机制主要是自我利益机制。笔者赞同一些共同的研究成果，即在这种市场机制作用下，职工通过在企业的市场机制条件下的工作行为得到某种利益从而满足自我需要，则是企业与职工实现共同工作行为的动机和主要目的。因此，由"自我动力"产生的"利己性"特征不仅是"职工个体"工作行为的基本属性之一，也是"企业个体"行为的基本属性之一。"超我动力"市场运行机制主要是企业对"社会价值与目标"的认同机制。企业职工对所在企业的生存理念与主流价值观产生认同时，职工就会产生"超我价值观"，它以是否"利他"作为一切判断的标准，因而使人产生无私和利他的行为。企业的成果力行为文化统一于职工的价值观、精神与理念，使职工以所在企业的主流价值观指导企业的市场行动，只有市场的行为才能使职工在成果力的转换机制中自觉地实践对企业有利的成功行为，从而形成强大的企业成果实践力量。

4.3.4　企业的生存力

生存力是企业生存系统的主要动力。企业文化建设的动力是企业生存需要的主流价值观，不是企业发出的宗旨、口号、企业标志、厂房环境设计与布置、员工面貌服饰、设备规模气势、服务营销态势、产品设计档次所显现出的表现力。研究发现，许多企业在实践中都偏好于以企业个性鲜明的特征表现形象，以其形式的品牌为标志，称为品牌形象，却忽视了企业的生存力量才是企业与职工生存的核心力量。多数企业在生存问题方面没有处理好生产力与生存力的关系、企业生存核心策略与企业产业市场行为的实践关系，使企业的生存力在市场行为中和强势行动的物化方面缺少了企业物质性的生存力文化的精髓。因此，企业必须在生存力的宣示方面显现出企业文化富于魅力的品质特征。

良好生存力的企业，其文化的形象具有感染力，企业能够在激烈的市场竞争中赢得更好的生存条件和更多的发展空间。企业的生存力主要体现在市场行为对企业产业的品牌实践转换为企业对市场与公众的亲和力、对顾客的号召力、对人才的吸引力和对员工的凝聚力。良好的企业生存力，对内能够产生集合效能，增强企业职工市场目标行为的团结和战斗力；对外能够提升社会公众和顾客对企业与品牌的市场行为的信心和满意度，为赢得持续的目标市场奠定市场生存基础。生存力显现的延伸优势同时还能够使企业取得政府、银行和合作单位更大的信赖、支持和谅解，让它们愿意为企业雪中送炭或锦上添花。麦当劳快餐店就是以生存力取得市场行为的典范。国际公认："法式大餐为欧洲之冠，中国烹调为世界第一"，但麦当劳既不出自法国也不出自中国，却每天在全球吸引顾客达 3600 万人次，年营业额超过 100 亿美元。麦当劳成功的关键在于它的生存力量。20 世纪50 年代初，麦当劳随着市场行为的检验使连锁加盟店不断增加而名声大振，但由于市场行为条件下的各连锁店整体性的运转缺乏统一的生存认知度，导致麦当劳整体的运行机制受损，给麦当劳的发展前景蒙上了一层阴影。后来克洛克采取了一系列的生存措施，其中以生存为职业化的统一的装饰、标准的设计口味、体验统一的卫生环境和快捷的服务，倾力打造出麦当劳的生产与生存的共性力量，才使麦当劳快餐最终能够行销全球。

通过新的研究实践，新型环境下企业的爱国力、奉献力、成果力和生存力共同塑造了企业的文化软实力。提升企业的文化软实力是全球经济格局调整的强烈需要，通过企业文化理论的研究与生存市场平衡各种力的大小，企业文化软实力建设、稳定、提升与强大构建将会影响全世界的经济环境。

4.4 企业文化软实力之文化竞争力结构模型解析

崛起的中国，面对国际经济环境与市场竞争的严峻挑战。我国企业文化软实力的发展靠的是市场条件机制中的企业核心竞争力。根据笔者在企业的研究经历与实践体会，这就好比一辆汽车，爱国力量是发动机、是企业文化软实力的核心竞争力，是主流价值观的生存理念起决定作用；成果设计力量是整个汽车体（厢）；技术实施与市场行为管理是汽车的四个轮子；企业创新是汽车燃料（汽油）等。企业文化管理就是企业的品牌、款式、力量之美。笔者的研究与美国著名管理学家沙因的研究结果不完全相同，其中讨论企业文化是核心竞争力的结果是一致的。沙因在《企业文化生存指南》（*The Corporate Culture Survival Guide*）一书中指出："大量案例研究证明，在企业发展的不同阶段，企业文化再造是推动企业前进的原动力，企业文化是核心竞争力。"新论指出了企业文化的建设与管理不仅要适应新时期企业生存的环境，还指出了企业与以往企业管理不同的市场生存行为管理实践模式和管理框架的设计。企业文化软实力的核心竞争力量是在市场的行为调节下，以企业文化相对的特殊性、独立性、统一性、稳定性和吸附性等特征，通过文化力量的作用，实现了包容性的独特文化风格，作用于产业过程与市场经济发展和企业管理，发挥了巨大的影响力。企业文化软实力不是简单的团结和力量，也不是企业处于逆境时能凝聚员工艰苦奋斗、共渡难关的单纯精神；企业文化软实力也是一项高科技的尖端武器，是企业生存的生命力。企业生存一天，企业的设计与科技研发能力就不会停止，无论企业经营状况出现顺境还是逆境，企业文化软实力显现出完全具备充分利用顺境时的机遇持续发展壮大的力量，显现出充分利用逆境时调整策略占领市场继续生存的强大力量，使企业获得显著的利益与经营效果。

哈佛商学院著名教授、世界知名的管理行为学和领导科学权威约翰·科特在《公司文化与经营业绩》一书中对文化与经营业绩的影响关系和文化的作用做了重点研究，他认为："公司文化对企业长期经营业绩有着重大的作用。我们发现，重视所有关键管理要素（消费者要素、股东要素、企业员工要素）和各级管理人员的领导艺术的公司，其经营业绩远远胜于那些没有这些文化特征的公司。在 11 年的考察期中，前者总收入平均增长 682％，后者则仅达 166％；企业员工增长前者为 282％，后者为 36％；公司股票价格前者增长 901％，而后者为 74％；公司净收入前者增长 756％，而后者仅为 1％。"美国《财富》杂志和何氏管理顾问公司用严格的标准选出 1998 年全球最受仰慕的公司，通用电气、可口可乐、微软、迪斯尼、英特尔等名列前茅。这些高绩效企业的文化核心是团队合作、顾客至上、公平对待员工、积极进取和创新，它们的成功归功于公司自身的企业文化竞争力。

企业文化竞争力有三个构成要素体系：一是领先于竞争对手的对新理论、新技术、新经验的学习创新能力，最终体现在拥有一支能够有效构成学习型组织的高素质的员工队伍。而凝聚队伍的关键是企业的经营理念和核心价值观。二是领先于竞争对手的管理创新能力，体现在拥有一套比所有竞争对手都更好的、与市场竞争相符合的、能够促进企业内部资源灵活高效地运转的管理机制。三是领先于竞争对手的技术创新能力，最终体现在拥有一批独具自主知识产权和广泛市场竞争力的产品或服务。

4.4.1　学习创新能力

学习创新能力是未来企业成功发展的保证。企业爱国文化、奉献文化、成果文化、生存文化形成了企业文化软实力，同时也形成了爱国力、奉献力、成果力和生存力，共同构成了新时期全球经济格局下新的企业文化软实力。

21 世纪的企业，是善于运用企业文化软实力实现企业生存的市场行为者。21 世纪的企业，不仅仅是善于学习、勇于创新的企业组织，而且是企业发展中具有超强战斗力的市场实践者；不仅仅是学习能力越强，进步就越快，对环境变化的适应能力越强，生存与竞争能力就越强的企业，而且是以文化力量的影响力在激烈的市场竞争中促使企业不断设计创新与失败中体验市场行为带来的生存压力所转换的力量。学习创新能力是 21 世纪企业文化一个重要的新的管理与实践阶段。企业建设学习型组织（结构）是企业市场竞争发展的趋势。新经济环境下的企业文化建设进入企业学习型组织状态的时候，才能保证市场竞争机制中有源源不断的创新设计，才能具备快速应变的市场生存能力，才能充分发挥企业文化建设与调动人力资本和知识资本的作用，也才能实现企业在市场行为中获得的生存利益与满意度，以及实现延伸性的顾客与员工希望、投资者和社会满意的最终目标。

企业的学习创新能力是为了适应企业的生存发展，组织职工不断地学习创新，培养企业内部的社会价值需求的动力之源，使企业的文化软实力在市场实践中起到"以柔克刚"的作用，提升企业柔性的管理力量与无形的影响力。通过市场形成的这种强大的集体智慧力量，同时也提升了企业产品和服务的社会价值，使企业精英与职工在市场行为的检验中领悟到真正的企业价值观力量和职工胜任工作和应对市场的能力。

学习创新能力也是企业员工队伍凝聚力和创新推动力的源泉，是以人为本、实施企业文化发展战略的前提。笔者以熟悉的省市级体育健身协会的企业管理与学习创新能力的提高，首次提出并总结四点：①坚持"终身学习与锻炼的创新机制"。经济社会发展进入 21 世纪，人的身体健康与文化建设日益显得重要。企业发展靠知识设计主导，文化知识的更新与身体的锻炼是企业在任何时候都要重视的市场行为，它是企业生存的保证。坚持"终身学习与锻炼的创新机制"，使文化力量呈聚能力量的定向爆炸式增长，始终将企业创新设计与科学布局结构在市场竞争中进行实践检验，取得最新的需求趋向优势。②强调协会的引导管理作用，定期组织协会系统的"二人行为学习培训班"。企业是法人，是由一个或多人（自然人）组成的有机运行系统，"二人行为学习培训班"是组成系统的所有子系统（各分会、团体会员、个人会员）部分在企业文化软实力的作用下，充分发挥自己（二人行为力，在其他章节另行论述）的市场生存行为作用，通过协会的传播与引导管理作用，使企业（协会）文化的影响力达到最优状态。协会的决策层、管理层、操作层都要全身心地投入学习，提高各会员组织、人员的创新能力。③强调生存技能与实现成果的"能力过程创新学习体会"。协会通过引导团体与个人会员的学习活动，形成体现生存行为的设计与贡献成果的实践学习活动，市场行为的学习活动必须贯穿于协会的组织系统运行的整个过程，包括协会的设计、计划、执行、控制等行为的各环节。④充分发挥协会的主力团队的"学习创新成果的榜样力量"。榜样的力量是无穷的，团队的学习创新成果是以民主参与为核心，提倡团队成员之间平等，互相支持、鼓励，互相交流、学习，共同提高、完成工作，创造更好的工作业绩。协会以团队学习力量的强弱来进行市场行为的成功与失败的判别，完全是以实战的角度设计问题，提供了坦诚相待的实战竞争环境和应对市场突发情况的备份计划，以市场的瞬息万变的策略检验实现团队合力的最大化，实现协会的长效管理与目标。从传统意义上说，中国人习惯于自学、总结，但是对于市场行为和生存市场行为的判断如果差之毫厘，协会的引导与目标就会因那些较深层次的研究与开发性的成果不给力，使全盘设计与生存目标落空，那些迅速提高劳动生产率的有效方法成为一纸空文，可见学习创新能力建设极其重要。

4.4.2　管理创新能力

全球化是知识经济的浪潮时代。以企业主流价值观为指导，随着市场的优胜劣汰法则的保留与剔除，直接传递了生存信息，促使企业技术设计与广泛应用的规则发生了质的根本性变化。企业文化建设与新的管理方式、模式均发生了深刻变革，提升企业的科学管理水平和建设能力所产生的企业经济利益，提升建立现代企业制度的内在要求以及提高企业文化软实力与竞争力的非经济利益同样显得十分重要。企业在走向市场的知识型管理之路和建立学习型企业的过程中，要以文化的力量处理好产业与市场的管理创新、企业文化的制度创新、企业学习力的创新的新型文化建设关系。重点要在生存行为的信息化管理、企业设计创新管理和柔性管理方面进行突破，提高企业在检验生存的内外部环境变化中的快速反应能力。市场价值与机制在于对企业进入市场检验的产业与品牌产品形成了一种企业无法改变的规律，市场代表社会各界力量对企业的市场生存行为进行客观的评价与调整。管理创新能力的提升可以使市场从片面性的角度审视，调整企业文化建设从全局部署，形成企业文化竞争力的基础。所以，管理创新能力所体现的管理体系的建设是否完整，显现出企业主流价值观力量的强弱，显现出企业通过市场检验企业的产业化产品与市场的服务状态。企业建立了管理体系，由于执行力度不大，市场的行为过程处于消费不畅与无序状态。实施管理创新，柔性管理的思想是企业文化软实力新论需要特别强调的建设基础，其作用是在市场竞争与整合企业内部资源及协调内部矛盾时，其企业主流核心价值观内容"爱国、奉献、成果、生存"使企业全体职工认同并遵守，由于其超越了经济利益的相对私利性，各利益相关者的市场生存行为集中表现为价值观的融合与实践，主要包括企业的基础管理能力、设计流程技术革新能力、企业产业化的创新能力、企业生存信息化应变能力和资本的运营能力，这些能力的作用分别形成新型企业独特的管理制度、模式、管理手段和战略。管理创新，就是要按照市场的行为检验能力与现代化企业文化建设与制度设计的要求，弃旧创新，创造一种更新、更有效的符合市场生存的资源整合方式，最终形成一套与市场行为实践相符的经济利益管理机制，实施企业文化战略，促进企业管理创新，保持企业管理创新的文化软实力建设的可持续发展。

4.4.3 技术创新能力

企业的技术创新能力是企业品牌成功的基础。技术创新能力也是企业的文化竞争力在市场竞争中的强势体现，其市场的认可度与作用可以检验企业的技术能力与对策是否适应外部环境的竞争、挑战与压力。一般来讲，它主要包括企业装备提升、核心技术开发、产品创新能力、产品质量控制和市场营销创新能力等方面。这些方面也是有效打造企业品牌的内核力量，是企业品牌技术与市场对接后成功的重要基础。笔者研究认为，企业的技术设计包括"制造成本与市场营销"的创新能力的战略结构延伸设计，只有这样的技术设计才能使企业立于不败之地。笔者以国内生产电脑的海尔、联想等大型电脑制造企业为例，解析技术设计"制造成本与市场营销"是企业创新能力的战略结构延伸设计的重要性。2011 年 12月，笔者在购买海尔电脑时做了个人电脑品牌消费调查，调查对象是苏宁电器商场的中国海尔、联想及美国惠普、日本个人电脑品牌的销售员，随机约谈 17 名顾客（购买电脑者），时间为两天 13 个小时。其中 17 名顾客均表示价格是第一考虑选项，质量（耐用、易维修）是第二选项，品牌款式是第三选项；不同款式的中国联想个人电脑价格低于美国惠普、日本的个人电脑价格。通过两天的调查发现，联想电脑共销售出去 5 台，惠普电脑销售出去 3 台，海尔电脑销售出去 3 台，日本的电脑销售 0 台。约谈中，笔者了解到2006 年 7 月以来，全世界个人电脑销量排第一位的是惠普公司。2009 年开始，联想电脑销量也直线上升，有时候苏宁的一个店铺一天就可卖出 13 台联想电脑，原因就是联想电脑价格优惠、质量可靠。联想集团注重持续创新技术设计，将"制造成本与市场营销"是企业创新能力的战略结构延伸设计作为企业生存与市场博弈核心技术创新，始终放在创新管理的第一位。联想集团这种"制造成本与市场营销"是企业创新能力的战略结构延伸设计，最终会使联想品牌成功地雄踞市场，取代惠普的世界市场地位只是时间问题。联想天天做到的是有效地把品牌推向市场实现其企业主流核心价值观、塑造民族产业的精神和实现企业集团在世界新型市场创新与获利的强大竞争力。"制造成本与市场营销"的技术设计是企业产业化的有机结合，企业成功地塑造自己的品牌，核心技术是在企业所有相关技术群中能够保持企业在市场竞争中具有竞争优势的最关键技术，制造成本却是在核心技术中的关键设计条件之一，市场营销是展示企业产品核心技术最成功的文化设计环境。企业的核心技术如果处于市场的领先地位，企业产品就具有很强的竞争力，没有核心技术产品，就无法形成企业的核心产品能力。核心技术是企业在市场行为中保持独特竞争风格、拥有科研独具的自主知识产权、适应市场需求、有广泛的市场生存适应能力和能为企业带来利益与利润的关键。面临高科技日益发展的竞争环境，企业文化竞争力离不开核心产品或核心的技术创新能力。

4.5 企业文化软实力之企业学习力结构模型解析

什么是学习力？依照国内外一些学者的解释，综合各研究解释，学习力指学习成果转化的能力，是人的学习态度、学习能力和终身学习的总和。这种能力主要体现在更新自我、推进创新和变革社会的效果上。学习力包括学习行为动力、学习方法毅力、学习习惯能力、学习成绩效率和学习转化力。其中，动力是由目标产生的，毅力是由意志决定的，能力是靠培养形成的。只有当这些要素有机地结合在一起时，才能形成现实的学习力，并成为动态衡量一个组织和个人综合素质高低与竞争力强弱的真正尺度。分而言之，学习动力就是学习主体进行学习的原动力，它分为内在动力和外在压力两个方面，两者密切相关、相辅相成，又相互转化。学习毅力是指学习主体是否有持久力，学习能否持之以恒。学习能力是指学习主体开展学习的主客观条件的总和，表现为学习效率，即学习的速度，就是有能力比对手学习得更快、更好。学习创新力是指利用已学知识进行再创新，将学习效果转化为实际效果的能力。这种能力主要体现在更新自我、推进创新和变革社会的效果上。显然，学习力的构成要素不是孤立存在的，只有有机地结合在一起，才能形成现实的学习力。

　　笔者研究认为，上述综合研究释义只是学习力的效果与方式，建设企业学习力是"理论指导实践"的市场行为力，是学习创新能力的重要部分，是相互作用的结果。同样，学习力也是 21 世纪企业文化建设一个重要的新的管理与实践阶段。

　　从"企业文化软实力是建立在企业市场生存行为基础之上的实践活动"为主线脉络展开的企业学习力研究来看，首先，学习力是企业的市场行为过程中实践"爱国、奉献、成果、生存"核心价值观的行为准则；其次，学习力展现的是企业产业成果转化于市场认知后出现的文化软实力的能力；再次，学习力是企业产业化的市场行为，反映了企业发展新的管理过程。

　　学习力的作用关系到企业生存与发展的基础稳固性，这种学习能力主要体现在企业的学习设计与管理、学习推进创新和总结市场变革的社会发展与影响的效果方面。企业的特征是产业，产业的特征是产品，产品的特征是卖点，卖点的特征就是学习力，学习力的结果就是市场行为的实践与效果。

　　新型企业的学习力如果继续停留在学习动力、学习毅力、学习能力、学习效率和学习转化力的自觉行为与组织程序中，现代的企业文化软实力建设就是口号而已。学习力的结果就是市场行为的实践与效果，是学习力的实质含义与内容。市场行为的实践与效果的动力是由生存目标产生的，毅力是由消费者决定的，能力是企业文化软实力的培养形成的。只有当这些要素有机地结合在一起时，才能形成现实的学习力，并成为市场机制中动态衡量、检验、评价一个企业和岗位部门职工的综合素质高低与竞争力强弱的尺度，说明建设企业学习力就是建设企业"理论指导实践"的市场行为力。

　　建设企业"理论指导实践"的市场行为力，就必须重视"两个人的行为力"的建设。"两个人"，一是指企业法人，是由一个或多人（自然人）组成的工商部门发放牌照的有机运行系统，具有独立的行为能力；二是指纯粹的自然人，具有独立的行为能力。"两个人的行为学习力"是形成学习系统中的所有子系统学习力的核心力量（以行业协会为例，包括各分会、团体会员、个人会员），在企业文化软实力的持续作用下，充分发挥自己的市场生存行为作用，通过协会的传播与引导管理作用，使企业（协会）文化的影响力达到最优状态。法人（协会）的市场行为是指决策层、管理层、操作层都要全身心地投入学习，提高各会员组织、人员的市场应变与创新能力；自然人的市场行为是指在知识经济时代和生存竞争日趋激烈的今天，学习力体现了一个人的竞争力优势。两类人的身份、作用、职能不同，但是贡献、成果、目标是一致的。过去讲企业竞争，认为是人才竞争，其实这不完全对。按照学习型理论，企业竞争说到底是学习力的竞争。同样举例，北京某协会组织有各类高级人才 300 名，广州某企业有各类高级人才 600 名，那么广州企业是否一定能胜北京企业呢？不一定。虽然北京协会的高级人才只有广州企业的一半，但如果北京协会员工的市场行为力很强，那么北京协会组织就比广州企业更具市场生存行为竞争力，因为企业生存不是简单地由高级人才多少确定，而是企业所具有更大的市场生存行为力决定的。市场经济环境下，2011 年的全球化市场经济发展比 2007 年经济发展快速，主要是信息时代的市场行为与产业品牌的结构调整加快催生的系列成果。以此来看，企业法人与自然人在关键市场生存行为中显现的共同目标特征是学习力转换为学习行为力，强烈的学习行为力使企业与职工的生存储备设计与成果始终处在时常更新的竞争状态里，使企业立于不败之地。

　　学习力的建设与实践反映一个企业（组织）、一个人的市场生存竞争能力。品牌产品在市场运营中能否表现企业的智慧力量和稳居激烈的市场竞争检验的消费地位，也是企业能否获胜的关键性因素之一。

　　企业学习力是指企业通过市场行为获取产业品牌的生存信息、调整实践与设计理念、创新工作并全力变换企业生存状态的能力，它影响着企业的品质形成，关系到企业的竞争状态，决定着企业的成败。为深入了解企业学习力，使学习力提升成为可以把握转换的学习行为力，下文从三个方面对企业学习力结构进行分析讨论。

4.5.1 企业学习力的构成要素

关系到企业学习力的要素有很多，笔者研究认为，企业学习力主要由"价值要素、产品要素、收入要素和提升要素"构成，各要素间的质量及其相互之间的结构情况直接影响着企业生存状态与学习行为力的成败。

（1）价值要素。企业价值观直接影响企业目标的实现。价值要素包含目标、信念、使命等要素，市场行为的检验作用需要将价值要素部分转换为目标要素，可以在企业的市场行为实践过程中调整企业的生存态度、市场心理状态、成败意识境界、价值使命力量、市场行为习惯、实践好恶取向等行为的影响。这些行为要素都是企业生存中需要延伸设计的近期、中期和长期目标价值要素的内容。目标是构成企业学习行为力的主要方向性要素，它是决定职工选择共同命运、生存价值与实现理想的核心要素。企业的价值观决定着企业发展与建设的方向，影响着学习行为力的导向和质量。企业文化软实力的建设过程，首先是培养正确而且清晰的企业价值影响力，来自企业文化的提升，它要经过确立—引导—再确立的完善过程。企业价值目标的确立，将对学习行为力的实践发展起到重要的作用。

价值要素影响企业学习力的作用，并不是要素本身自然发生的，而是通过企业的有效产业与市场行为来实现的。价值要素对学习行为力的作用主要表现在：一是行为导向作用。行为导向就是引导和控制企业的发展、规划、设计方向，主要是价值要素体现出具有方向约束性的特征。客观上强调企业在产业积累发展经验、进行市场行为的时候，生存责任始终催生价值观的目标检验，保证学习行为力的正确导向。二是行为活力作用。价值观是企业心之所向的奉献与追求，是实践效果的合力成果。因此，行为力量的结构实践中企业总结经验和培育执行的意志力的目标特征，对企业导向产生影响，会产生积极的创新意义，形成强有力的学习行为力。三是持续作用。价值要素的成果目标是企业全部产业、品牌进入市场后对其他的要素产生质量和把握方向要求，其根本目标是企业持续性发展利益。企业在市场行为中竞争力都是有利于目标实现的力量集合。在市场行为力的作用下，出现不利要素，有碍产业发展的目标，不利于实现产业进步的力量就一定要割除，以防止学习行为力在发展道路上的左右摇摆问题。四是激励作用。价值的激励作用是学习行为力的关键之一。市场行为是企业确立目标并促使实现企业美好目标的实践场所，是企业生存的必然之路。企业对市场的关注和追求是生存的全部意义。企业带领全体职工以饱满的激情去发展市场的全部要素，创新的持续发展的新要素，都是使学习行为力的发展永远保持着旺盛活力的重要部分。

（2）产品要素。产品是指由企业通过设计技术加工经过市场实践得来的品牌认知服务物品，其产品要素是由企业与职工的生存需要和市场行为的技能实现的，是"产业的间接市场变化经验与市场的直接生存行为实践"的统一。产品要素通过市场的检验，提示企业注意：①企业设计产品的前提是做好产业间接市场变化经验的消化吸收工作，提炼市场中丰富的产品特征与产品功能，充分利用他人的经验为我所用，再将其进行深入细致的滤清式的内化处理，以企业自身的市场行为要素将生存需要的理性状态的技术变成实用状态的产品。这种市场行为需求中根据环境的变化形成有针对性的产品思想、思路和设计方法，是企业免走弯路的关键。否则，再好的市场行为的间接市场变化经验自己也难以自如运用。②企业产品要素充分全面，体现了企业高度重视产业结构和做好直接生存行为经验的升华工作。由于直接生存行为实践是企业在产业行为中处理某一属性的市场行为（事物）过程中得到的，起初阶段往往具有市场行为的朴素性、局限性等特点，对知其然的问题难以作出深刻的解释，这就需要企业及利益相关者共同将它进行生存实践并予以理性的升华，建立起解决市场行为与经验行为同类问题的产品体系，以便更好地指导企业产品进入市场的生存实践行为。③做好两者关系的调整工作。产业产品要素的间接市场变化经验的消化吸收是企业的产业品牌属性间接经验的应用，成为企业产品要素开辟市场化的机制基础；重视产业结构调整和做好直接经验产品要素的升华应用，直接生存行为实践是企业产品要素通过市场检验、深入市场行为的关键条件，二者相互实践与探索，融合并相互贯通、相互作用统一于现实的市场实践之中，这也是企业在生存中的实际市场行为的情况。企业在应用产品技能实现的要素行为的市场经验中，特别是借鉴成功经验时并不需要区分区域内外、谁先谁后、谁重谁轻，依靠的是综合生存市场的产品行为能力正常发挥运用，这就需要将间接产品要素（经验）和直接产品要素（实践）进行整合，建立起有机结合的生存市场检验链，形成有综合能力的产品生存体系，只有这样，才能体现出产品要素对学习行为力的重要作用。

产品要素中包含了经验要素，经验要素对学习行为力的作用主要表现在：一是提供智力支持。丰富的市场经验是一种智力成果，是对客观事物的规律性认识。学习行为力发展的实践中，一方面能起到理论指导作用，防止盲目性行为的发生；另一方面能提醒企业该避免什么、该遵循什么，按照怎样的规律去发展学习行为力，防止随意性行为发生。二是市场的行为促使企业提供方法支持，生存化的市场经验又是工作方法的总结。在学习行为力发展过程中，能够提供市场行为的工作思路、实践流程的指导，同时，对可能出现的市场行为问题也能作出适当的预测和控制，从市场的路径上防止错误行为发生。三是生存市场可提供能力支持。没有市场的经验还不能显现实用技能的凝结，市场化的实践行为与生存化的实践行为才能证明市场的活力与生存能力。为学习行为力发展及时提供市场能量补充，使之保持应有的规律、路径和进程，从技术操作的质量层面上防止企业消极行为的发生。

（3）收入要素。收入即企业与职工的生存行为所积累的消费购买力。笔者研究认为，企业文化软实力建设的关键之一是企业职工的收入增加程度，从经济学的角度来看，恩格尔系数在文化软实力建设过程中起着指标性的作用。企业的终极目标是企业扩大的利润与职工增加的收入，这是企业发展与文化软实力建设的目标，也是合理的消费结构，即企业在市场行为中的所有行为与职工在企业中的所有产业生产消费行为，全部体现在大市场消费行为过程中企业与职工消费的各种不同类型的消费资料。企业持续的市场行为实践活动，实现了企业与职工的收入逐年增加，富裕程度逐步提高，恩格尔系数逐步缩小。收入要素的真正启动力量是企业学习力，企业的收入（包括产业利润与企业软实力）反映了企业的生存指标的持续增长意义；职工的收入（包括工资与消费活动大小）反映了企业带给职工的银行储蓄意义。实现两大意义的核心启动力也是学习力，因为企业文化软实力是以市场的变化条件实现发动和抑制企业的行动，学习力揭示了企业处于不同市场生存环境中的心理活动的启动表现，揭示了不同企业的市场行为的运行结果，比如，企业的收入目标提炼、收入认同、心理考验锻炼、生存行为的磨砺等方面的内容，这些都是收入的要素部分。收入要素也有高水平的质量要求，来源于长期的市场实践行为和生存考验。收入要素中反映出的企业与职工的意志力，不是靠企业与职工的自觉控制，它是根据企业产业行为与产品市场行为的环境变化通过市场经济规律调节实施的过程，任何所谓的自我行为及依赖外界附加条件发生作用的要素，都不是真正意义上的意志力表现。意志力是可以自市场的环境中调节和补充的，一方面企业与职工要根据市场行为接受企业品牌的实际情况，时刻都在对自己拥有的意志力进行调节，以最佳的生存行为力量的状态实现目标；另一方面企业与职工要根据品牌影响力的情况变化，对自己的意志力进行文化软实力力量的质量补充，用极限的学习行为力量努力去赢得高难度的收入指标。这一实现收入要素的实践过程，才使得企业的创新成为可能并持续。

（4）提升要素。每个企业都拥有两种提升要素力量：一是以企业文化行为能力为标志的提升要素力，它包括企业与职工的设计创新力、技术成果力、生存行为力等，这是所有类型的企业市场行为生存和发展的基础；二是以实现价值观的目标为标志的力量，即人的创造力，它使企业文化行为（能力）起到学习、实践和持续的作用，是企业文化技术与发展提升的重要条件。在市场行为与现实生活中，企业与职工是市场产业行为中提升要素的实践者，也是市场的开拓者。提升要素的作用是积极的，是企业不能回避的市场检验尺度。提升要素的实施行为是一个企业作出一个艰难的决定时发挥加速度的力量作用行为，表现在危机中将工作再次向前推进，依靠的就是提升要素的力量。所以，企业应该积极地用市场行为中的所有要素对企业文化能力的提升起到学习、实践和持续的作用而不是绝对的抑制作用。让提升要素的各项要素能力以最大的输出功率发挥作用，让部分产业市场行为与文化软实力能力超强发挥，部分偏离主流价值的能力限制其发挥作用，部分有损国家与企业形象的能力禁止其市场行为与发挥作用。提升要素的特征就是使该做的事情做好，不该做的事情（如市场行为、环境行为、生活行为等）坚决遏制，从而达到提升企业文化软实力的预期目标。假设企业或者职工的市场行为的能力相当，当遇到决策危机、工作障碍、技术难题、环境干扰等情况时，由于企业或者职工的提升要素行为力存在着差异，处理市场发生的问题态度、路径、方法和力度不同，追求市场目标效果的过程就会出现不同，其市场的实践行为结果也会大相径庭。

提升要素对学习力的作用主要表现在：具有市场竞争机制的效果控制作用，提升要素在学习力构成要素中是最具创新与活力的要素，对其他要素起着直接的能动控制作用。当企业市场行为的目标确定之后，企业在市场行为中的实践进程中有时需要对既定市场运行目标进行调整和完善；有时需要对既定生产目标进行设计巩固和转换概念；有时需要对既定生存目标进行分解和细化；

等等。这些都需要提升要素作保障，通过对目标提升要素进行市场效果控制，使其在产业品牌的运行阶段最佳状态下对学习力发挥作用。市场行为中，对经验要素而言，更离不开提升要素的检验与控制手段。企业在市场行为实践中究竟该对哪些生存经验进行总结，该用哪些经验去警示行为过程，该防止哪些错误的经验发生等，同样需要提升要素对学习力发挥作用。当企业产品在市场行为中变化，要素作用被正确发动、组合和抑制后，企业学习力能否持续发展下去，市场实践活动能否继续并有效进行，企业或者职工的毅力大小也起到一定的助推和提升作用。企业要在生存市场做成一件事，就要有市场概念、时间观念、能力考验、投入作保障的经验、让时间有延续的过程体验、让问题有解决的过程检验，只有认真履行企业生存于市场环境的工作流程，不断思考解决前进中的障碍问题，才能真正实现提升要素学习力，这种保持和推进的动力来自企业的毅力。

企业文化软实力建设与实践行为过程中，四个要素的作用反映了学习力是一种综合的力量要素。从建设与实践的层面角度分析，它可分为"价值要素、产品要素、收入要素和提升要素"四个层面，各要素间的质量及其相互之间的结构情况直接影响着企业生存状态与学习行为力的成败。通过四个层面的展开论述，企业学习力在市场机制中还可以体现在形成的几何三角形关系式中。

"产业的间接市场变化经验与市场的直接生存行为实践"的统一，是企业学习力的核心运行成果。价值要素、产品要素成为生存合力的成果目标要素，与收入要素的市场行为能动性要素和提升要素的市场生存创新要素共同构成企业文化软实力模型。对此，笔者设计用三角形关系解析。"价值要素、产品要素"成为生存合力的成果目标要素，是指企业品牌产品在竞争变化的市场行为中显现的生存相依与合力竞争实现收入增长的经济关系，任何企业无法复制、参照，说明企业产业品牌生存力量与企业文化软实力是不能依靠局限性的、经验性的路径发展的。收入要素的市场行为的能动性，是指企业从市场消费核心需求出发实现收入要素的作用，让进入市场的消费行为对象在市场行为中寻求需要和塑造生活的消费路径发展。提升要素的市场生存创新要素特征打开了企业市场竞争中逆势上扬的开创性局面，是企业经过残酷市场检验后理性地从责任使命出发去提升三个要素的积极竞争优势作用，使企业或者职工坚持创新性的发展路径。以此来看，各要素的作用路径不是独立、割裂的，而是相互关联贯通、相互支持的有机整体。企业面对复杂与竞争的市场环境，要有效地进入运营市场、建设市场、收获市场，既要注意各要素本身的质量问题，又要注意市场成果与出现事情的针对性问题，还要注意企业自身生存境界的应变状态问题。

4.5.2　企业文化软实力的基本模型

讨论企业学习力要素之后，我们可以建立以下企业文化软实力模型。这也是以"企业文化软实力是建立在企业市场生存行为基础之上的实践活动"为主线脉络研究的重点创新模型。

在企业文化软实力结构模型中，三个三角形分别表示生存合力型的成果目标要素（展现软实力）、收入能动要素（软实力成果）和提升创新要素（软实力创新）结构情况。箭头线的实线部分是一种要素对其他要素的实际支持力，虚线部分是一种要素对其他要素的可能支持力，三种要素相互联系、相互影响、相互作用，构成了企业的文化软实力体系。我们可以看到，正确而且清晰的目标，能够为收入的获取与创造、提升创新的活力与增长提供方向支持，使企业和职工知道生存的需要不是市场的变化应对，而是积极行为与实践的持续力量目标；企业的利益与职工的收入、市场检验成为生存合力的成果目标要素，能够强化成果目标和提升力，使它们获得能力支持，让企业有信心在市场中实践；持续的提升力能够为成果目标和收入增长提供动力支持，使企业有决心去市场中实践。企业生存行为的重点是，每一要素在市场行为中

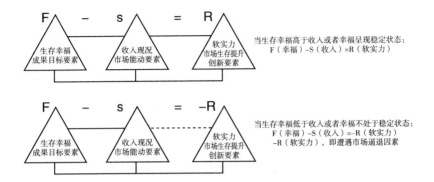

图 4 - 1　企业文化软实力结构模型

　　注：产业的间接市场变化经验与市场的直接生存行为实践的统一，是企业文化软实力的核心运行成果，也是企业学习力的主要内容。企业核心价值要素、产品要素形成生存合力构建了企业文化软实力模型。（1）幸福成果—目标要素——展现软实力；（2）收入要素—市场行为的能动性要素——软实力成果；（3）提升要素—市场生存创新要素——软实力创新。三者共同构成企业文化软实力的模型，可用三角关系解析。

为其他要素提供支持的同时也得到其他要素的市场环境与服务支持，构成了各要素之间的支持体系的循环路径，而循环路径设计功能的优劣强弱和宽窄大小，又取决于市场要素的可能支持行为力和循环路径的空间结构情况。所以，提升企业学习力的理论意义，就是要设计好可能支持行为力和循环路径的空间结构的设计建设目标，以此提升企业在生存市场的行为学习力的实践意义，开展积极提升的学习创新活动。

　　市场检验企业产业品牌与生存能力均需要市场环境的可能支持行为力作用，是企业文化软实力在市场竞争环境中表现的"软实力"的影响力。笔者研究认为，"软实力"是相对于"硬实力"的存在力量，是以文化吸引力的方式影响外界的力量。不同历史时期的文化软实力的特征和表现形式不同。中国历史上下五千年，中国文化软实力的影响力穿行于各个历史阶段，张扬力量影响了整个世界。2007 年中国共产党十七大报告中，胡锦涛总书记指出，"促进文化大繁荣、大发展是软实力建设的核心基础，这个文化发展建设包括建设社会主义核心价值体系、增强社会主义意识形态的吸引力和凝聚力、注重人文关怀并以此建设和谐文化培育文明风尚，以及做好中华文化的传承与创新等关键工作。"软实力的概念及研究发展提升到国家战略层面并重视建设，是我国各行业、企业长期从事文化软实力的研究及企业长期的运用建设阶段，进入文化与产业作为国家支撑产业的管理环境的建设层面，这也是支持本书研究的主要理论基础。

本书尝试研究新形势下的软实力学习型的组织理论，研究企业文化"软实力"模型，即市场行为与企业产业品牌相互作用的企业生存行为力量，即影响力、吸引力、张扬力量。企业提供给职工的现实生活和工作环境中充满着影响力、吸引力、张扬力量等软实力。它表现为企业与职工的生存幸福目标与收入状况之间的差距，设计用 F 表示生存幸福目标，S 表示收入现状，R 表示软实力，其公式表达为 $F - S = R$。实际情况中软实力有正负价值影响值之分，当 F 高于 S 或 F 比较稳定时，此时的软实力便出现 $F - S = R$，表明生存幸福目标拉动收入现状向高端目标迈进，企业的文化软实力建设与成果显现成长上升的态势，这是市场行为的合理空间结构所实现的生存指标，实践中要不断地总结加强持续力。反之，当 F 低于 S 或 F 不稳定时，此时的软实力便出现 $F - S = -R$，表明收入现状拉动生存幸福目标向低端靠拢，企业的成长状况因市场行为不利要素及市场环境变化等因素，企业软实力建设作用不显著和遭遇市场逼退，需要企业启动应变方案或设计应对方案或实践措施，防止企业文化软实力遭遇冲击与变异。成果目标、收入能动、提升创新三种要素客观上分别存在着生存幸福目标值和收入值的区别，企业产业与企业文化进入市场检验与竞争时，出现显现的要素对其他要素的可能支持力时，企业必须认识要素的重要性。

（1）要提高企业对要素重要性的认识，认真规划好市场与生存要素的发展前景和可行性的利益路径，让要素的生存幸福目标在企业的设计框架里有清晰的路线、稳定的结构，成为企业与职工追求的目标。

（2）要正确对待自身产业与品牌优劣事态，以市场的检验标准客观评估应用要素水平，知道缺什么、差多少，充分认识要素不足的危害性，产生设计出完善自我生存需要的心理需求。由此分析，正确评估生存幸福目标和现实收入情况，处理二者之间的关系，让生存幸福目标产生强大的吸引力，是产业要素产生正向张扬力量的基础条件，只有满足这个基础条件才能使可能支持力发生变化。当正向张扬力量增加时，生存市场要素的可能支持力就会延伸，进而扩大对其他市场要素的实际支持力，提高全部设计要素结构的有机转化与支持程度，达到提升企业学习力的目的。

设计模型中的循环路径结构，所展现的企业文化软实力模型分别表示生存合力型的成果目标要素、收入能动要素和提升创新要素及其质量情况。一是由要素本身构成的环路，其中成果目标居于主导地位，收入和提升要素居于服务地位，只有成果目标事先确立，其他要素才会有意义，同样，只有收入要素和提升要素充分发挥作用，才能真正展示生存合力型的成果目标意义。要素之间的结构顺序以生存合力型的成果目标为原始方向，或者逆时针旋转或者顺时针旋转，通过彼此作用构成要素循环路径结构。二是由支持力构成的循环路径结构，每个进入市场行为的要素都有两个支持力和两个被支持力，市场需要各要素输出力的大小不仅取决于企业产业品牌质量，而且取决于市场变化的被支持力的情况，只有各要素的支持力做到生存需要目标正常输出，才能保证市场行为中被支持力可靠、有效，才能使下一轮回的生存支持力获得能量补充，如此循环，构成支持力循环路径结构。当市场因生存要素出现结构有序、渠道通畅、支持有力时，软实力所表现的企业学习力在市场行为的生存结构的优化程度就高，对文化软实力提升的主要方式内容的学习力发展就有利；反之，学习力转换的软实力在市场行为的生存结构的优化程度就低，对建设企业软实力（学习力）发展就不利。

4.5.3 企业学习力的分层

市场生存行为力量推动企业在产业活动和生活中引导企业职工结合市场信息适应企业学习力的分层问题，有针对性地去提升自己的学习力，改变生产、生活习惯，冲破旧习惯的市场开发印象、消费假设、收入偏见、市场行为等封闭网，重视并准确把握学习力方向。根据学习力作用于市场生存行为模型和学习力形成的方式，将企业学习力划分为三个层面，即市场生存行为借鉴性学习力、市场生存技术改造性学习力和市场生存行为创新性学习力。

（1）市场生存行为借鉴性学习力。主要来自市场环境中获取的学习内容，是企业学习、内化借鉴成果的能力，再现市场实践经验的消费。因此，学习力市场生存要素及其模型给予它的是经验层面的生存行为支持力。借鉴性学习力是企业生存和发展的基本前提条件，具有以下特点：一是市场吸引力的基础性。在学习力影响的市场体系中它处于基础地位，对市场学习力的提升和生存发展起到支撑作用。市场生存行为的事实证明，企业要实现市场生存目标，初期总是习惯借鉴学习应用的东西，通过认识、了解、学习、消化、吸收和市场的设计转化后再运用到市场行为实践中去，先是尝试性地实践其他企业走过的路线，获得新的认识后，再另行开辟出自己的新途径，把生存行为推向新的设计发展阶段。二是市场实践的广泛性。首先是市场行为人群的广泛性。企业都拥有借鉴性学习能力，能够从其他企业那里获得市场生存经验，发展更快。其次是市场应用的广泛性。企业多数时间都是在学习他人的经验，在成熟的经验和标准指导下增强市场行为能力、改善生活，追求企业价值目标。三是市场生存的环境局限性，借鉴性学习力毕竟是企业向他人学习的生存能力，难以摆脱他人的思维定式、情景假设、行为方式等的束缚。因此，在市场行为实践的运用中，调整不相适应的市场要素，防止引发市场行为的应用失误，甚至还会导致实践失败，这是企业必须高度注意的问题。

（2）市场生存技术改造性学习力。市场生存机会主要来自转变学习环境，是企业市场行为中根据企业需要进行市场角色塑造的能力，市场生存技术的应变检验。因此，市场化的学习力要素及其模型给予它的是市场生存能动层面的支持力。改造性学习力是企业与人生发展不可缺少的能力。一个企业只有不断提升自己的市场生存改造性学习力，才能拥有较好的市场应变能力，进而运用好经验性的学习力，发挥好生存市场的创造性学习力。企业要把握几个特点：一是针对性市场。改造性学习力强调的是自我生存的改造能力，它是根据市场环境提出的新要求，为调整企业的生存生活状态，在市场行为、思想、价值、应变等方面进行的自我修复改造和转换能力。这种能力越强、改造市场生存的效果越好，对企业生存发展就越有利。二是自觉性市场。市场的改造性学习力是在缺乏制度监督下形成和发生的市场行为，凭借的是企业自我生存需要、自我实施、完善的自觉行为。企业的思想境界造就与企业紧密相关的人，生存自觉程度就越高，市场改造学习力就越强，生存环境就越有利。三是实时性市场。它是指市场生存改造性学习力的针对性实时问题，企业所处的生存环境、市场机制都在发生变化，企业要在应变中实现生存，就必须根据市场环境和生存条件变化实时调整市场改造学习力的角度，及时针对市场问题进行改造学习，使企业生存状态保持最优的市场与生存环境。

（3）市场生存行为创新性学习力。主要来自创新学习环境。这是企业在市场生存行为实践中解决变化新问题的能力，企业市场创新的行为持续。因此，市场条件中的学习力要素及其模型给予它的是创新性生存能力的支持力。市场生存行为创新性学习力是企业在复杂的市场环境竞争中必须具备的能力，体现在企业生存目标的实践行为创新和开拓市场实践创新两个方面。生存目标创新能力，是企业在复杂市场环境中调整思考应变市场突发问题的策略和处理危机的能力。当企业在市场中遇到新情况和新问题时，就需要对生存市场进行新的调整和整合，使企业新思路的设计符合实践创新能力。首先是市场竞争机制的完善性创新能力。它是企业应用新设计模式对进入市场的产业品牌进行实践改进和完善的能力，它需要生存行为的实践过程和企业消费效果来体现，目的在于使企业在市场生存的利益基础上有新的市场开拓机会；其次是保持市场的基础创新能力。它是企业运用市场规律在新设计目标中以企业拥有的市场生存经验对未知的生存预测进行实践性研究和开发的能力，是企业在市场生存行为中实现将行为未知变成实践已知、将复杂市场变成简单生存行为、将企业一般生存行为力变成企业创新的丰富实践活动的能力。创新性学习力的特点就是不断创新，通过持续有效的市场生存行为的实践活动，将企业产业品牌与事物发展水平由一种生存状态推向更高一级生存状态，直至达到市场生存利益收入的理想目的。企业在把握市场生存行为创新性学习力时，要正确认识企业的市场开创创新与系统的市场生存机制创新，形成科学的一次创新与持续创新、企业创新与群体创新的关系，形成由单项创新到系统创新的机制。在市场生存行为的实践中坚持各个创新环节的有机结合，让创新活动形成环境循环体系，保证企业创新的持续性和有效性。

市场生存行为借鉴性学习力、市场生存技术改造性学习力和市场生存行为创新性学习力在学习力体系中是相互依存、相互影响、相互作用的关系。它们统一于企业的各种市场生存行为的实践活动之中。市场生存行为借鉴性学习力处于基础性地位，为其他层面的学习力提供经验支持，其他层面学习力的发展又丰富了借鉴性学习力的内容。市场生存技术改造性学习力处于市场生存的关键性地位，为其他层面的学习力提供在市场行为、思想、价值、应变等方面进行的自我修复改造和转换能力。市场生存行为创新性学习力处于前沿地位，为其他学习力提供市场生存行为的实践支持，其他层面学习力的发展又加大了创新性学习力的力度。

上述分析，我们只是从市场生存结构的角度研究了学习力的空间形成和市场生存发展规律，要使企业学习力成为市场生存行为的持续行为，必须明确市场生存行为的探索方法和途径。

4.6　本章小结

企业文化软实力是以"爱国、奉献、成果、生存"为核心价值观，企业寻找适应其生存发展的市场，由全体企业员工共同创造，企业文化精英带领倡导和实践，运用先进的企业文化管理思想，定向传播和规范管理中逐步形成的实践成果。

（1）企业最希望突出的文化是企业发展的持续力量。生存力量、价值力量、文化力量、持续力量是企业的生命超越、利益诉求的文化特征。四要素形成了新时代企业文化软实力的基本机理。实现机理和机理发挥作用的正确性要通过市场的消费（客体行为）各要素的实践检验，以及企业集团或者各企业利益相关者的价值认同检验，进而形成企业文化软实力发展的持续力量。

（2）在市场生存实践中，以"企业文化软实力是建立在企业市场生存行为基础之上的实践活动"为主线脉络研究解析企业文化软实力建设成果，从新的分析视角列举中国企业文化建设五种典型模式：①以青岛海尔集团为代表的"三层次说"的企业文化构建模式。②以中国林科院经济林开发中心为代表的中小型企业、科研机构多年来实践的"以人为本"的企业文化建设模式。③以三亚、敦煌、张家界等城市区域的旅游企业（集团）为文化实践先行代表的构建模式。④以东风汽车集团为代表的多数中国国有大型企业的"设计市场实践品牌"的构建模式。⑤以北京、上海、广州等全国1000家大中型城市医疗单位为代表的"生命、生存、生活"一体化的构建模式。

（3）企业文化可以分为四个不同的层次。笔者研究认为，企业文化可以定性划分为爱国文化、奉献文化、成果文化、生存文化四个基本方面。爱国文化、奉献文化均可看作企业精神文化的重要部分，但是奉献文化包含企业精神很多内容，企业生产的特征性需要企业以定性明了的主流价值观确立目标，而不是参与到精神张扬的研究中，这是企业发展最重要的方面。信息时代与知识时代，仅通过键盘影响企业文化设计及企业职工信息渠道的内容很多，但是体现企业主流价值的爱国文化、奉献文化、成果文化、生存文化依然是企业文化建设的基础。其他如精神文化、制度文化、行为文化和物质文化，不同层次的企业文化在提升企业核心竞争力过程中将发挥不同的作用。总的说来，企业的爱国文化、奉献文化所张扬的企业精神文化是最重要的，它将通过成果文化、生存文化影响企业的制度文化、行为文化和物质文化，形成活力来影响企业的核心竞争力。企业精神文化、制度文化、行为文化和物质文化共同汇合成了企业竞争文化，它们蕴涵着巨大的能量，形成了精神力、制度力、行为力和形象力，共同构成并完善企业文化软实力。

（4）企业文化"软实力"模型。本书尝试研究新形势下的学习型组织理论，研究企业文化"软实力"模型，即市场行为与企业产业品牌相互作用的企业生存行为力量，即影响力、吸引力、张扬力量。企业提供给职工的现实生活和工作环境中充满着影响力、吸引力、张扬力量等软实力。它表现为企业与职工的生存幸福目标与收入状况之间的差距，设计用 F 表示生存幸福目标，S 表示收入，R 表示软实力，其公式表达为 $F - S = R$。实际情况中软实力有正负价值影响值之分，当 F 高于 S 或 F 比较稳定时，此时的软实力便出现 $F - S = R$，表明生存幸福目标拉动收入现状向高端目标迈进，企业的文化软实力建设与成果显现成长上升的态势。这是市场行为的合理空间结构所实现的生存指标，实践中要不断地总结加强持续力。反之，当 F 低于 S 或 F 不稳定时，此时的软实力便出现 $F - S = - R$，表明收入现状拉动生存幸福目标向低端靠拢，企业的成长状况因市场行为不利要素及市场环境变化等因素，企业软实力建设作用不显著和遭遇市场逼退，需要企业启动应变方案或设计应对方案或实践措施，防止企业文化软实力遭遇冲击与变异。成果目标、收入能动、提升创新三种要素客观上分别存在着生存幸福目标值和收入值的区别，企业产业与企业文化进入市场检验与竞争时，出现显现的要素对其他要素的可能支持力时，企业必须认识要素的重要性。

第5章 企业文化软实力的作用机制

生存力量、价值力量、文化力量、持续力量是企业文化的生命超越、利益诉求的文化特征。四要素形成了新时代企业文化软实力的基本机理。实现机理和机理发挥作用的正确性要通过市场的消费（客体行为）各要素的实践检验，以及企业集团或者各企业利益相关者的价值认同检验。

企业文化可以通过发挥生存力量、价值力量、文化力量、持续力量的导向作用、激励作用、教化作用、凝聚作用等在构建和提升企业的核心竞争力中发挥巨大的作用。此外，不同层次的企业文化也可以在构建和提升企业核心竞争力中发挥重要作用。企业文化软实力的核心内容是企业学习力。企业学习能力和企业生存利益之间存在密切的联系。

5.1 企业文化软实力提升企业核心竞争力机制

5.1.1 企业核心竞争力

企业核心竞争力作为经济学和管理学交叉融合的理论成果，是战略管理理论、经济学理论、知识经济理论、创新理论的重要研究领域。笔者通过在企业工作的体会、观察、研究认为，生存力量、价值力量、文化力量、持续力量是真正的企业核心竞争力。笔者也支持大多数人已经达成的一个研究共识，即核心竞争力是企业创造竞争优势的源泉。但是，无论以世界何地何类型的著名企业为例，认为企业在设计产品、产品制造、技术创新、管理方式、消费检验、市场营销、文化建设、品牌形象、顾客服务等方面具有独特的专长，从而形成了核心竞争力，取得了竞争的绝对优势，是极其片面的。

1989 年，哈默、都斯和普拉汉拉德在《哈佛商业评论》发表文章指出，就短期而言，公司产品的质量和性能决定了公司的竞争力；长期而言，起决定作用的是造就和增强公司核心竞争能力——孕育新一代产品的独特技巧。1990 年普拉汉拉德和哈默在《哈佛商业评论》上发表《公司的核心竞争能力》一文，将核心竞争力定义为"组织中的积累性学识，特别是关于如何协调不同的生产技能和有机结合多种技术流的学识"以及"企业开发独特产品、发展独特技术和发明独特营销手段的能力"。乔治·斯托克（George Stalk）在《计划评论》一文中将核心竞争力定义为"能为扩大生产线提供测度标准的个人技术和生产技能的结合"。维娜·艾丽（Verna Allee）在《知识进化》一书中将核心竞争力定义为："竞争能力就是快速向市场提供新产品或增强竞争力而调整知识"，并指出，"核心竞争力是使公司能持续开发新产品和开拓市场的特性。"著名的麦肯锡管理顾问公司在总结了长期实践经验后，认为核心竞争力是某一组织内部一系列的技能和知识的结合，它具有使组织的一项或多项业务达到世界一流水平的能力。具有活的动态性质的核心能力是企业追求的长期战略目标，是企业持续竞争优势的源泉。利奥纳多·巴顿强调，核心竞争力是企业内部的知识集合，包括员工的知识和技能、技术系统、管理系统和价值规范四个方面，主要发挥协调各种生产技术和整合不同技术的作用。世界经济论坛前常务理事长葛瑞里教授则把企业核心竞争力看作"企业和企业家设计、生产和销售产品和劳务的能力，其产品和劳务的价格和非价格的质量等特征比对手具有更大的市场吸引力"。

　　我国的企业文化软实力建设历史悠久、独特，关键是区别于西方研究的价值观。笔者研究提出，"生存力量、价值力量、文化力量、持续力量"是极具中国特色的真正的企业核心竞争力。相比较前段介绍国外企业核心竞争力是"孕育新一代产品的独特技巧；企业开发独特产品、发展独特技术和发明独特营销手段的能力；提供测度标准的个人技术和生产技能的结合；核心竞争力是使公司能持续开发新产品和开拓市场的特性；核心竞争力是企业内部的知识集合，包括员工的知识和技能、技术系统、管理系统和价值规范四个方面，主要发挥协调各种生产技术和整合不同技术的作用"等等，均强调了企业的核心竞争力特征在管理与技术层面或者涵盖其他企业经营运行部分，仍然是片面的研究，没有深入到企业的生存层面进行研究，结果自然是与企业的实际运行状态相反。笔者同样认为一些研究者提出"企业核心竞争力理论是从西方引入中国的，并引起了企业界、理论界的广泛关注和高度重视"是对中国企业缺乏深入了解，一味认定西方企业的成功就是教科书、力量之源，学习参考的研究目的瞬间变成铺天盖地的企业发展经典，甚至达到痴迷状态。这完全背离了国情及我国企业类型的多样性和复杂转型性的特征。举例说，西方企业核心竞争力的研究成果应用在国企或者较大的企业，有一定的开启、指导、管理、借鉴意义，如使用在国内地方小型企业或者其他没有进行国内竞争力价值培训、实践就仓促实验西化式的企业竞争力行为的企业，只能使我国 80% 以上的企业文化与市场行为产生迷茫。改革 30 多年来，我国企业取得的巨大经济利益与国力的增强，是企业在党的不同时期的企业制度建设及指导中逐步完善取得的成就。也就是说，在自己的企业核心竞争力的作用中不断取得政治、经济、社会、文化事业的伟大成就，企业核心竞争力就是在党的十一届三中全会以来的政策中确定的关于对企业的"市场化运行、改革、兼并、破产、整合、调整、发展"的企业竞争力机制中健康发展的，西方一些研究企业的理论或者说研究成果、设计模式相比较我国企业的运行模式与包容式的国际前瞻性的探索发展研究与实践成果，其观点、结构意义完全是与我国实际情况不相符合的，有的是极其落后的。因为任何一个离开自己国家的企业市场生存环境去研究指导别国企业发展或者将西方企业发展检验视为经典教科书的做法，研究者本身就是不负责任的，我国完全是在"生存力量、价值力量、文化力量、持续力量"这一中国特色的企业核心竞争力基础上发展企业，使企业取得巨大成功的。西方学者要完全研究透彻"生存力量、价值力量、文化力量、持续力量"这一中国特色的企业核心竞争力，就需要住在中国企业体验20年，而不是推测与设计中国企业核心竞争力的发展模式。企业核心竞争力，企业首先意识到的是"生存力量"，如何形成生存能力并融入企业文化建设与产业生产中的企业竞争优势，使企业产业品牌能在市场生存竞争中取得可持续生存与发展的核心性竞争力。支持企业核心竞争力的价值力量、文化力量、持续力量要素，就是企业在市场中借鉴成功与失败经验的一种高效率的力量机制，能够使企业充分有效地调动各种进入市场的资源并使其完全协调运行。通过市场的行为力量，将产业品牌与服务产品、概念输送到顾客手中，短时间内提升企业产品的认知使用价值，从而实现企业在市场上持续地超越同业对手，获得竞争优势的文化合力。企业核心竞争力是企业在市场环境中通过产业品牌产品在生存与认知的市场消费行为获得稳定生存的竞争优势的基础。企业的生产技能、资产管理和市场行为运作机制有机融合的企业自律组织能力，是企业推行市场生存行为能力的内部文化性战略和外部市场竞争性战略的保障。生存力量是我国企业核心竞争力以多种经济成分存在的国情环境中展现的每一个企业所具有的在本行业的生存特征，是任何其他组织性的企业及结构难以复制和模仿的能力，使企业价值力量、文化力量、持续力量要素与生存要素完全实现高于市场竞争各要素成分的价值，保证企业的市场行为进入竞争市场，保障生存利润的持续运行。企业进入市场的生存设计、品牌运行、市场预测、市场营销、加工制作、经营决策、企业文化、战略管理、产品升级、失败调整、市场创新等关键的市场程序、生存能力、环境资源、产业机制均为企业核心竞争力的市场延伸行为构成要素。只有这样，企业核心竞争力在市场的检验中才能不断地壮大市场实践与市场生存的品牌力量，才能提高设计新产品和提供市场新服务能力以适应变化多端的市场，不断提高企业的生存创新管理能力，不断提高文化创新的能力。

企业核心竞争力是在我国企业不断调整市场行为中形成的。企业通过市场获得的支撑企业生存市场的竞争优势，使企业在复杂竞争环境中能够长时间获得生存能力。企业的生存力量决定了企业其他的产业设计竞争力，如营销竞争力、研发竞争力、理财竞争力、产品竞争力等，生存力量成为企业核心竞争力是市场要素的结果，企业空间结构的核心地位决定了生存力量是影响企业产业与文化全局的竞争力，具有一切竞争力的统领地位。只有确立了生存力量是企业核心竞争力的核心地位，才能设计延伸相关的市场行为力量构成要素。①设计领先于竞争市场技术应用程序和市场检验技术的新产品、新的文化服务方式；②设计领先于竞争市场的"爱国文化、奉献文化、成果文化、生存文化"的主流价值观和企业文化软实力，建立适应企业发展的共同价值观，而且这个价值观在新的市场环境变化中能够迅速适应最新变化；③设计研究领先市场竞争的企业文化新理论、新经验的学习力和传递力。同时要借鉴式地不断学习和吸收国内外新理论、新经验，不西化、不迷路，了解国际市场生存的新形势、新变化，并把我国企业创新的生存行为实践力传递到国际市场。

5.1.2 企业文化软实力与企业核心竞争力的关系

国内外学者研究了企业文化与核心竞争力的关系，认为企业文化与企业核心竞争力之间有着重大关联。对企业文化与企业核心竞争力之间关系的看法主要划分为以下两种。

（1）企业文化软实力是企业核心竞争力的重要组成部分。这种看法采用狭义的企业文化概念，将企业文化和技术、管理、人力资源等并列为企业核心竞争力的组成部分，较早期的文献大多持这种观点。部分知名企业的领导者也赞同这种观点。

（2）企业文化软实力本身就是企业核心竞争力。这种看法从广义上理解企业文化，认为企业文化涵盖了技术、组织结构、管理、制度等因素，本身就是一种企业的核心竞争力。目前较多的理论文献都是围绕这个方面进行阐述的。如美国著名企业文化专家沙因所说，大量案例证明，在企业发展的不同阶段，企业文化再造是推动企业前进的原动力，企业文化是核心竞争力。同时在企业界，大部分的领导者也都持有这种观点。如通用电气前总裁韦尔奇指出，"企业伦理是企业文化、企业价值观的核心，通用的核心价值观就是诚信，就是通用的核心竞争力。"

笔者认为，企业的核心竞争力是企业的生存力量、价值力量、文化力量、持续力量。企业文化可以通过发挥生存力量、价值力量、文化力量、持续力量的导向作用、激励作用、教化作用、凝聚作用等在构建和提升企业的核心竞争力中发挥巨大的作用。加强建设企业的生存力量是提升企业核心竞争力特别是提高企业文化软实力的重要渠道和手段。

5.1.3 企业文化软实力提升企业核心竞争力

企业文化软实力能够对企业核心竞争力的构建和提升产生重要作用。以"企业文化软实力是建立在企业市场生存行为基础之上的实践活动"为主线脉络展开研究，这种观点将企业文化和企业核心竞争力视为两个独立的个体在市场生存行为的实践活动。这种实践活动在企业的市场生存行为中表现在：企业文化可以通过发挥导向作用、激励作用、教化作用、凝聚作用等在构建和提升企业的核心竞争力，即企业的生存力量、价值力量、文化力量、持续力量中发挥巨大的作用。此外，不同层次的企业文化也可以在构建和提升企业核心竞争力中发挥重要作用。如企业价值观、各种制度和组织结构创新、品牌和企业形象等，都可以成为增强企业核心竞争力的助推器。目前，大多数案例分析或实证文献都持这种观点。笔者与几位企业经理交谈，他们曾对美国某咨询公司做过一个调查，发现有竞争力的尤其是核心竞争力强的企业具备三大法宝：一是顾客忠诚度的高低；二是员工忠诚度的高低；三是品牌影响度的高低。这三条决定了企业的命运，而决定企业能否具备这三大法宝的主要是企业文化。国内的部分企业管理人员也持这种看法。笔者与 9 位企业总经理讨论此种看法，其中 3 位总经理就认为，"企业真正的核心竞争力应该是传统文化传承的深厚的文化底蕴。"其中 3 名总经理说道，"在当今国际环境竞争激烈的市场生存经济行为中，企业间的竞争不仅仅是产品与服务的竞争，更是企业形象、企业文化的竞争。过去国内企业不常涉及这些领域，恰恰是影响了企业发展，成为影响企业竞争力的核心因素。"其中一名总经理谈到，"我特别推崇零缺陷是一种文化，做零缺陷本身就可以有效地提高自己的核心竞争力，但是能做到丰富零缺陷文化的人或者企业公司几乎是没有规律可依据的。"两名总经理直接提出，"企业文化软实力首先是要建设企业生存文化，企业生存的概念及意义绝不是写文章设计的，是生存市场检验企业产品，被消费者接受的，实现收入的目的，达不到这个目的，一切是空谈。"由此可见，企业的文化软实力对构建和提升企业核心竞争力特别是生存力量起着至关重要的作用，这一理念和思想已经基本上被企业界认同。美国咨询公司调查的核心竞争力强的企业三大法宝（顾客忠诚度高低和忠诚顾客群体大小、员工忠诚度高低和员工忠诚群体大小、品牌影响度高低），在全球经济化的浪潮中只是企业产业品牌在市场需求中的预测，与企业核心竞争力是主次的构建关系。面对美国政府、金融企业集团、房地美、房利美企业在次贷危机中的表现，三大法宝的调查与设计说明了西方企业文化软实力建设的虚伪与欺诈，其价值观的变异影响值得我们深思。

我国企业文化软实力的建设突出体现在提升企业的生存力量、价值力量、文化力量、持续力量的过程中,企业文化的重要性和关注度的战略地位不言而喻。但就目前来看,在通过企业文化软实力提升企业核心竞争力机制方面,理论研究、政策指导与企业市场生存行为的实践活动实际应用互不关联,还没人运用理论对此进行全面、系统的论证。因此,笔者尝试性地研究企业文化软实力对核心竞争力的作用机制,建立相关市场生存行为的实践活动竞争机制,具有理论价值和现实意义。

5.2 企业文化软实力增强企业经营绩效机制

管理理论认为,企业文化与企业生产、计划、营销、控制、激励、领导和服务一样,是企业发展战略的组成部分和重要环节。企业发展战略的每一个组成部分和环节都对企业经营绩效产生直接或间接的影响,即企业文化建设效果的好坏会直接或间接影响企业经营绩效的好坏。设计领先于竞争市场的"爱国文化、奉献文化、成果文化、生存文化"的主流价值观和企业文化软实力,建立适应企业发展的共同价值观,这对企业整体的经营绩效会起到巨大的指导和推动作用。而绩效管理将是中国企业培育世界级竞争力最为重要的管理制度体系。笔者认为,企业文化战略实施效果的好坏直接影响企业经营绩效的好坏,这可以从国内企业和国外企业研究人员的结论中得到实证。

5.2.1 国内企业文化与经营绩效的正相关性

国内企业通过实施企业文化战略提高经营绩效的例子数不胜数,很多公司都通过自己的市场生存行为建立"爱国文化、奉献文化、成果文化、生存文化"的主流价值观和企业文化软实力,建立适应企业发展的共同价值观,实施企业文化战略,促进了企业快速发展。笔者曾与几位企业家讨论国内企业文化与经营绩效的正相关性关系，参考次贷危机爆发前的国内企业实例，现以国内 A 汽车有限责任公司与 B 汽车集团、美国 C 汽车公司的原始合作建设的基本情况为例展开研究。

A 公司围绕企业的发展战略，充分重视和发挥企业文化的整合作用，倡导属于自己企业的独特文化，建立适应企业本身的价值观，积极实施企业文化战略，从而实现了企业跨越发展以及长久的绩效。2002 年，A 汽车有限责任公司与美国 C 汽车公司、B 汽车集团进行资经营。在合资的过程中，A 公司实施企业文化战略，重在创新、重在优化，发挥文化整合的作用，把企业文化作为企业发展战略的重要部分，围绕企业总体目标的实现，与企业发展战略同步实施。A 公司认为，从企业的三种基本资源来看，支撑企业发展的是人、资金和技术，而资金和技术的取得也只有通过人来实现。在合作过程中，通过对人的培训、引导和观念的整合，主动实现了企业文化的转化。一方面，注重核心价值观转化，使其融入企业的生存经营管理之中；另一方面，将新观念、新方法、新技术融入公司现有的市场管理当中，做到：让"质量是创造出来的"理念深入人心，在上下工序之间贯彻"不制造、不接受、不传递"缺陷的"三不"原则；推行业务流程再造，使企业从职能型企业向流程型企业转变；将安全、质量、成本、响应及员工发展五大目标，以业务计划实施逐级分解；推进"组员班长化，班长段长化，段长主任化"的管理思想，实现职能下移和员工自主管理；在配件采购上推行一体化管理，实施比质、比价、比资信的"三比"采购管理模式；实施阳光行动溢出支付法；从体现公平性、竞争性、激励性原则出发，实施岗位评估，加强员工绩效考核，推行员工竞聘上岗，探索建立并推行科学的薪酬体系，进一步推进企业内部改革。通过以上看出，这种合作企业文化建设的设计存在不足，特别是企业市场生存行为的实践活动方面没有应变措施，其正相关性的结构需要调整。

企业文化在企业发展的过程中发挥了重要作用，尤其是在三方合资过程中充分发挥了文化的激励、导向和凝聚功能。A 公司通过建立、扩散和积极深化自己独特的企业文化，今后要通过自己的市场生存行为一步一步、一点一滴地发挥其巨大的文化作用，使"爱国文化、奉献文化、成果文化、生存文化"的主流价值观深入人心，企业文化软实力日益强大，建立适应企业发展的共同价值观，加强实施企业文化战略，促进企业快速发展。

5.2.2　国外对企业文化与经营绩效关系的研究

国外企业界和学者普遍认为，企业文化对经营绩效的提高有明显的作用。企业必须建立强力的、市场适应度高的、开放的企业文化，方能在日趋激烈的市场竞争中实现良好的经营绩效。约翰·科特和詹姆斯·赫斯克特对企业文化和经营业绩的关系作了长期的研究，他们研究的结果证明了企业文化建设决定企业的经营绩效。

笔者在此参考选取了相关研究（资料），即 20 世纪 50 年代、80 年代、90 年代的企业文化力量与企业市场价格增长比较研究（如图 5 -1），企业文化与企业纯收入增长间的关系（如图 5 -2），企业文化力量与企业资本平均收益率的关系比较（如图 5 -3），以此说明 2006 年之前的西方学者研究企业文化影响企业绩效的成果。通过其研究设计路线看出，西方企业文化软实力的建设与成果是建立在企业市场生存行为的实践活动之外的企业文化基础，其企业文化竞争力研究是以 90 年代日本企业大举进军美国，日本的汽车、家用电器等产品占领美国市场很大份额为背景的。

笔者认为，中国企业文化软实力建设及企业文化影响竞争力在中国改革开放之际以中国特色的建设方式构建了企业文化软实力格局，成功企业与失败企业的经验都说明了西方企业文化模式不适应中国企业的生存发展道路。下文参考实例，说明借鉴与学习是研究者了解西方企业文化构建的途径，而企业文化的背景及企业在市场生存中的应变能力，西方学者没有给出办法，2007 年资贷危机爆发前没有给出科学合理的借鉴学习榜样，至今西方学者同样没有给出分析解决的对策办法。笔者参考引用以下较早的资料认为，美国企业文化的市场生存行为的建设只是个体性质的表现，没有系统的企业文化建设的规律可依循。

　　笔者特别重视和研究"企业文化软实力是建立在企业市场生存行为基础之上的实践活动"，以此说明现代企业适应全球经济市场生存环境时，需要具备强大的应对自身生存危机以及应对经济危机的生存能力。

　　早在 20 世纪 60 年代，美国某知名公司董事会主席发表演讲时就说："就企业相关经营业绩来说，企业的基本经营思想、企业精神和企业目标远远比技术资源或经济资源、企业结构、发明创造及随机决策要重要。当然，所有这些因素都极大地影响着企业经营的业绩。但我们认为，它们无一不是源自企业员工对企业基本价值观念的信仰程度，同时源自他们在实际经营中贯彻这些观念的可信程度。"当时这一观点得到了学术界和大多数公司经理的赞同。

　　约翰·科特和詹姆斯·赫斯克特早期的一次问卷调查研究似乎难以证明两者的必然联系。他们对 202 家公司 1977～1988 年的企业文化力量平均得分值与某航空公司等 171 家公司 1977～1988 年企业股票市场价格年平均增长指数进行比较和研究。因为任何单一的指数体系都不能概括企业经营业绩的全貌，他们运用了企业纯收入年平均增长指数、企业投资年平均回报率、企业股票价格年平均增长指数等三种不同的计量方法。研究的结果是，他们得出了企业文化力量与企业市场价格增长的比较图（如图 5-1）、企业文化与企业纯收入增长间的关系图（如图 5-2）、企业文化力量与企业资本平均收益率的关系比较图（如图 5-3）。

　　比较图 5-1、图 5-2、图 5-3，看上去是一些点块的随机分布，它们显示出在企业文化和企业长期经营业绩之间存在一定的正相关性，但这种正相关性并非十分明显。同时，1977～1988 年 10 家企业文化力量雄厚的企业出现了经营业绩不够理想的现象，也导

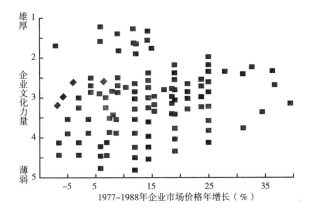

图 5 - 1 企业文化力量与企业市场价格增长比较

资料来源：〔美〕约翰·科特、詹姆斯·赫斯克特：
《企业文化与经营业绩》，华夏出版社，1997。

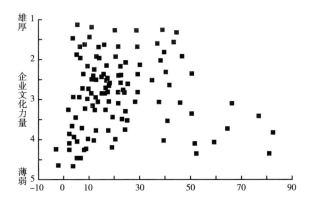

图 5 - 2 企业文化与企业纯收入增长间的关系

资料来源：〔美〕约翰·科特、詹姆斯·赫斯克特：
《企业文化与经营业绩》，华夏出版社，1997。

致了这些公司的企业文化受到批评，说它们损害了公司的经营业绩。这也似乎表明，一家公司存在力量雄厚的企业文化，而企业经营业绩很糟糕；或者有一家公司企业文化较薄弱，而企业经营业绩却很好。

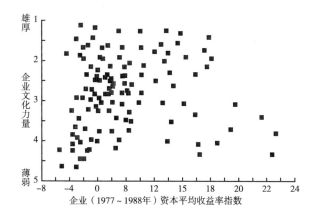

图 5 - 3 企业文化力量与企业资本平均收益率的关系

资料来源：〔美〕约翰·科特、詹姆斯·赫斯克特：《企业文化与经营业绩》，华夏出版社，1997。

但是，国际货币基金组织的统计资料说明，经营业绩与市场变化密切相关。随着经济的发展，企业经营环境对企业文化的需求呈上升趋势。如图 5 - 4 显示，从 20 世纪 50 年代至 80 年代初，企业经营环境对企业文化的需求缓慢增长，进入 20 世纪 80 年代后，企业经营环境对企业文化的依赖急剧上升，并且在 20 世纪 90 年代之后，上升势头并未减弱。而正是在这一发展阶段，日本企业大举进军美国，日本的汽车、家用电器等产品占领美国市场很大份额。美国的研究人员在对日本企业扩张现象进行研究后发现，日本企业和产品之所以能占领美国市场并进军全球市场，原因在于企业的企业文化及其强劲的企业文化竞争力。也正是这一时期，美国掀起了企业文化研究的热潮进而引起了各国企业对企业文化的重视。

总之，从国外的实践和研究可以看出，西方研究企业文化与企业经营绩效紧密联系，是企业个体在市场生存的行为需要，看不出企业文化软实力代表的生存竞争的合理结构状态与爱国、奉献、成果、生存等核心价值观的体现。学者研究企业经营绩效产生的重大

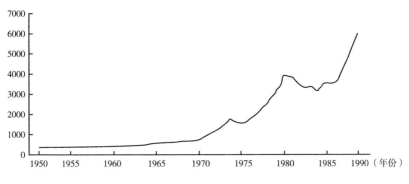

图 5 - 4　对市场适应性强的企业文化需求指数

资料来源：〔美〕约翰·科特、詹姆斯·赫斯克特：《企业文化与经营业绩》，华夏出版社，1997。

影响，加强创造和发扬企业自身独特文化的必要性越来越重要，其市场变异状态完全否决了研究结果，这就是持续至今的经济危机。由此来看，特别是在我国，宣扬和树立"爱国文化、奉献文化、成果文化、生存文化"的主流价值观对企业的经营绩效将会产生深远的影响。

5.2.3　企业文化对企业经营绩效的影响

企业文化作为企业的一种核心竞争力，对企业的经营绩效有着至关重要的影响，而企业经营绩效的好坏又直接或间接地影响着企业文化建设的强度和力度，二者之间是相辅相成，相互促进的关系。优秀的企业文化从以下几个方面促进企业经营绩效的提高。

一是企业文化的核心所体现出的企业共同价值观和企业生存精神，使企业领导层与企业员工在企业经营目标上容易达成生存共识。在企业经营理念的指引下，通过对企业目标的一致认同，从而凝聚成一股巨大的企业竞争能力，最终达到企业经营目标，实现企业生存价值最大化。如某药业集团通过确立"企业发展资金以自筹为主，提倡改革与创新，强调集体协作精神"发展与生存的价值观，逐步形成了一种注重市场顾客、股东、公司员工的生存利益要求，以真诚、公正的态度服务于消费者的文化。企业内部随着市场变化的条件，始终提倡人人平等与人人尊重的企业文化基本原则，在实际的生存行为中提倡人本管理、控制与成果管理，提倡温和变革，不轻易解雇员工，也不盲目扩张企业规模，坚持适度、宽松、自由的企业发展环境，努力培育市场生存竞争机制。通过对这种企业生存价值观的认同，企业的经营业绩有了飞速提高。

二是具有良好品格的企业文化体现出一种优质的企业生存管理，具体表现为企业内部规范的管理制度、管理层的先进管理理念、员工的科学行为方式等，从而实现企业运作的最高效率，最大限度地降低企业生产经营成本，实现企业经营效益的最大化。如某旅游企业公司通过推行"公司建议制度"的新型管理制度，极大地调动了员工的工作积极性，创造出了不凡的经营业绩，并通过这种建议制度总结出了企业科学管理的七个要素，即文化、资金、管理、产品、机制、生存市场、应变能力，通过这种市场化管理要素的有机组合，可以有效地促进企业的经营业绩的提高。

三是具有良好品格的企业文化通过多种传达体系最终塑造出优秀的企业品牌，通过企业创新品牌的辐射力和感召力，从而吸引更大范围内资源的聚合，企业得以滚动式发展，实现良性循环，取得最佳效益。某自行车制造公司正是通过其创新品质管理和品质文化的塑造，最终打造出了新款品牌自行车，为企业赢得了丰厚的利润和广泛的赞誉。

四是具有良好品格企业文化的企业，在其生存经营过程中体现出一种良好的市场经营道德和伦理意义。为企业争得外部公众的认同，创造出良好的市场经营环境，为企业赢得宝贵的社会资源，从而大大降低企业的外部运作成本，最终实现企业经营效益和社会效益的双丰收。如西部某钢铁公司自建厂以来，积极探索有中国特色的现代化钢铁企业生产经营与环境保护同步推进、协调发展的新路子，在全国冶金行业率先通过了国际环境管理体系标准的审核认证，并通过其环境保护的"六领先"战略，即环保目标领先、环保教育领先、环保装备领先、环保技术领先、环境管理领先、环保成果领先，初步确立了世界一流钢铁企业的良好企业形象，为企业的可持续发展奠定了坚实的基础。

反过来，一个具有优良经营业绩的企业，会越发认识到企业文化建设的重要作用，舍得花大力气加强企业文化建设，实现企业文化与生存经营业绩的互促互动和良性循环。而经营效益差的企业，往往认识不到或者没有精力顾及企业文化建设，易局限于眼前的市场经济利益，认为企业文化的投入得不偿失，从而限制了企业经营向更高层次的跨越，越发难以摆脱困境，出现了企业生产经营与市场生存的恶性循环。

因此，就目前国内的企业建设与市场生存的情况而言，建立和发扬企业自身独特的文化，设计领先于竞争市场的"爱国文化、奉献文化、成果文化、生存文化"的主流价值观和企业文化软实力，建立适应企业发展的共同价值观，而且这个价值观在新的市场环境变化中能够迅速适应最新变化，这对企业经营绩效的提升和保持，实现企业绩效的升华有着不可忽视的重大作用，也是中国特色的企业核心竞争力。

5.3 企业文化软实力的核心——企业 学习力的作用机制

随着知识经济时代的到来，社会知识不断更新，我们面临的是一个不断发展变化的环境，从西方文明成果的引进到全球经济一体化，企业要与时俱进，就要面对提升核心竞争力的问题。学习力是新形势下企业竞争和发展的重要因素。一个企业最持久的竞争优势就是具备比竞争对手学习更快的能力，构建学习型企业，提高员工个人学习力、团体学习力，进而提高组织学习力。学习力的提高是企业文化软实力增强的核心所在，只有高效和强大的学习力才能不断增强和更新企业的文化软实力，从而增强"生存力量、价值力

量、文化力量、持续力量"这一企业核心竞争力。企业通过企业
学习力可以掌握关于企业内外部动态环境的知识，对于企业制定战
略、提升企业绩效具有重要的意义。但是，企业学习力是否能够最
终促进企业绩效的提高和取得持续的市场竞争优势仍然需要进一步
考察。企业学习力的研究表明，企业学习力具备三个条件。①通过
企业学习力，企业可以较为充分地了解组织的内外部环境，提高组
织的柔性，从而快速地调用和配置组织的内外部资源，满足顾客现
实和潜在的需求。比如，利用企业学习力，企业可以提高生产效
率，降低生产成本，开发新的产品、服务或经营方式以提高产品服
务的顾客价值。②由于企业的产品或服务是企业各种知识以特定方
式组合作为输入形成的产出，这些大量知识和其特定的组合方式是
企业长期形成的企业学习力的结果，具有路径依赖性和原因模糊
性，竞争对手很难较快和全面复制。另外，由于企业知识中存在大
量的隐性知识，这些知识难以表述和编码，具有黏性，因此很难转
移和复制。③通过企业学习力，企业可以较为充分地了解自身的能
力和外部环境的机会，从而可以在其既有组织能力和资源的基础
上，发掘市场机会，实现组织能力和资源的多种应用，使这些资源
和能力具有衍生性。

5.3.1　企业学习力通过"力"的三要素，作用于企业主客体，推动企业组织的发展

"学习力"既然是现代管理思想中的核心理念之一，那么，表
示学习状态的好坏、自创未来能力的强弱的"力"的属性，一定
是从管理思想中衍生出来的。管理方式转变理论认为，变化给企业
造成的负面影响可以抽象理解为一种与企业发展方向相反的作用
力，这种反向作用力不妨称其为变化阻力。而互动学习型管理方式
指出，人们能够运用"学习"办法，产生一种与变化阻力方向相
反、与企业发展方向相同的作用力，而这种正向作用力的独特效用
能够克服变化阻力，推进企业发展，于是我们把这种能够克服变化

阻力推进企业发展的正向作用力称为组织学习力。从"力"的物理学属性上讲,"力"由大小、方向和作用点三要素组成,"学习力"亦然。对于企业来说,所采用的"学习"方法、动机、目的乃至动力,都是与企业组织发展的远近目标方向相一致的;而"学习"的效率、效果,却表现在促进企业克服变化阻力、保证与发展方向相同的作用力的大小、强弱上。在企业生存行为活动的发展中,总是在全面发展的基础上,首先选择最具竞争力的方面,进而带动其他方面的共同发展。这个最具竞争力、能够发挥带动作用的方面,既是企业组织有效克服变化阻力、保持企业生存发展推进力的关键,也是企业市场生存的学习力转换为软实力的作用点。

在现有的有关学习型企业、学习型组织、学习型社会等专著和研究文章中,经常用学习能力来描述学习力。其实,学习能力是指学习主体已经具备的各项与学习有关的素质条件,这些条件既包括学习主体在当前发展阶段已具备的现实条件——现实能力,也包括学习主体在现有发展条件下经过努力而达到一个新水平的可能条件——潜能或能力倾向;而"学习力"则是从一个侧面反映出学习主体在当前发展阶段已表现或显示出来的素质特征。企业组织的学习力,不仅是指学习的态度、毅力、效率、敏锐性等与学习有关的要素及其组合,而且是指通过"学习"这样一种方法,产生能够克服变化阻力、推进正方向发展的强大力量,这才是"学习力"文化软实力的本质属性和特征。

5.3.2 企业学习力通过充分利用所获新信息,作用于企业绩效,实现企业绩效的提高

从一定意义上说,企业学习力是指授予获得的信息以含义并使该含义在组织内部成员间达成一致的能力。因此本研究认为,企业学习力必须建立在市场生存行为各成员之间的实践交流的基础之上。这里企业学习力主要强调企业生存条件是否有能力推进理解并

赋予新市场生存信息以重要的意义，以及组织企业文化、战略等各部门是否强调并鼓励部门或成员对市场生存信息的传递达成一致理解。企业如果没有较强的能力处理新的市场信息，必然造成企业内学习的低效率，在这种情况下，企业只能对所获得的新信息中的少部分信息进行分析，因而会导致信息资源的浪费，不利于企业对外部机会的把握，从而导致企业学习的低效率。反之，如果组织具有足够的能力理解市场传递的新信息，企业将会充分利用所获市场生存的新信息，根据企业所处内外环境的特点，作出较为科学的经营决策，从而有利于企业绩效的提高。

根据企业学习力的定义，企业内部各部门或员工之间对市场传递信息理解的一致性程度也会对企业的学习能力产生影响。因为对于任何一个企业来说，企业学习力总存在，这些企业内部的部门或员工之间必须对市场经营信息及该信息对经营效果的可能影响有一致的认识，才能获得较高的绩效。高绩效的公司在复杂的市场环境中总是努力使内部各部门或员工对新市场传递信息达成一致理解，以便于企业方案的有效实施。有人认为，企业成员或部门之间对市场信息理解或解释的一致性程度与学习效果之间的关系难以确定，这是追求高一致性程度的结果。虽然有利于在行为实施过程中保证企业内部部门和成员之间的合作，有助于企业绩效的提高，但由于追求共同理解，使得企业行动的可能选择空间受到限制，不利于抓住动态环境中的各种机会，实现企业绩效的提升。

有些企业认为，相对于较低程度的一致理解，追求高一致理解的企业，其行动的实际选择空间并不会因此而缩小，这是由于在较低一致性理解程度的企业中，虽然由于有多种生存市场传递信息理解含义共存而使得企业行动的可能空间扩大，但是这些空间并不是企业行动的真正选择空间。因为企业的行动一般需要建立在集体共同支持的基础之上。否则，这种生存行动便得不到各部门或员工的支持，导致失败，或者至少达不到预期的效果。因此，追求一致性理解的企业，反而容易采取各种行动，在各部门或员工的支持下，抓住环境赋予的可能机会，实现企业绩效的提升。也正因为如此，许多企业往往通过制定企业市场生存发展战略，增强各部门或员工对企业愿景或生存目标的理解，从而在发展战略框架下，实现各部门或员工对市场新信息达成共同理解，以提高企业的绩效。因此，企业学习能力和企业绩效之间存在密切的联系，企业学习能力越强，企业绩效就越好，否则，企业绩效就越差。

5.3.3 企业学习力通过企业实践活动，作用于企业的价值理念，提高企业员工的行动力

企业学习不仅具备提供出色的顾客价值和难以复制的特点，并且通过企业学习，企业可以在原有能力和资源的基础上发展出新的业务。因此，企业学习是一个企业基于能力的竞争优势的重要资源。有人认为，企业学习是一个企业能够拥有并能用之保持竞争优势的最有价值的资源。企业核心能力的本质是企业特有的知识和资源，通过企业学习培养、壮大企业的核心能力是现代企业谋求生存与发展的必然选择。

行动的实践活动力量是不言而喻的。如果把企业作为一部机器，那么无论是管理人员、技术人员还是操作人员都是机器的零部件，只有零部件运转正常，整台机器的运行才能正常。如果企业每一层面员工都能接受企业的生存价值理念，以此作为自己的行动准则，在自己的岗位上严格遵守纪律，忠实履行职责，创造性地搞好工作，自觉提高企业的竞争力，那么企业的行动力就能够得到提升。如果一个企业能够实现这种员工自主的管理模式，将迸发出巨大的潜在能力和竞争优势。反过来说，也唯有高层次的企业文化力，才能凝聚员工的心，使他们有认同感，衍生强大的企业行动力。虽然说企业的制度越健全、职责越明确，越有利于企业发展，但任何一个企业均难以避免制度不健全和职责不明确，而只有发挥

高层次企业文化力的凝聚、导向、激励、约束和互动作用，才能充分发挥行动力，才能使企业产生高效率的动作，减少和克服部门的本位主义和扯皮现象。只有正确的思想才能决定高效的行动，高层次的企业文化才能产生高效率的企业内部的互动，充分发挥整体组织的威力。只有每一个员工都行动起来，统一思想、统一步骤，团结一心、共同奋斗，企业才能以不竭的创新动力，在开放的国际市场和日趋激烈的竞争中获得一席之地。

5.3.4　影响企业学习力的不利因素及其消除机制

企业的学习力存在着多种制约因素，如具有隐性的员工心智方面存在的问题，即学习智障就很普遍。而人是学习的主体，其对企业学习效果的影响是不言而喻的。企业中广泛存在的管理方面的问题，对企业管理流程的规范和制度的完善，以及企业学习活动的顺利开展起着巨大的阻碍作用；组织结构方面存在的问题，影响着组织学习活动开展的全过程，严重阻碍了学习力的顺利提升。企业文化建设的不科学、不规范，对员工积极性的发挥和企业凝聚力的形成有着比较大的影响。最后，开展学习活动中的执行问题，更决定了企业学习活动能否顺利开展，决定了学习的效果乃至企业发展的成败。

以上诸因素严重影响着企业学习力的形成和提升，它们的综合作用对企业发展的负面效应就更加明显了。其中，员工学习智障又是影响企业学习力的关键制约因素。在正确辨识以上不利因素的基础上，采取措施消除这些因素，正是现代企业组织凝聚和提升企业学习力、增强核心竞争力、促进组织发展的重要任务。

（1）员工学习智障及其消除。

学习智障是指企业员工中普遍存在的削弱学习、阻碍学习的思维方式、看法、做法、习惯和氛围，等等。它是员工个人客观存在一种的负向素质因素。从根本上讲，其作用是弱化个人学习力的强度，制约个人学习力的开发，导致员工个人学习力的下降，使企业对自身系统和外部生存环境缺乏全面、系统和快速的认知与反应，直至这方面能力的迟缓和丧失，最终表现为全方位削弱企业生存竞争优势，使企业发展缓慢、逐步衰落直至走向灭亡。因此，学习智障是企业员工个人学习力的负向制约因素，它起着弱化个人学习力、减弱个人创新能力的不良作用。员工学习智障也影响着企业组织学习力的开发和提升，从而弱化了企业的竞争能力，影响了企业的进一步发展。

企业员工都不同程度地存在着学习智障，因为产生学习智障的根由深深埋藏于个人心智中，且时时处处表现出来。为了开发与提升个人学习力，增强企业学习力，我们应正确辨识员工学习智障，包括智障的严重程度及其构成要素等更深层次的东西，以便采取有效措施及时消除学习智障。员工学习智障主要表现在以下几个方面，应针对不同的情况采取灵活多样的消除方法：①缺乏创新。创新对个人的发展至关重要。如果原地踏步、缺乏创新，个人将无法突破发展的瓶颈。这一方面学习智障的消除方法是，员工个人掌握企业周围环境变化的规律和趋势，时刻保持创新的意识和创新的精神，不断提升自己的创新能力。②局部思考。这是指处于固定职位的企业员工，在自己的工作岗位上埋头苦干，把责任局限于职务范围之内，从而出现局部思考的智障。这一方面学习智障的消除方法是，员工个人进行系统思考和换位思考，而不仅仅专注于自己的本职工作岗位。③缺乏积极思考。这是指在某一特定的企业组织中，员工往往认为自己应对出现的危机负责，而忽略与其他组织成员共同思考，积极主动地解决问题。这一方面学习智障的消除方法是，企业员工应该全局地看待问题，学会系统思考。④专注于个别事件。此时，企业员工往往只专注于事件或问题本身，而忽略事件或问题是经由缓慢、渐进的过程而形成的事实。因专注于个别事件而整天穷于应付琐碎的事务而荒废了个人的再学习和培训，也无暇顾及个人的长远规划和发展。这样做的结果是不仅影响了个人的学习力，也将最终影响企业学习力的提升。这一方面学习智障的消除方法是，员工个人用普遍联系和运动变化发展的眼光看待问题，学会辩证思考，不要被单个的事物及其假象蒙蔽了自己的双眼，从而降低判断能力。

（2）企业文化方面的不利因素及消除。

企业文化建设方面的不利因素主要表现在以下三个方面。一是交流学习没有方法。企业品牌产品由市场营销成功转向市场消费，是企业实现生存的唯一目标。如果交流学习没有方法，大多数职工的生存期盼与企业营销激励制度就无法挂钩，行为不健全，引导不力，交流学习也无效果。企业面对此种情况，建立系统科学的学习交流机制，灵活运用学习引导方法，改变不利的物质激励和精神激励手段，充分调动员工的学习积极性。二是缺乏应对市场变异的灵敏度。企业品牌产品进入市场转换为消费市场的收入目标后，企业精力大都仍放在继续投入市场行为中，没有及时总结市场消费的盈亏问题，相应的企业规章制度建立和执行不到位，很容易忽略设计应对市场变异的突发滞销或者市场危机，企业容易产生无法应对的灵敏度智障。应该建立市场行为的监管制度，增强员工的自我灵敏反应和应变能力。三是缺乏企业凝聚力。企业品牌产品实现市场生存行为的检验后转向企业开拓大市场目标，生存市场的环境机会是员工施展才华的舞台，企业职工之间通力合作非常重要。如何增强企业职工凝聚力成为企业的一个紧迫课题。企业如果放纵一味追求个人的成绩和功劳，以及"个人英雄主义"，企业文化软实力建设与价值观作用就会受到冲击。要解决这个问题，就应该增强企业与员工合作的意识，也就是学习解决"两个人"的发展问题。

消除企业文化方面的不利因素，解决好"两个人"学习对策方法，建立起学习型文化机制。企业文化软实力是企业生存管理中最持久的驱动力，它高度融合了企业爱国、奉献、成果、生存理念。企业经营哲学、实现价值观和职工个人的人生观，是企业的强盛力量。企业可以通过企业精神、企业价值观的认同使企业产生强大的向心力和凝聚力。要努力培养接纳和包容的企业与职工交流的学习心态，学会合作共事，要善于发现不足并博采众长，最终不断提升企业整体活力。

（3）企业结构方面的不利因素及消除。

企业结构方面的不利因素主要表现在以下两个方面。一是生存市场环境变化。企业生存就需要完全掌握市场生存信息传递快慢，如果出现障碍，从产业品牌设计到进入市场消费转换阶段结构将因信息的变异而复杂化，如不能及时发展和完善生存需要结构，畅通市场信息沟通渠道，就会显现信息传递慢的障碍，从而失去市场收入的机会，员工也会因信息不畅无法将得到的信息转换于生存行为的博弈中。解决这一问题，必须完善市场运行结构设计，优化部门配置，撤除多余的部门。二是生存环境爆发危机。企业产业品牌认知度具有相当的规模，进入市场生存行为的实践活动中，由于企业销售与消费结构设计不合理，遭遇市场经济危机或者风险灾害时，信息会失真。企业生存环境会因危机信息传递错误以及应对危机的策略不够产生生存危机，出现市场萧条，从而一败涂地。所以，要充分设计企业市场生存机制应变能力，优化结构，使其合理化、科学化，有所保障，才能为企业生存决策提供正确的参考。

消除企业市场生存结构方面的不利因素总的对策方法是应变设计管理。为了适应快速的市场技术变革和全球化的竞争态势，很多企业尝试着进行生存市场的变革、管理，提高应变处置能力，减少市场信息层次及等级信息传播的误差，从而减少市场信息反馈后的决策与行动，加快对生存市场和竞争动态变化的反应。

（4）企业应变能力执行方面的不利因素及消除。

企业应变能力执行方面的不利因素主要表现在以下四个方面。一是企业市场危机意识领导不力。企业市场生存危机的领导能力素质会对企业学习应变效果产生决定性的影响。一个企业能否顺利开展应变能力组织学习活动、能否取得比较理想的处置危机的学习效果，在很大程度上是由领导者能力素质决定的。领导者能力素质达不到要求或领导不力会对企业学习产生负面效果。所以，领导者要全面提升生存危机意识、训练自身素质，进行科学合理的领导，掌握市场生存需要的领导能力技巧。二是企业市场生存行为的学习战略引导不力。这是我国许多企业存在的严重的生存意识问题，对企业市场生存学习力的提升具有显著的制约作用。克服企业学习战略引导不力的措施是制定合理的企业生存危机的学习战略，加大企业需要学习市场生存危机战略的宣传，把企业生存学习的主体——人和企业学习的引导计划有机结合起来。三是企业学习人员结构不合理。企业生存危机应变的学习主体是人，人是企业学习力最积极和最关键的因素。没有人的积极性和主观能动性的发展，就没有企业学习力的顺利提升。企业学习人员结构的不合理，使企业学习市场生存战略难以顺利实施，组织学习计划流程无法得到理顺，进而严重影响企业市场生存危机学习活动的顺利开展和学习力的提升。所以，科学合理的人力资源战略，可以保证人员的规划、选拔、培训、使用和评估等环节的畅通，进行系统的统筹安排，使企业生存危机的训练学习人员实践与行为流程合理化、规范化。四是企业学习市场销售行为不畅通。建立和完善企业学习销售市场的运行机制，可以把企业的生存机制与学习战略有机地联系在一起，充分发挥人的主观能动性来实现市场生存行为持续发展战略，全面提升企业实现销售行为的生存行为效果和学习力，提升企业的整体生存素质，进而增强企业可持续的竞争能力。因此，要制订科学合理的销售行为计划、制度和规范，加强销售人员的教育，权衡、协调企业生存行为学习的实施，在企业学习战略与人员之间建立交流联系，并对企业市场生存学习机制的结果进行科学评估、反馈。

消除企业应变能力执行方面的不利因素，总的对策方法是提升市场生存的领导能力与素质。企业生存行为的学习活动和提升学习力的执行，其决定性因素是企业管理者。全面提升管理者素质，使其成为生存学习型的领导，这是当前全面提升企业生存学习力对管理者的目标要求。只有满足该要求，管理者才能开展引导和驾驭企业市场生存环境的实践活动，提升企业市场竞争力。企业生存意识和提升学习力的执行，涉及企业学习的系列计划，提高企业市场生存行为的学习执行力，进而提升企业市场生存效果和企业的综合竞争能力。

（5）企业管理环境方面的不利因素及消除。

企业管理方面的不利因素主要表现在以下三个方面。

一是管理环境的授权不足。有些企业的管理者自以为管理者即企业，企业即管理者，二者合二为一。尽管企业已经进入市场生存机制结构复杂化的成长阶段，但它们仍然想依靠自己的能力去决策和管理，限制了各管理层的创新积极性，降低了企业的发展速度。还有些企业的管理者尽管想授权，但难以把握授权的程度。由于企业市场生存的设计制度不健全，企业特殊性和市场行为中的随意性会充满整个业务过程，管理者会感到生存的威胁。管理者和职工、技工、各中层管理者的关系极不稳固，严重危害着企业生存的正常发展。这就要求管理者给予有效的授权，调动部属生存行为的积极性、创造性，并使企业顺利度过企业艰难的生存成长阶段。管理者应采用科学的市场生存引导方法进行科学管理，大胆让员工去做，相信每个员工都会做好自己的工作。

二是生存观念落后。由于企业在生存成长期的丰厚盈利，在企业管理层形成了企业的生存发展必将一帆风顺的观念，同时产生收入即快消费的观念，进取心不足，不能充分认识到企业生存发展进程中可能出现的危机，而忽视了企业开拓市场生存发展的艰巨性和市场竞争的残酷性。持有这样的生存观念，必将给企业的生存发展带来不可估量的损失。

三是企业生存行为中利益的责权利不明确。由于企业授权不足和企业产业与品牌营销机构设置不合理,管理者经常不遵循管理规程,实践中经常出现干涉市场竞争活动,造成市场行为利益中责权利不清晰。处于生存成长阶段的企业目标管理体系往往不够完备,难以建立有效的市场行为监控体系来保证企业生存目标的共同完成,责任、权力和利益主体均不明确,造成危机出现时逃避、扯皮、推卸责任等现象。消除这些不利市场行为中出现的干扰现象,就必须有清晰的责权利行为规则,利用市场生存目标管理体系来明确各层面的生存行为利益需求和实现目标,建立起真正的有效的市场生存行为利益需求实践体系。

消除企业在市场生存管理方面的不利因素,总的对策方法是引进企业柔性管理。企业在学习借鉴外国先进的市场生存管理模式时容易生搬硬套,不仅使企业遇到生存"哲学"与"管理"的冲突,而且企业将失去生存环境,出现受利益相关者的强制局面。如何更好实现企业市场生存的"哲学"与"管理"的实践活动目标,科学地探索实践与吸收外国管理经验,应该借鉴融合中外企业的管理经验,设计、实施和完善具有企业自身特点的生存管理方法和市场管理模式。这就是"哲学"与"管理"结合的实践行为活动,即"柔性管理"。柔性管理是一种新的企业在市场生存行为活动中的管理概念,它突破了固有的企业市场生存模式和手段,是一种现代企业管理的生存理性思维。柔性管理体现的是"哲学"与"管理"结合的实践行为活动,以"市场管理、生存目标、降低成本、品牌质量、实现收入"来实现企业的管理目标。通过强化企业内部生存竞争机制管理活动,正确实施市场生存的营销策略,以生存行为的高技术、高质量的产品市场行为力量,增强企业的品牌竞争力,成为市场环境中一流的生存企业。柔性管理以"实现市场生存行为的实践活动"实现"哲学"与"管理"生存行为的完美结合,创造可持续的、无止境的市场生存行为活动,作为企业生存经营理念,不断创新,把企业的市场生存行为的实践活动管理发展提高到一个新的水平。

5.4 企业实例：生态杜仲健康公园

以下我们以生态杜仲健康公园为例，探讨企业文化软实力与企业核心竞争力的关系——企业在市场生存行为实践活动中的结构设计与解析应用实例。

1. 背景：

森林是陆地生态系统的主体，林业在建设生态文明中具有重要地位，在应对气候变化中具有特殊地位，承担着保护环境和促进发展的双重使命。

杜仲作为战略资源，已引起党和国家的高度重视。采取保护性开发，科学规划种植，建立起一个工农业复合型循环经济产业链，带动百万人就业，将成为"十二五"期间经济林产业发展的重中之重。

现代科技林业发展趋势将成为国家科技工业发展的主流方向。发挥科学技术在现代林业中的引领和支撑作用，推广应用杜仲种植加工技术，构建完善的杜仲生态体系，逐步形成高产高效的杜仲产业体系的基础。

陇南市人民政府与甘肃润霖杜仲种植产业开发有限公司签订了种植加工的扶持发展合作协议。基于该项目的发展研究趋势，适合在全国有条件的区域建设生态杜仲公园。本设计方案是在调查研究基础上的时空结构设计，其构建思路适合全国杜仲种植产业企业开发建设。

2. 陇南生态杜仲健康公园选址（场地）设计建议——企业文化软实力结构要素

陇南生态杜仲健康公园是基于区域性生态环境特征和杜仲树为主的健康体验功能而创新设计，是满足多数邻近乡村居民日益丰富的文化传统生活的需要，是甘肃润霖杜仲种植产业开发有限公司战略发展并长期开展合作研究的需要。

"人文研究"和"生态研究"有机统一与和谐发展，是建设陇南生态杜仲健康公园项目的根本。

"人文研究"和"生态研究"之间存在着鸿沟。研究领域存在偏颇问题，也是全球性的普遍观念。

人文研究

人类的偏好和活动反映出社会和人类的生存因素，人文研究既注重那些被广泛接受的看法和观点，也注重人与人之间的不同与变化。由此，研究人员更关心的是人类与自然的相互作用。

中国陇南杜仲银杏循环经济产业生态示范园的标志性项目"陇南生态杜仲健康公园"，设计建设自然是指以杜仲树及相关林木、杂草、花卉植物占主导地位，设计区域内的所有建筑物不易明显突出，或禁止建筑。杜仲树为主的健康检验区应得到精心维护，设计草坪和花坛、杂草小道等人工培植区。这是研究人员最关心与看重了解人类区域居民、建设投资者等的真实用意，并希望其设计和管理得到 90% 以上人群的重视和接受。

生态研究

从农村到城市，城市意味着人类定居的区域。随着科学技术和工业革命发展，由城市到农村，农村意味着自然无污染的生活环境。由于对环境破坏和生态系统健康问题的担心，很多研究文章表达了紧迫性和重要性，加之许多环境问题都是由人类引起的，生态研究人员把人类因素影响看作负面的，更倾向于教育人们让"自然"回归，还原其貌。

陇南生态杜仲健康公园立足成品林杜仲林区域，甘肃润霖杜仲种植产业开发有限公司投资建设，既是管理者，又是设计师，建立"人文研究"和"生态研究"领域内和谐发展、融合生存的试验发展研究模式。

陇南生态杜仲健康公园设计位于陇南市杜仲林种植密集地区。该地区适宜生长的杜仲树分布在成县、两当县、康县等区域内，环境优美，四季分明，适于人类居住，鸟类及牛羊、鸡、鸭等动物亦生存自如。从生态方面考虑，该公园选建应规划为杜仲林木面积不小于9000亩。杜仲树均为5年以上成林树木。四周适宜草畜生长，放牧牛羊、鸟语花香，与四周村庄一起构成一个生态化的杜仲健康公园。

通过设计建设，逐步发现并调整适宜建立新的人居生态区，并与周边县（市）生态网络连通。公园内应将杜仲树木种植区域面积设计为不低于80%。依照东西南北中五区，分别设置四门和中央大厅。中央大厅应占地200～300亩。园内建设有：①杜仲林放养鸡、兔、猪、羊等动物展示区；②休息大厅有3000个座位；③杜仲饮料水吧；④杜仲器材康复健身区；⑤杜仲生态木屋旅馆；⑥杜仲系列产品展览销售区；等等。中央大厅除点缀一些花草外，全部为杜仲林木。

陇南各县山林区域较多，公园内应设计有排水通道，同时还要注意排涝防洪。基础建设应结合公园特色，设计出独特、实用、美观、自然的风格。

3. 陇南生态杜仲健康公园设计建设中企业文化核心竞争力结构要素

生态方面

（1）甘肃润霖杜仲种植产业开发有限公司投资建设杜仲林种植权属与林权合作的长期性和稳定性。

（2）杜仲林林权人与润霖公司的合作协议，明确30～50年合作期内的利益关系、盈亏责任、投资建设等。

（3）选址确定后，以现有自然杜仲林带（区域）设计规划；重点考虑选址周边10公里范围内的人群居住、自然灾害等生态环境。

（4）重点考虑杜仲林带区域内放养鸡、猪等动物和间种蔬菜等可行性条件。考虑可为动物提供生存环境和服务。

（5）润霖公司应重点考虑配供懂栽培杜仲树等经济林木的专业技术人员长期工作，并重点交替培养，重视人才培养。

（6）对于杜仲树来讲，生于此几十年或几百年。除了环境适宜其生长外，优选品种和培育杜仲也是一项十分重要的课题。公司应强强联合，与相关杜仲专家和课题组推荐相关方面的杜仲专家建立长期稳定关系。由公司和专家建立起紧密性合作机制。科学建设并管护杜仲健康公园。

（7）筹建前与建设规划阶段，应向杜仲专家、环境专家、生态专家详细咨询最大限度地改善和提高建设区域内的生态效能。

健康方面

（1）润霖公司应与相关药学研究院等大专院校合作进行杜仲药效应用研究，杜仲保健功能应用研究，杜仲生态林挥发保健元素的检测研究，杜仲林放养鸡、猪等动物健康指标研究，杜仲林自然治疗慢性疾病的研究及杜仲系列的产品保健疗效的综合对比研究等等。润霖公司计划与兰州大学中医药研究所合作是很重要的科学发展路子。

（2）陇南生态杜仲健康公园的设计注重"健康养生"和"生态环境"的完美统一。如何在陇南生态杜仲健康公园内开发并配置一些技术性兼户外的健康养生功能设施，需要研究。同时应考虑纯生态杜仲木材保健产品加工制作，需要创新设计。

（3）陇南生态杜仲健康公园的健康理念与治理要有区别。宣传上要把握杜仲产品的保健作用，吸引公众到公园来的目的是体验和保健，了解生态文明建设的重要意义和杜仲方面的有关知识。通过发展和研究，公园必配的相关治疗性功能器械产品应由卫生部门批准进入市场。

社会方面

（1）主要的周边社区和一些工矿企业的污染（污染环境的工厂应建议治理、关闭），要有环境部门评估，给出明确防治污染指标。

（2）周边社区，村庄是否建有相关场地或正在计划建立场地等，应在规划部门取得与选址生态环境匹配的规划设计。

（3）润霖公司要充分发挥陇南生态杜仲健康公园的生态潜能，

防止人类对杜仲公园的侵扰、破坏，对可能进入的野生动物的捕捉、伤害，力争实现公众能接近和欣赏的目标。

（4）陇南生态杜仲健康公园应是我国在西部地区建设的第一个生态杜仲林公园。力争使建设中的每一个细节避免人为的干扰因素，产生可观的社会效益。河南省汝州（恒瑞源）杜仲公司设想计划建设杜仲林医院，均为创新和研究，需要公司科学规划。

（5）润霖公司应在选址方面充分考虑到可以欣赏的开阔水面，与杜仲林荫、木质房屋、绿草坪和纯净地面走道自然一体，展现其社会效果。

4. 陇南生态杜仲健康公园生态设计中企业文化软实力与企业经济硬实力评价要素空间结构

陇南生态杜仲健康公园，以"杜仲林中水中央"作为主要创意生态设计理念展开基本设计构思（建议），创建 3000～9000 亩的公园（或小于 9000 亩）。以现在成品林区域杜仲林木为主组成的杜仲林带和起落有序的林间健康小道加一个中央休闲大厅（水中央），即居中建一个生态活水谷，可绕林区流动或流出公园。该公园由四个部分构成，即生态杜仲林木区（占 80% 区域面积）、散步小道、水中央、生态木屋等功能建筑（包括宾馆、餐厅、小型演出场）。

（1）生态杜仲林木区。

①自然并已多年生长的杜仲树为主区域（约占 80% 区域面积）、构建了地区性植物多年生长环境，润霖公司规划管理、设计，使其成为服务居民的天然健康体验场所；②促进地区生态环境建设，增强公众生态环境意识。重视保护战略性资源和科学开发杜仲产品的生态效益。

A. 杜仲树为主，可能有其他的林木生长，属于自然植物配置，可强化大自然的植被依存和季节交替。

B. 风格独特，自然成林，可吸引很多野生动物，如果能间种不影响杜仲树生长的植物，还可吸引蝴蝶飞舞。

C. 管理杜仲林木，专业人员像管理花草园一样，修剪和防治病虫害。

（2）散步小道（保健体验健身小道）。

杜仲林木下植被自然生长，低矮的林中杂草和花卉等均可为散步小道点缀。开辟小道应选用适宜健身的平坦小跑道，杜仲木制作的健脚按摩小道；设置有运动健身用的功能锻炼器械小道置于小道两侧；等等。

A. 小道上设置杜仲树治疗疾病常识标牌，试验结果，以及治疗病种和使用方法、产品名称等。

B. 小道上设置木质椅凳供临时休息，间隔区段应有垃圾箱，提倡进入小道后无垃圾体验区。

C. 小道两侧应根据动物种类设置提示标牌和隔离栏等。

（3）水中央。

陇南生态杜仲健康公园规划占地面积，因以成品林杜仲树木所在区域环境为参考。陇南地区五县中，适宜种植杜仲树的区域中，杜仲树木有几十年、几百年的树龄，也有几万亩、几千亩、几十万亩的成品林，选址相对容易一些，但需要精心考察。

陇南生态杜仲健康公园的主题是生态化杜仲林体验带来的健康，其功能是明确的。基因设计和选址独特，植物物种多样性差，主要以杜仲树为主。考虑到杜仲树为主的生态效应和保健体验功能，从种群和生态学的角度确定建设后，需要生态专家进一步科学设计研究模式。

水中央是基于杜仲树占据80%区域面积的生态效益场景设计。设计考虑方案有两个：

A. 水中央居杜仲林中心地带，设计活水不渗漏水域方式，参考面积为200～300亩，曲线形、环形；

B. 水中央设计八挂回旋水路，由水中央沿杜仲林区九曲流淌出公园。水源应以活水为主。

水中央的创意和设计应充分体现出杜仲林区与水中央人类、动物和谐生存的自然景观,突出浑然一体特色。水中央周边也应为功能各样的生态建筑群、散落式。

(4)生态木屋(旅馆)等功能建筑。

生态木屋等功能建筑是依据杜仲林区地理位置和经纬度科学设计。主题特色有:

①生态旅馆。生态树木构造、环保型厕所、环保型家具、环保型体验。

②生态餐厅。生态杜仲林区放养鸡、鸭、羊等(饲料为主饲养),其肉质和健康指数达到试验数据;对人体有益无害;可加工成成品食品,供客人选购。

③生态杜仲林木产品。杜仲筷子、杜仲挂件、杜仲家具、保健产品、其他杜仲系列产品,等等。

④生态杜仲茶、咖啡、饮料食品饼干等功能性食品。

⑤生态杜仲药用产品展示,等等。

⑥杜仲天然橡胶工艺展示,等等。

⑦杜仲饮料加工工艺展示,等等。

⑧设计、设置场所,应按周边环境设计仿生和生态坐椅、休息园,健身体验区人行道应加宽,可由杜仲树木遮阴。

5. 陇南生态杜仲健康公园社会效果设计中的企业文化软实力评价要素空间结构

陇南市两当县、成县、康县均有大小不同区域,适宜种植杜仲面积广,由于群众对种植杜仲所产生经济效益期望值小,种植面积小,积极性不高。现有成片成品杜仲林多数都是几十年树龄,有的上百年树龄。现代林户仍缺乏杜仲可作为战略资源、经济林成分可受益等基本的总体认识。因此,在社会设计方面,应重点抓好结构布局,突出杜仲林木工业化和保健价值。供群众进行保健、娱乐、知识交流等多种活动方面应考虑突出地域生态特征和人文景观结合设计的社会服务功能。

(1)杜仲树下或宽阔地段设计休息快餐吧和棋牌桌,便于各种不同年龄人群进行社交活动。

（2）设计一个专供儿童玩乐的空间娱乐区。

（3）通往保健、健身、锻炼体验区，提供放松休息的林荫设施。

（4）公园内各个小道、卫生间、休闲区与周边花草、杜仲树木自然结合，体验生态美景，适应不同人群体验。

（5）在野生动物活动频繁地区，设置醒目的提示牌和必要的防护围栏，在放养动物区设置醒目的提示牌，禁止抓捕。

（6）提供 1~3 处羽毛球、跑步道、乒乓球、小型排球场等运动场地，供人群主动娱乐、享受自然空间。

（7）公园四方位大门设计要有生态特色，必要的基座使用建筑水池、钢材外，其他均为木质设计，自然成门更具特色。公园内各种地面面材以简易美观实用为主，达到雨天步行无泥泞、晴天步行舒适的效果，不易全部硬化。

（8）公园内外设计停车场分为木屋住宿停车、旅游参观停车、健身人群长期停车等设施。

（9）建设时，考虑到社会服务功能，用现有杜仲树和适宜生长的病虫害较小的树木花卉，采用线性种植，勾勒出各种不同的空间，同时提供遮阴。

（10）注意突出陇南地区民族特色风格。选用具有历史性特征的装饰，包括环绕水中央和生态木屋旅馆、体验区等设施的不同形状的树枝、树干、篱笆。限定水中央周边选用其他水喷景观和造型等。

（11）设计建设的同时，充分考虑到提高公园的生态价值，建成富于特色的陇南风貌，中国西部第一家生态杜仲健康公园。征得杜仲专家、花卉专家意见，采用鲜亮、生机勃勃的清洁洁净型乡土花草点缀，开花结果，四季绿荫。

6. 陇南生态杜仲健康公园形态设计中企业文化软实力与企业核心竞争力关系空间结构

陇南位于甘肃省东南部，地处秦巴山地与岷山山脉、黄土高原交汇地带，东邻陕西，南接四川，辖一区八县。陇南属亚热带向暖温带过渡地区，总面积 2.79 万平方公里，总人口近 280 万，是甘肃省唯一的长江流域地区。境内地貌秀丽、气候宜人、雨量充沛、光照充足，森林覆盖率高，素有"陇上江南"之美称。自然生长的树种达 1300 多种，其中经济树种 400 多种，地理坐标在东经 104°~106°35′，北纬 32°38′~34°31′。东西长 221 公里，南北宽 220 公里。陇南市管辖武都区、两当县、宕昌县、成县、西和县、康县、文县、礼县、徽县 9 个县（区）242 个乡镇，3423 个村民委员会，共 54 万户 250 万人口。境内有汉、回、藏等 21 个民族，7 个民族乡，少数民族人口有 5 万多。

全市森林覆盖率为 39.9%，有林地面积 1758.36 万亩。境内有 300 多种野生动物生息，其中大熊猫、金丝猴等珍稀动物有 20 多种。有药材 1200 多种，占全省出口量 70% 以上。有银耳、猴头、蕨菜等 100 多种食用菌和山野菜。

（1）陇南具有优质的地理环境、生态环境、生存环境。选择成品杜仲林开辟建设为陇南生态杜仲健康公园，具有天时、地利、人和优势。

（2）陇南生态杜仲健康公园形态应以现有成品杜仲林为主园区，利用地形及周边树种、地形、花草形态进行线性勾勒，保持原貌，体现特色。

（3）杜仲树干笔直，树冠呈圆头形，而且非常密集，遮阴面大，树皮呈灰褐色，叶色浓绿，美观协调。病虫害少，是风景区、人行道的首选绿化树种。基于此，陇南生态杜仲健康公园的形态设计应该以杜仲树干、树冠、色调为主形态，杜仲树达到 80% 的面积，其他综合形态占 20% 面积（其中含木屋等建筑）。

（4）形态设计中充分考虑陇南地理、气候、民族、生物多样性、动物种类等自然生息形态。建设成"融入大自然，林中桃花园"的别有景致的特色生态杜仲健康公园。形态设计中充分考虑地形地貌和专家意见，广泛征求设计式样，达到自然界和谐、统一的效果。

7. 陇南生态杜仲健康公园内外连接要求中企业文化软实力的竞争力、生存力要素评价

（1）精心设计公园的出口和入口及具视觉效果的生态体验出路，使公园与周围环境的连通性自然、顺畅、优美。注重入园后与园外视角需要，可设立缓冲带，如停放小汽车、建亭台阁，增强深远的感觉，可增强志趣相同的人群的社会连通性。

（2）陇南生态杜仲健康公园本身就是一个优美的生境网络，是与周围优美环境浑然一体的一个斑块。公园体系内的杜仲树，保健体验曲折小径、溪流、谷坡、景观、生态木屋、亭阁等互相连通，构成和谐自然的生态环境，呈现其天然绿色美感。

（3）陇南生态杜仲健康公园内不同的位置、不同的时间，应有不同的感官体验。可以开辟适宜的、为体验人群提供可供观赏的野生动物，如鸟类和其他授粉昆虫的机会。考虑永久性水源可容纳更多的生物生存。

（4）杜仲喜温暖湿润气候，药用、工业、绿化、民用等经济价值突出。生态杜仲健康公园建成后，园内杜仲树不宜被环剥药用或提炼橡胶加工用料，应保持其健康的生态环境。公园外居住人群和游客进入公园内，均禁止剥皮和伤害杜仲树，内外连接要求生态、无害、和谐、安定。

（5）建设陇南生态杜仲健康公园在我国应属首例尝试。设计建设必须将城乡梯度的思想引入生态杜仲健康公园，掌握和预测生态杜仲健康公园内植被季节变化情况和自然化趋势。城乡梯度的思想主要是用于生态系统管理，对于生态杜仲健康公园来讲，重视并引入管理非常重要，可为很多城镇化建设提供模式和参考数据。

8. 陇南生态杜仲健康公园的安全性中的企业文化核心竞争力、生存力要素评价

陇南生态杜仲健康公园，安全性是一个重要的问题。

（1）照明对公园来讲是一个很科学、很复杂的问题。对于夜

晚使用区域，设计照明设施。严格区别夜晚不开放区域（一般不设照明），以防产生误导，带来危险。

（2）视线要开阔，避免公园中的游客成为未修剪树干和设施的受害者，避免抢劫者藏身。设计时，要充分考虑到一些可能发生犯罪行为的区域，监控要清楚，但不宜侵犯隐私。

（3）设计中充分考虑到成人与儿童的安全需要和体验区功能。

（4）设置避险、防范提示牌，特别是要注明野生动物区域提示。

9. 陇南生态杜仲健康公园管理中的企业文化软实力与企业核心竞争力、生存力要素评价

生态杜仲健康公园管理，贵在管理杜仲树。就像对待栽培杜仲树那样科学管理、精心呵护，其投入的管理成本应该是合理的、节约的。

（1）参考并重视专家意见，设计时充分考虑养护成本，计算生长杜仲成品林和公园成为一体时的养护成本，栽培杜仲树必要的养护成本。

（2）以杜仲树为主维护，80%的养护技能成为系统模式，定时定点专人养护。

（3）对待其他花卉、杂草植物采用搭配养护处理方法，选择性修剪。

（4）保护水土植被的自然生存环境，禁止人为破坏。

（5）遵循土地管理原则和基本生态原则，科学规划管理养护。通过一些林业专业检测、研究，从中发现更为科学的管理养护措施和技能。

（6）同时要形成养护管理的科学技能，建立起一套科学养护的管理原则。

①时空原则：生态过程有时间长度，有时长、有时短，生态系统随时空而变化。

②物种原则：杜仲树为主的养护栽培与其他相关联的物种联系

网络，对生态系统具有主导性影响。

③位置原则：陇南生态杜仲健康公园的生态建设过程，对杜仲树种的养护、培育、新育种的合理疏密度分布，充分考虑区域气候、水、土壤、地形的影响。

④干扰原则：注意、管护、投入使用后的生态杜仲健康公园内可能出现的干扰类型、长度和持续时间，构成种群村民区和生态系统的主要特征。

⑤景观原则：陇南生态杜仲健康公园的设计建设、养护与所处区域地表、地表覆盖大小、形状和空间关系，直接影响到种群、村民居住区和生态系统的活力。

10. 陇南生态杜仲健康公园建设中重视公众的积极参与，对其企业文化软实力的影响力评价要素

建设生态杜仲健康公园，惠及地方人群，涉及区域、布局与周边关系问题方面，可能出现一些关键性的决策问题。公众的参与有助于把公园设计建设得更完美，同时又能赢得公众对公园投资建设的支持。

（1）让村民及周围县区人群、政府清楚知道润霖公司投资建设的生态杜仲健康公园的理念，诸如"身体健康体验，生态环境知识"，可成为周边学校的环境教育课程实习基地。

（2）以友善健康的管护方式，吸收一些友好团体帮助从事一些基础性的养护工作，如捡拾垃圾、种植树木等。建立种植示范和加工样品体验区，引起公众的长期参与兴趣。

（3）润霖公司计划与兰州大学合作，开展相关课题研究项目，有助于加强对生态杜仲健康公园的生态系统监测、药用产品、功能食品的应用研究，成为多科学的试验研究基地。

（4）公众参与过程中，提出一些改进意见、方案，可以充分考虑尽量满足其改进的成就感，使公众获得参与管护的奖励，其宣传对公园的生态幸福指数的提高可起到很大作用。

此外，陇南生态杜仲健康公园，可作为爱国主义教育基地，可

成为文化、艺术、医药、影视、学术讨论、林业教学等研究基地，可成为中国生态文明建设可持续发展的生存实践探索基地。

5.5 本章小结

生存力量、价值力量、文化力量、持续力量形成企业在市场生存行为的核心竞争力，核心竞争力是企业创造生存竞争优势的力量。这也是中国特色的企业核心竞争力。企业文化能够对企业核心竞争力的构建和提升产生重要作用。企业文化可以通过发挥导向作用、激励作用、教化作用、凝聚作用等，在构建和提升企业的核心竞争力中发挥巨大的作用。此外，不同层次的企业文化也可以在构建和提升企业核心竞争力中发挥重要作用。如企业价值观、各种制度和组织结构创新、品牌和企业形象等，都可以成为增强企业核心竞争力的助推器。

企业文化对企业经营业绩产生重大影响。企业文化对经营绩效的影响，表现在企业价值观念、行为方式直接影响企业对消费者和市场的适应程度。如果一家公司的价值观念、行为方式在众多的竞争者中更适应消费者的需求和市场环境，这家公司企业文化与经营环境更协调，经营绩效会更突出。不同企业文化之所以能导致不同的经营绩效，原因在于不同的企业存在不同的核心价值观和不同的行为方式。对环境适应度高的企业文化，在核心价值观和共同的行为方式上，高度重视市场顾客、股东、员工以及市场的变化。而对环境适应度低的企业文化，创新意识差，行为保守而且反应迟缓。因此，建立和发扬企业自身独特的文化，设计领先于竞争市场的"爱国文化、奉献文化、成果文化、生存文化"的主流价值观和企业文化软实力，建立适应企业发展的共同价值观对企业经营绩效的提升有着重大的作用。

企业文化软实力与企业核心竞争力的关系是企业提升企业文化软实力的重要结构关系，通过新建企业实例解析形成企业文化软实力的作用机制结构。企业学习力是提升企业文化软实力的核心，是企业组织内部各成员通过对内外环境变化的认识，及时传递信息、达成共识，并迅速地作出调整与决策，使企业更好地适应生存环境、具备可持续发展条件的能力。它是一个企业在市场生存竞争环境中拥有的比竞争对手学习得更快、不断创造未来的能力。企业学习能力和企业绩效之间存在密切的联系，企业学习能力越强，企业绩效就越好，否则，企业绩效就越差。

第6章 我国企业文化软实力的 提升途径

企业文化软实力新论，是研究中国特色企业进入新的经济全球化时期，实现国内外市场生存竞争的科学发展和财富增长的核心力量。特别是在当前我国处于文化大发展、大繁荣的改革开放和社会主义现代化建设的新时期，具有更加重要的战略意义。在推动企业文化建设发展的过程中，把提高企业文化软实力作为重要发展战略，积极探索企业文化软实力在市场生存中的提升途径，科学创新，加快企业文化建设并壮大整体实力和核心竞争力。

6.1 提升我国企业文化软实力的基本诉求

企业文化软实力是国家文化软实力的重要组成部分，是企业综合实力和核心竞争力的重要体现。在企业市场生存行为的发展过程中，必须把提高企业文化软实力作为重要的发展战略。

6.1.1 企业的核心价值观应该符合社会主义核心价值体系的要求

我国是拥有13亿人口、56个民族的大国，靠的就是爱国力量、奉献力量、成果力量、生存力量凝聚成国家发展的伟大力量。通过"爱国、奉献、成果、生存"为核心的价值观基础之上的企业生存延伸线上的实践行为，我国实践着市场生存行为及区域内的传递、呼应、迎合甚至改变企业其他价值观，得到共同价值认同而显示企业文化软实力的力量。在影响力量的方式上，可以设计为有形的或是无形的，通过长期积累，潜移默化地显示其强度力量。统一的指导思想、共同的理想信念、强大的精神支柱和基本的道德规范，也就是社会主义核心价值体系，它是社会主义意识形态的本质体现。必须切实把社会主义核心价值体系融入国民教育和精神文明建设全过程，融入经济、政治、文化、社会建设的各个领域，使之成为全体社会成员普遍理解接受、自觉遵守奉行的价值理念，成为全民族奋发向上的精神力量和团结和睦的精神纽带。

企业文化是社会文化体系中一个有机的重要组成部分，是社会大文化下的亚文化，它是民族文化和现代意识在企业内部的综合反映和表现。企业文化软实力是一个企业设立、运行、发展、壮大过程中形成的企业生存价值观、发展观，逐步自觉提升到社会责任感、企业制度等的复合体。企业文化的核心是价值观，企业价值观是指企业及其员工的价值取向，简言之，即对事物的判断标准。因为有了这一判断标准，员工才知道什么是重要的、什么是可有可无的，什么是该做的、什么是不该做的，什么是可贵的、什么是要抛弃的。这表现为行为，即企业的向心力、团结力、凝聚力，员工对企业的关爱度、参与度、建设度、忠诚度、责任感、自豪感、精神面貌和职业化行为规范。在我国，企业特别是国有企业的价值观必须符合中国特色社会主义的共同理想，才能够更好地统一广大职工的思想和意志，坚定理想信念；才能够进一步调动职工队伍的整体利益性、主动性和积极性，凝聚一切力量，使企业焕发出创新的激情，保持奋发有为的精神状态；才能够树立起以马克思主义文化价值观、社会主义荣辱观为主要内容的社会新风尚。总之，企业的价值观必须符合社会主义核心价值体系的要求，才能达到"以文化凝聚人"的要求，否则，就会导致人心涣散，企业无法健康发展，甚至会造成社会混乱。

6.1.2 企业文化应该继承优良传统

党的十七大报告强调，弘扬中华文化，建设中华民族共有精神家园。中华文化是中华民族历史进步、生生不息、团结奋进的不竭动力。任何一个国家和民族文化的延续和发展，都是在既有文化传统基础上进行的文化传承、变革与创新。如果离开文化传统发展，割断血脉，就会迷失自我、丧失根本。中华民族在几千年的历史长河中，创造了灿烂的中华文明，形成了优良的文化传统，不仅成为凝聚中华民族的精神纽带，而且对世界文明作出了重大贡献。

同样，企业文化是在一个企业中形成的具有某种特点的文化观念和历史传统基础上的文化，共同的价值准则、生活准则、道德规范和生存信息，将各种内部力量统一于共同的企业发展指导思想和企业经营哲学之下，汇聚到一个共同的文化发展方向，它意味着企业文化与公司的价值观，诸如团结、进取、成功、守势或是灵活——这些构成公司员工行为的规范，管理人员身体力行，把这些规范灌输给员工并代代相传。企业的优良传统是一个企业生存与发展的宝贵精神财富和品质积淀，必须坚持以优良传统和精神为根基，以中国特色社会主义文化为引领，以外来的健康有益文化为补充，大力弘扬企业的优良传统和优秀文化，才能够不断增强企业文化的影响力和凝聚力。比如，中国林科院经济林研究开发中心是国家综合性经济林研究设计单位，在近40年的发展过程中，形成了立足林业、艰苦创业、科研开发、诚信经营、开拓创新、敬业奉献的优良传统。到现在，已经发展成为全国杜仲种植研究和杜仲产业开发工程研发的品牌企业。站在新的历史起点上，他们发扬"求实创新、敬业奉献、争创一流"的新时期的科研精神，要在"十二五"期间实现开发中心在管理体制、运行机制、人才开发、技术创新、企业文化建设等方面跻身全国林业研究"十强"的目标。

6.1.3 企业文化应该体现先进文化

企业文化不是孤立的，它与企业长期文化发展战略是相互融合的，与企业外部环境是相互影响的。作为亚文化，企业文化虽有其个性，但必须以社会主流文化为引领才不致偏离方向。良好健康的、引领的主流文化会促进企业文化的发展，反之，就影响和制约企业文化的健康发展。同样，良好的企业文化会对社会产生辐射带动作用，不良的企业文化会对社会主流文化产生破坏作用。社会主义企业必须坚持以马克思主义文化、社会主义核心价值体系为指导，如果企业价值观背离社会主义核心价值体系，就会破坏社会风气，影响职工群众对中国特色社会主义共同理想的信仰和坚持。

培养社会主义荣辱观是建设社会主义先进文化的重要内容，也是企业文化建设的重要方面。社会主义荣辱观是一个有机整体，涵盖个人、集体、国家三者关系，涉及人生态度、公共行为、社会风尚、集团利益、社会发展，构成了社会主义道德的鲜明指向。社会主义荣辱观所倡导的发展社会主义先进文化，弘扬爱国主义、集体主义和社会主义思想，倡导社会主义基本道德规范，促进良好社会风气的形成和发展，既符合社会主义企业文化建设的基本道德理念，是企业生存的理想信念和支撑，也是企业人共同追求的社会责任，更是企业职工的道德行为规范和人生指南。

构建和谐的企业文化是新时期企业文化建设的重要内容。从社会方面来讲，构建和谐的企业文化有利于企业间的合作与创新，有利于企业集团性社会效益的发挥。就企业具体而言，和谐企业文化有利于形成稳定和谐的企业生存发展氛围。和谐企业文化能够体现职工群众共同市场生存需要的愿望，体现团结、合作的企业精神，可以创造生产力、提高企业核心竞争力、增强吸引力、形成凝聚力，能够强化职工队伍建设，增强紧迫感和责任感，推动形成心齐、劲足、稳定、和谐、发展的良好氛围。和谐企业文化强调的是求同存异、和睦相处、团结友爱、同心同德，具有弘扬正气、凝聚人心、沟通感情、增进融合等功能，能够起到化解矛盾、整合关系的作用。当前，职工的思想观念和价值取向受各种影响，发生了深刻变化，呈现多元化和复杂性的特点，这就更需要发挥文化的调节和整合作用。用和谐文化引导广大职工用正确的立场、观点和方法去观察事物，培养职工用宽容的态度看待和处理各种问题，有助于避免思想认识上的片面性和极端化，形成尊重劳动、维护公平、相互关爱、团结互助的道德风尚。

综上所述，新时期必须坚持以党的十七大精神为指导，符合社会主义核心价值体系的要求，融入社会主义先进文化，在继承优良传统的基础上不断创新，才能够更好地发挥企业文化的作用，提升企业文化软实力，推动企业又好又快发展。

6.2 提升企业文化软实力的基本途径

6.2.1 树立充满活力的企业文化软实力理念

进入知识经济时代，企业之间的竞争实际上是企业文化软实力的生存竞争。企业文化软实力，是企业综合生存实力的体现，是一个企业文明程度的反映，也是精神形态转化为物质形态生产力的源泉。要想在激烈的市场竞争中取胜，把企业做大做强，实现企业的跨越式发展，就必须树立"以文化管企业""以文化兴企业"的理念，要对原有企业发展的文化市场生存行为进行整合和创新，培育先进的企业文化软实力。积极推进文化强企战略，努力用先进的企业文化推动企业的改革发展，提高企业的创新力和核心竞争力，营造"企业有生存环境，产品有竞争市场，管理有创新机制，职工有收入奉献"的持续的发展环境。企业文化软实力是贯穿企业市场生存行为的生命线。

6.2.2　制定行之有效的企业文化软实力战略

企业文化软实力是企业获得成功的一个不可或缺的关键因素，单纯依靠企业规模和经济实力是不够的。若想从无知名度企业发展成"全球品牌明星"企业，需要建立市场生存远景，制定长期发展战略，这样才能在市场竞争中得到丰厚的回报。

中国企业一方面可以学习国内外企业的成功经验，另一方面又有国内持续的经济发展作支撑，因此具有得天独厚的生存竞争优势。在全球经济危机持续的情况下，中国企业有望以更快的市场竞争与发展速度成为具有全球影响力的企业群体。

"全球品牌明星"企业正越来越积极地树立自己在市场竞争环境中的良好公民形象。一是对市场展现的社会问题与企业生存业务的交界点作出严格的分析评估；二是对市场生存行为的行动计划予以充分宣传和沟通。此外，还要抓住客户的消费意识在物质和精神上的渴望。众多"全球品牌明星"企业能够通过了解顾客的自我形象和梦想，与世界各地的顾客建立感情，并激发他们的热情。需要指出的是，若想通过这种方式取得生存需要的成功，企业必须对顾客的梦想和购买动机进行深入的市场生存研究，并积极开展市场营销和商业化的生存行为运作。通过培育某种文化和领导风格，有效地团结、鼓舞和吸引来自全球不同文化、背景和拥有不同梦想的员工去实现生存环境的博弈。

6.2.3　形成科学合理的企业文化软实力系统

（1）提升企业文化软实力的市场竞争执行力。企业市场竞争执行力的好坏直接关系着企业管理水平和竞争力的高低，企业执行力的培养和构建越来越被企业各级管理者所重视。企业最关键的是市场生存行为成果及执行的团队，营造企业市场生存执行力文化是一项系统工程，需要企业各部门的协同作战和全员的参与。教育培训，着力培养企业管理人员和员工的生存危机应变意识和能力，依靠企业的党政工团齐抓共管的环境，齐心协力营造中国特色企业的文化软实力环境。

（2）增强企业市场生存的创新开拓能力。建立健全市场创新机制，不断开发具有自主知识产权的技术、产品和服务，以独特的产品和优质的服务锻造企业的生存竞争力。

（3）建立企业的市场生存诚信环境管理体系。诚信体系在企业文化软实力中具有基础性地位。建立内容全面、反应灵敏的企业成长与开拓市场的信用管理信息系统，通过完整、及时的信息可以提高企业的决策质量，从源头上预防生存信用风险。

（4）形成企业文化软实力建设体系。企业文化作为一种生存资源，通过塑造具有共同理想信念、明确价值取向、高尚道德境界的企业员工群体，从而提高企业整体市场生存行为素质，提升企业市场生存管理水平和企业核心竞争力，实现企业生存行为的最大化目标。企业文化是企业生存的基础和生活的人文底蕴，培养什么样的职工，职工有什么样的理想信念，都将直接体现在企业的产品和服务上。没有好的、深厚的文化底蕴，企业是不可能做强做长久的。应该从企业生存需要的表层物质文化、浅层行为实践文化、中层制度诚信文化和深层价值精神文化四个方面，塑造出全新的、应对各种市场生存危机的、具有中国特色的企业文化。

6.2.4 整合和加强企业文化工作队伍

企业文化工作队伍建设，是企业在建立文化新环境中必须重视的重要工作。中国企业应对企业发展策略，正在建立起具有中国企业特征的企业文化工作队伍。

纵观国内外学者的研究、建议，企业有一支坚强得力的企业文化工作队伍，是搞好企业文化建设、提高企业文化软实力的关键。一是要设立 CCO（首席文化官）。CCO 的设立是时代发展和企业管理升级的需要，也是企业实施"走出去"战略的需要。在世界 500

强企业中，国外企业几乎都设立有相应的 CCO 或企业文化管理经理。通过 CCO 来统领和指导企业文化工作，加大企业文化建设力度。二是建立健全企业组织机构。切实建立和完善上下一致、从上到下抓企业文化建设的领导组织和工作部门。三是抓好企业骨干人才培训培养。围绕"提高素质、强化责任、统一标准"，搞好企业文化从业人员定期培训轮训。同时，在建立现代企业制度的框架下，尽快建立和优化企业文化管理运行机制，完善和规范企业文化管理师培训认证体系，逐步培养出一批又一批符合中国国情的、具有职业认证资格的注册企业文化管理师。四是注意发挥党群组织作用。充分发挥企业党、行政、工会、共青团等组织和文体协会等社团的作用，形成协调一致、群策群力做企业文化工作的良好局面。

6.2.5　引领和推进企业文化工作创新

企业因生存需要的每一个发展阶段，由于市场环境的变化导致企业内外部环境的变化，必然产生出不同的生存行为影响的企业文化的精神内涵和表现形式，并在不断的市场生存行为实践中、提炼和提升中，催生出企业新的竞争机制、管理、技术、产品等一系列改革和创新体制。

企业只有立足于市场，不断创新，不断超越自我，才能使企业市场开拓能力与企业生存行为实践始终保持活力。

首先，要增强企业产业品牌创新意识。不断加强设计成果的学习，时刻注重市场变化与新产品的研究创新工作，扬弃旧的，创造新的，实现企业生存文化的不断再造。同时，把企业文化产生的生存凝聚力转化为创新能力，以此推动企业的各项目标创新，保证企业在市场竞争环境中得到持续的生存发展。

其次，要根据企业面对市场变化的新形势新任务的要求，及时改造、补充和创新企业文化内容、形式、工作制度等，使之始终能够引领和适应企业生存变化发展的需要。

再次，要推进企业文化工作的信息化。研究企业文化信息化建设，努力健全信息化设施设备，建立企业统一的互联网络和企业文化网站，创造条件办好企业报刊、广播电视，为信息化打下良好基础，以提高企业文化工作效率，收到更好的效果。

最后，要实践企业文化改革创新的生存行为的激励制度，使创新思想渗透到企业全体员工的思想深处，并转化为企业的市场创新行为习惯，形成制度化的浓郁的创新文化氛围，实现中国企业文化建设的新发展。

6.3 企业文化软实力的核心——企业学习力的提升途径

6.3.1 个人学习力的提升途径：自我超越的修炼

培养个人持续学习力的终身学习方式，是企业员工学习的内在动力。对员工来说，就是要进行自我价值超越修炼，确立个人学习的理念，通过个人学习，不断提高个人生存行为的创造能力。

（1）激发对企业市场生存应变策略的学习渴望，是实现企业文化软实力建设与个人自我愿景的过程。这可以通过改变学习方式、找准自己的兴趣点来实现。

（2）增强企业市场生存的信心，通过学习，充分发挥员工自我愿景和市场生存现状之间的竞争作用，使自己在心灵深处根植追求成功的理念。

（3）培养员工的创新学习能力、实践能力。企业与员工的创新能力是学习能力与实践能力的重点。借此，可以使学习能力得到最大限度的提高。因此，应将其作为价值追求的主导目标，并积极为此而努力。

（4）建立企业与个人的学习管理目标。落实学习管理目标是员工增强学习自律能力的成果。制订应对市场生存的个性化学习计

划、目标和要求，使自己树立终身学习和探究学习观念，增强市场
生存行为实践活动的反思。调整生存行为的主动性和自觉性，应对
市场变化。

（5）培育学习型员工是构建学习型组织的核心目标。学习型
员工，是指具有终身学习理念、有内在学习需求、有个人学习发展
规划，并且在学习过程中能进行生存市场的自我诊断和市场预测分
析，能恰当地拟定学习目标并实现学习目标的员工。

6.3.2　团队学习力的提升途径：团队学习的修炼

学习型组织理论打破了传统的企业学习组织结构，构建了一种
相互尊重、平等和谐的学习型团队。在学习型团队中，每个成员的
智慧和潜力都能得到充分发挥，思想和行为在市场生存的氛围中始
终处于被激活状态，从而使组织保持旺盛的生存行为的实践生机和
活力。团队学习是推动创建学习型组织的重要力量。在团队学习中
感受市场生存行为实践活动的多样性和丰富性，提高团队学习的核
心修炼竞争力。

（1）团队学习市场生存的技能，转变市场行为观念，引导员
工开展团队学习，不断提高团队学习力。在团队学习过程中，要经
常开展生存市场的深度研究，鼓励员工之间进行平等交流与民主探
讨，把个人所拥有的生存信息和市场经验变成群体共同拥有的学习
成果，做到信息共享、经验共享、资源共享。

（2）构建市场生存行为实践活动的学习循环体，以团队学习
力促进组织学习力的提升。着力构建"员工生存—团队市场—企
业竞争"实践行为的学习循环体，具体市场行为中将组织划分为
若干个小组，即若干个团队，并将组织的各项活动都落实到每个团
队中。

（3）营造和谐的生存环境与人际关系氛围，形成良好的团队
学习环境。和谐的人际关系可以增强生存环境中员工对团队的关
爱，激发生存需要的学习兴趣，调节学习生活，促进团队学习力的

提升。

（4）开展形式多样的市场生存方式学习活动，掌握创建学习型团队的技能。将市场生存行为的实践活动计划融入团队活动中。

积极推动团队建立学习途径，形成企业在市场中生存的竞争力学习环境。

6.3.3 企业总体学习力的提升途径：共同学习愿景的修炼

企业市场生存环境的共同学习愿景是企业共同学习的奋斗目标。共同学习愿景修炼就是使企业与职工心往一处想、劲往一处使，不断提升企业总体学习力。在共同学习愿景修炼的过程中，员工会感受到集体利益与个人利益的根本一致性，体悟集体荣誉感，增进团结和谐，凝聚企业总体学习力。

（1）建立企业市场生存环境与共同学习愿景。企业共同学习愿景是企业生存环境的高级形式，是全体企业员工共同实践的结果。共同学习愿景包含个人学习愿景。

（2）建立企业市场生存行为实践活动的系统思考修炼。培养系统观点，提高企业总体学习能力。通过分析市场生存行为系统的动态复杂性，找到企业生存行为的运行结构和规律，企业作出科学的决策和行动。

（3）在企业生存活动中进行共同学习愿景修炼。这就是通过组织集体活动，在集体活动中渗透共同学习愿景，使共同学习愿景逐渐明晰化，并一步步地接近共同学习愿景。

6.4 以中国传统文化提升企业文化软实力

6.4.1 中国传统文化在提升企业文化软实力中的影响

中华文化博大精深，在21世纪的软实力竞争中具有较强的优势，是我们提升软实力开发不尽的宝藏。众所周知，企业的发展离不开它所生存的社会环境，而传统文化是产生企业文化的必要条件和土壤，特别是在中国这样一个有五千年文明史的国家，中国企业的成长和现代企业文化的建设，和传统文化有着十分密切的联系。

传统文化作用于经济，转化成有中国特色的企业文化，最基本的方式是文化作为市场经济运行的生存环境和背景，特定的市场条件下的国民心理积淀、价值观念以及文化传统、民族风习等一系列文化因素构成了市场生存需要的经济活动的文化背景，它们通过这些影响经济活动主体的精神状态、思维习惯、行为方式进而影响经济活动的效率。这种影响是持续的、进步的、潜在的、间接的，同时又是奉献的、既定的、自发的。在经济运行中，每一个活动主题都无可回避地感受到文化背景持久的深沉力量。企业市场生存文化与中国传统文化是一种相辅相成的关系，所以中国企业构建企业文化时必须遵循中国传统文化的原则，提升企业文化软实力必须挖掘中国传统文化中的软实力之源。

6.4.2 凸显中国传统文化对企业文化软实力提升的积极作用

以儒家思想为主体的中国传统文化博大精深，它一旦与外来文化的积极因素相结合，特别是同体现着现代市场经济发展要求的西方观念相结合，就可以成为经济和社会发展的精神动力。因此，应该积极倡导传统文化中的合理内核提升企业文化软实力。

（1）建立以人为本的市场生存管理体系。中国传统文化体现在企业生存环境中是一种以人为本的文化。在市场竞争环境中，人居于最重要的市场位置，甚至在人与自然的生存关系中，两者都是并列的，人是可以与天地合其德、与日月合其明、与四时合其序的。人的任何生存行为活动，都必须朝向人的生存目标与实现价值。

（2）建立企业和谐的生存环境，创造和谐的企业文化氛围。

中国传统文化强调以和为贵，讲究和谐与统一，对上要忠、孝、崇、恭，使天下有道，对下要宽、厚、慈、爱，协调矛盾。总之，人与人之间，包括亲人之间、朋友之间、上下左右之间，都要和谐融洽。不仅如此，政事也要和，要"宽以济猛，猛以济宽，政事以和"（《左传·昭公二十年》），就是说，要法理、人情兼顾，恩威并济。传统文化认为，在诸种矛盾中，要适当地进行调和，只有这样，才能使社会和谐稳定。

（3）建立企业生存行为诚实守信的职业道德环境，提升企业文化精神。社会主义市场经济实质上是一种生存需要的信任经济。在我国传统文化中，儒家文化倡导"仁、义、礼、智、信"为做人的基本准则。因此，培育我国现代企业精神，要充分发挥和利用国人诚实守信的传统，把诚信作为企业精神和企业文化的重要内容贯穿始终。

（4）建设我国现代化特征的企业生存文化。要继承和发扬中华民族文化强调的群体奉献、创新、牺牲、勤劳敬业精神，保持行动的集体主义道德，创造出一种共同的价值观念，发扬企业的集体主义精神。

（5）构建生存环境中利益相关的合作竞争"双赢"竞争机制。市场经济是企业生存竞争经济，也是生存协作经济，即合作竞争，实现"双赢"。"双赢"模式是对我国传统"和"文化的继承和发展。实践证明，和谐与竞争的统一才是企业生存行为实践活动的最高境界。

6.4.3 驱除中国传统文化中的消极因素对提升文化软实力的影响

（1）企业市场生存行为的实践活动是企业集体竞争实力的展现，软实力建设过程中，要防止出现父权主义和家长式领导使决策权过度集中。

儒家文化以重伦理为核心，向人们灌输的是群体化和等级化的生活标准，将人的价值定位于伦理网络中，崇尚传统、唯上是从、迷信权威、泯灭自我，由此也扼杀了个人对传统或权威的怀疑、反叛与超越意识，人格的独立与个性的鲜活受到极大限制。这种文化融入企业的市场生存行为的管理中，会造成管理上的家长式领导，使决策权过度集中。

这种管理方式，首先会导致市场生存活动中的人才平庸化。企业管理者习惯于接受与自己一致的人，喜欢下属在自己的领导下能有所创造，但不喜欢有创造力的下级，因为那些有创造力的下属在行为上常常违规。这种价值取向，在客观上严重影响企业员工市场开拓的积极性和主动性，扼杀了员工的生存创造力，导致人才平庸。其次，企业市场生存管理权的过度集中容易产生腐败。这种管理不是"法制"，而是"人治"性质的，是长期形成的家长集权制，企业管理者享有很大权力，往往缺乏有效的监督，将会导致企业应对危机中出现惨败局面。

（2）企业市场行为的目标是实现竞争收入，不是市场游戏练手，是生存需要，防止"人情原则"至上，同样是决定企业成败的要素。

中国传统文化看重人性，孔子讲性相近，孟子讲性善，荀子讲性恶，《三字经》开始便说"人之初，性本善"，但中国人的人性不是偏于理智，而是偏于情感，人性中情是主要的，智只是次要的。按情的轻重，将人划分为"自己人"和"外人"两大类别，按系谱的亲疏远近有家人、族亲、近亲、远亲、同宗、同乡、同学及其他。

费孝通曾用"差序格局"来形容这一人际网络，以自身为中心，愈推愈远，关系也愈淡薄，而这种关系的动力即一个人永远以自己和家属的利益作为最优先考虑。这种"人情至上"的精神融入企业管理中，使得在选人、用人、育人等环节上，多注重亲缘血缘关系，讲情面、论义气，将工作关系、契约关系与私人的情谊关系连在一起。因为"人情"至上，"理""法"为下，所以企业的各种规章制度退而求其次，因人情破坏原则规范的现象时有发生，导致用人制度不规范，不能选贤任能，优秀人才的积极性被扼杀、能力被压抑。另外，在这种人情至上原则指导下，会呈现一种虚假稳定，表面看起来和谐稳定，你好、我好、他好，但由于片面重人情、讲关系，导致内部矛盾重重，分歧不断，严重阻碍了企业发展。

（3）企业生存哲学中，防止形成"劣胜优汰"机制。儒家主张"无为"，教人忍耐、坚毅、静待自然、以退为进，而不要积极强求，老子说"大巧若拙，大辩若讷"，庄子也提出"弃智"之说。可见中国传统文化主张将人的锋芒隐藏起来，唯上是从，拒绝反叛与超越，这种处世哲学，其根源来自传统文化中的"精英淘汰制"，也就是古人所说的"木秀于林，风必摧之；堆出于岸，流必湍之"（三国·魏·李康·《运命论》）。那些最富有创造性、主动性的精英分子，往往极易受摧残或打击，大部分被扼杀，小部分刚出头即被摧残毁灭；只有极少数例外才会在改变、泯灭自己创造个性的前提下，被社会所接纳；而那些平时平庸又没有棱角的老好人，或那种善于隐藏、讲假话、溜须拍马、偷奸耍滑的人往往被选拔上去。这种"优汰劣胜"的规律，使人才偏于平庸化，缺少主动性和创造性。

（4）企业实现生存经济环境顺境中，防止消极"平均主义"哲学。传统文化强调"不患寡而患不均"。这种平均主义哲学，首先带来的是消极。"见贤而不思齐，只求人不出奇制胜我，而我苟安周旋与其间，相形不十分见细者，则于己足已。"所以，平等哲学乃一消极哲学。受传统文化的影响，不注重个人间的能力差异，优秀人才的价值得不到相应承认，这样做的后果是企业人才缺乏动力，凝聚力下降，甚至导致人才流失。

党的十七大报告中提出的"文化越来越成为民族凝聚力和创造力的重要源泉、越来越成为综合国力竞争的重要因素"的重要论述为提高企业文化软实力提供了理论与实践结合的行动依据。因此，培育我国企业文化最深厚的根基就是我国传统民族文化，我们要以中华优秀传统文化为养料，吸收传统文化合理内核，摒弃传统文化中的消极因素，建设具有我国特色的适应市场生存环境的现代企业文化，在壮大企业全球经济生存博弈实力、持续科技创新实力中，实现企业文化软实力的大发展、大提高。

6.5　企业实例研究

企业文化软实力建设——新建企业规划设计实例

本新论以我国企业文化软实力影响企业在市场生存的现状与问题为研究背景。首次提出并以"企业文化软实力是建立在企业市场生存行为基础之上的实践活动"为研究脉络，以新的视角或分析解析企业文化软实力新论。企业在实际产业活动中根据市场生存的行为需要，企业基本条件与生存条件可以自然扩展延伸，以满足企业的市场生存行为与市场消费结构的变化。实现企业市场生存行为目标的关键取决于"两个人"的思想（价值观）与实践（生存）的能动性合理结构与持续创新的设计问题。

通过企业实例，在市场生存中说明企业法人（各类经济组织、机构、依法成立的经济实体）与自然人（技术人员与高新人才）的生存关系。市场生存行为中企业法人与自然人都要立足市场生存、生活环境，不断创造财富。

企业经济硬实力与企业文化软实力建设、提升、展现以及企业产业品牌在国内外市场的影响力、竞争力都需要"两个人"同心协力，自由进退市场，实现利益与收入目标。

企业经济硬实力与企业文化软实力的建设是同等重要的顶层设计，企业在硬实力与软实力之间采取偏颇或者二选一的徘徊行为，都将直接导致企业危机，使企业面临生存困局，付出惨重代价。

企业家非常清晰地认识到，企业经济硬实力在国内外市场彰显的机会，必须同时跟进企业文化软实力的影响力。设计周详的计划向国内外市场传播中国的价值观与生存力量，这也是中国企业积聚力量准备驾驭全球性经济市场的趋势，实现这种趋势的转变，就必须使具有巨大威力的企业经济硬实力与企业文化软实力这两把利剑出鞘。

新建企业文化软实力的设计与建设问题，关乎企业将来的市场生存行为实践效果与实现收入目标。新论选择新建企业的实例，对以"企业文化软实力是建立在企业市场生存行为基础之上的实践活动"为研究课题的切入实践实例，具有生存行为实践与市场行为实践的应用研究成果与实践效果。

实例选择国内开发林产的新建企业。这些企业均以开发杜仲产业—杜仲橡胶—杜仲食品—杜仲饮料—杜仲饲料—杜仲药品—杜仲板材等产业品种为主营业务。我们从国有研究型企业中国林科院经济林研究中心、河南恒瑞源实业有限公司、湖北老龙洞杜仲产业开发公司、甘肃润霖杜仲种植产业开发公司、上海华檀成杜仲种植科技开发有限公司、河南灵宝天地科技生态有限公司、鹤壁淇奥杜仲公司、青岛第派斯杜仲公司等20家杜仲项目企业中随机选出一家企业为例，研究从企业文化软实力建设的起初设计到生存、发展、运行、提升、发展到强大的建设过程。企业市场生存行为的实践与市场生存利益的展现，需要企业在市场竞争运行中真正张扬企业文化软实力。

企业实例中，企业文化行为与市场生存行为的实践活动是最基础的设计应用。本章结合企业生存的区域环境与企业开发杜仲产业品牌产品的经济硬实力情况，与有关企业座谈了解建设企业文化软实力的构思，参考了企业文化基础训练实际应用的相关著作。其目的是引导企业由最基础的企业文化软实力建设入手，重视企业文化软实力建设的战略意义，逐步实现由基础到高级形态的企业文化软实力发展纲要的设计与实践。

甘肃润霖杜仲种植产业开发有限公司企业文化软实力
——规划设计——文化建设发展纲要（基础应用阶段）

一　纲要的作用

甘肃润霖杜仲种植产业开发有限公司（以下简称润霖公司）

文化建设发展纲要主要是阐述建设企业文化软实力价值观体系。作为润霖公司企业市场行为行动的纲领性文件，它是指导公司进行各项活动、制度制定、员工行为的指导性文件。

二　纲要的实施组织

1. 润霖公司文化建设发展纲要包含了以下文化建设的内容。企业自建立之日起 1 ~ 3 年内，总结、修改、调整，符合润霖公司企业市场生存行为的实践活动方式和市场应变能力。

2. 润霖公司行动纲领。

3. 润霖公司文化。

4. 润霖公司之道。

5. 润霖公司之路。

6. 润霖公司之魂。

7. 润霖公司的理念。

三　纲要的内容

润霖公司文化建设发展纲要的内容如下。

1. 润霖公司的宗旨

主要介绍润霖公司核心价值观、公司的发展目标和一些核心理念等（董事长针对公司发展的精心设计行为）。

2. 润霖基本经营政策

包括公司的市场生存行为、经营中心、研究与开发的目标与模式、市场营销的目标与模式、生产的目标与模式等。

3. 润霖基本组织政策

组织的基本原则、公司基本组织结构、公司 + 基地 + 林户 + 政府扶持合作方式、高层组织机构以及相应制度等。

4. 润霖基本人力资源政策

包括人力资源管理的基本准则、考核、招聘、培训等方面的指导性理念等。

5. 润霖基本控制政策

管理控制的目标、原则和改进的方向，质量体系的目标和保障，全面预算控制的目标和任务，成本控制、危机管理等方面的保障和目标。

6. 润霖接班人

润霖公司 20 年后发展动态的接班人要求和坚持的原则指导。

润霖公司投资建设中国陇南杜仲银杏循环经济产业生态示范园项目，重点开发杜仲产业。因该公司属新建企业，本研究设计建议以实现"企业市场生存行为的实践活动"为公司文化建设发展纲要的基本框架，需要润霖公司团队在市场竞争中不断地发展、补充、完善。

甘肃润霖杜仲种植产业开发有限公司
企业文化行动纲领
（讨论稿）

一　润霖公司企业文化行动纲领

润霖公司，是随着全球市场经济的发展需要而成立，经过 1~10 年的规划建设将初具国内杜仲集团化经营规模，将向着更高、更远、更强的目标迈进。

为使转型之后的润霖公司青春蓬勃，迈向生存市场的步伐更加矫健，成为一个现代企业制度下发展强势的杜仲产业企业，投资建设新兴杜仲战略产业，保持发展势头，提炼成长经验，倡导润霖企业理念，明晰杜仲战略定位，合作开展杜仲项目研究机构（政策与技术部门）、地方政府、企业三方合作研究的模式，优化行动方案，特制订本企业文化行动纲领。

本纲领在知识经济时代和"十二五"规划开局之年及中国经济改革不断深化的宏观环境中，以润霖公司面临里程碑式发展契机为现实背景，以润霖文化的制度创新、经营创新和管理创新为主题，以转型发展杜仲产业为核心，确定润霖公司未来重大战略选择、杜仲产业运行机制、管理体制创新的基本思路，阐明企业的价值主张和文化取向。

本纲领是对润霖公司总部及各分种植场园、各公司管理人员理

念和行为的指引，是指导各项经营管理的基本准则，是统领其他杜
仲产业开发管理制度、政策、规范、战略、对策合作的基础法则。

本纲领来源于杜仲产业的实践研究与论证，借鉴于管理科学的
指导，将引领润霖公司及员工共同成就开发杜仲产业的辉煌事业，
开创全新生活的新境界！

二　组织层文化

1. 组织定位

润霖公司是具有独立法人地位的企业，是自主经营、自负盈亏
的以开发杜仲产业为主的种植、加工、销售、产学研成套运行一体
的市场竞争主体和法人实体。

我们是一家企业，我们的每一项活动都要以杜仲文化与杜仲产
业效益为中心，这是我们润霖公司行为的最高准则。我们的独立法
人地位，从法律上保证了我们依法承担民事责任，独立决策和行为
能力。

2. 基本经验

润霖公司是个新建与转型并存的新型企业，保持原有业绩稳
定。杜仲产业开发业务已形成成熟的市场优势，现正处于乘势而
上、谋求发展的壮大阶段。以往的成功经验是我们宝贵的财富，应
该加以继承。

润霖公司经营理念和战略定位：

理念：超越——杜仲产业的发展，需要不断超越；需要不断地
创新，只有坚持创新，才能超越。

价值：润霖公司的宗旨是创造价值，服务社会，满足需求。我
们不仅要创造杜仲系列产品价值，更要创造杜仲员工价值；我们不
仅要创造杜仲有形价值，更要创造杜仲文化无形价值；我们不仅要
创造企业价值，更要创造社会价值。

行动：行动是创新的保证，创新贵在实现价值。价值是核心，
超越是精神，行动是准则。

润霖公司市场导向的经营方针：开发杜仲品牌产品，建设国际

标准的区域性杜仲产业园。

润霖公司服务品牌的培育：创造核心技术，占领国内外市场。

润霖公司人员组成多元化：邀请国内外从事杜仲产业服务的精英加入润霖团队。

3. 润霖公司企业宗旨

润霖公司致力于开发杜仲产品，服务社会，造福人类，建设生态文明。

企业经营目标：全国百强、杜仲产业龙头企业。

4. 企业核心竞争力：爱国、超越、价值、生存、实践、行动、服务、质量、信誉。

文化核心：信心、成果、感情、珍惜、奉献、友爱为主体的人本文化。

5. 润霖公司与社会：造福人类、服务社会。

6. 润霖企业与市场：情满杜仲、品质服务。

7. 润霖企业与员工：以人为本、人企合一。

员工是企业最有价值的资源。润霖公司和员工通过自由选择劳动契约建立长久的合作关系，并通过相互承诺达成牢固的心理契约，结成命运共同成长的利益共同体。

公司用人目标：爱岗敬业、争创一流、忠于职守、超越自我。

润霖公司是员工实现价值的舞台：创新开拓就是优秀人才。

安全雇佣：润霖公司开发杜仲产业，"生产链"的循环运行，必须保证员工的安全素质和种植雇佣关系的安全性。

协作管理：针对润霖公司与相当一部分林户的收购协议，采用协议协作管理方式，体现现代企业管理的利益透明关系。

杜仲文化：杜仲文化是新兴杜仲产业发展中的文化"软实力"特征，润霖公司需要在不断的发展中补充完善，总结宣传，形成润霖杜仲产业文化特色。润霖公司大力发展杜仲产业，体现造福人类、服务社会的和谐发展精神。

企业与股东的价值关系：润霖公司发展中，企业与股东的价值关系体现在润霖公司打造杜仲产业文化品牌的建设中，体现在股利的合理结构设计与企业合作伙伴的关系中：未来十年大力发展杜仲产业，将给与此相关的所有合作伙伴带来共赢共生的机会，形成产业的强强合作。

竞争导向：润霖公司将从国内、国际视角开展杜仲产业的市场化运作和竞争机制，合理参与，公平竞争并共同发展，使杜仲产学研联盟机制的导向健康发展。

公平与效益：杜仲产业的大发展时代，是知识信息时代，需要润霖公司强化"个人与组织、责任与权利、竞争与合作、结果与过程"的硬实力与软实力建设。

8. 组织氛围

润霖公司致力于营造民主、平等、和谐、友爱、互助的组织氛围，提倡互相尊重、人格平等的人际关系准则，创造内部有效沟通的体制环境，形成员工之间纵向、横向融洽配合的良性互动。

三　群体层文化——管理文化

领导体制：润霖公司的管理制度，应取决于董事长刘金会的价值取向和信奉"佛、道"的管理境界，结合知识型社会，研究发展产业。

管理者角色：润霖公司开发杜仲产业，从战略意义的角度来讲，管理者的角色是超越发展的引路人、是开拓者、是不怕失败和困难的勇敢者。

市场生存承诺导向：润霖公司的杜仲产品将向全社会展示其服务和健康指导。

市场生存相互信任：打造润霖杜仲产业文化，需要相互信任支持，设计产业体系内外不同组织，倾听不同意见。发展中遇到的问题，是真正影响杜仲产业的问题，论证、讨论、不盲目是润霖文化工程建设的成果。

生存需要精确管理：制定发展规划，坚持"打造一流杜仲产业"，实现精确管理目标。

市场应变快速反应：社会发展研究中，杜仲保健功能将受到重视，产业飞速发展，需要润霖公司快速应变市场及发展创新。

危机管理策略：润霖公司实现产供销全有机制、产学研科研机制，将市场生存的管理策略问题提到日程中。每天都需要从管理的视角进行策略研究，并从科学的角度制定好发展杜仲产业的规模控制、市场冲突缓解、经济运行中危机处置、产业发展中稳定的管理队伍、重大事项决策管理、信任管理和市场生存的奉献价值分配管理等机制，这一切都需要润霖公司大力进行市场生存管理文化建设。

四 个体文化

1. 开拓职业素养环境：新建润霖公司，一开始就要在董事会的领导下，树立光明而远大的目标，认真研讨并确定润霖公司的"敬业精神、服务意识、创新意识、时间观念、准确意识、效益意识、文化素养、学习意识"等基本职业素养。

2. 提升领导艺术水平：杜仲产业是新兴战略产业，很多人没有从战略眼光去看待杜仲产业。发展中将遇到很多困难和障碍，需要始终不渝地走"加强生态文明建设，大力发展杜仲产业"的道路。发展中的各项工程、事业、人文关怀等，公正的评估市场化的及时反馈与培训，谈判中的合理授权与技巧，全体员工的奉献与及时激励，都需要润霖公司全体员工精诚工作，欣赏公司团队的领导艺术。

3. 锤炼员工品质：润霖公司员工接受了"杜仲大产业，杜仲大文化"的教育和思想引导，充满信心，依靠公司追求发展杜仲产业的利益，追求自我价值的发展，润霖公司应给予适度培养的灵活性。

润霖公司企业文化软实力建设探索

——企业文化的培训与宣传

一 润霖公司企业文化软实力建设探索——企业文化培训

润霖公司企业文化培训的目的是通过培训、研讨、灌输等方式，使企业文化软实力建立在市场生存行为的实践活动基础之上，将企业文化已经确立的杜仲种植、开发和倡导爱国、生存、超越价值，而且必须付诸实施的企业生存价值理念渗透到员工头脑中去。用企业文化整合和影响员工的思想，让员工认可润霖公司的文化，并用这种企业文化在现实中指导自己的行为。所以，企业文化的培训直接关系到所形成的文化是停留在纸上还是付诸实践。

润霖公司在进行企业文化培训时，在尽可能的情况下，让尽可能多的种植区、加工区员工参与。采取先培训企业文化骨干，再逐层推进的方法。文化骨干主要包括种植经营层、科研、销售管理层、加工生产层相当级别以上的人员，以及其他企业文化活动的积极分子。

1. 润霖公司企业文化培训的主要内容

关于润霖公司企业文化培训的内容，除系统性普及润霖公司种植及管理、生态文化理念及知识以外，应把重点放在本企业（杜仲产业特点和企业文化软实力建设上，主要应包括：宣讲润霖公司确立的价值理念、研讨企业规范的行为规范、了解企业进行的物质文化建设、学习企业的视觉识别系统，以及宣扬润霖公司企业文化（如学唱《润霖之歌》）等。

2. 润霖公司企业文化培训的主要方法

（1）环境影响。

润霖公司把种植杜仲区、生产杜仲产品厂房、办公室、厂区、活动区、生活区等地，以新确立的理念系统和视觉识别系统重新布置，在重要位置突出体现公司种、管、护核心价值理念，使公司文化的主要内容在潜移默化中深入人心。

（2）反复强调。

向员工发放《润霖公司企业文化手册》和《员工手册》，并利用各种媒体（电视、广播、报纸、宣传栏、会议等）反复强调已确立的价值理念和行为规范，播放和宣传企业口号、《润霖之歌》。

（3）典礼仪式。

典礼仪式是一种传播和培育润霖公司精神的好形式，它主要包括标志性礼仪（升公司旗、唱公司歌、佩戴公司徽标、统一着装等）。通过典礼仪式的训练，使员工产生对润霖公司企业文化的认同感。

（4）树立典范。

榜样的力量在企业文化宣传中的作用是非常大的。在培训活动中要有意在企业内部树立一些能够体现企业理念与价值观的典范人物和集体。

（5）阐述体验。

在培训中，每一位员工都应切身体会公司的价值理念，将信条式的企业理念化为内在约束的意识，以此规范自己的行为。通过培训重新确认在企业的定位和职责。

3. 润霖公司企业文化培训的主要形式

（1）建立润霖公司企业文化论坛。

在企业文化论坛活动中，可以邀请专家学者和知名企业家做专题讲座，亦可让员工自己开展"我爱润霖，我爱杜仲"企业文化演讲等活动。

（2）定期或不定期开设不同级别的内部企业文化培训班。

在公司的不同班组和不同单位，要利用工间、周末等时间，定期或不定期举办润霖文化培训班，并把培训后考查与员工收益挂钩，以期达到培训最佳效果。

（3）组织企业文化研讨活动。

集中时间对杜仲产业战略意义、杜仲价值、杜仲造福人类等企业文化的重点问题组织专题研讨，研讨活动要在专家指导下进行。

二　润霖公司企业文化宣传

企业文化的宣传包括对内宣传和对外宣传。对内宣传就是在润霖公司内部进行培训、教育、灌输等。

1. 润霖文化宣传的作用

（1）为企业的发展创造良好的社会环境。

公司文化的对外宣传，是把公司的润霖公司杜仲产业价值理念、视觉形象、行为规范、产品服务向社会公众广为宣传，让最具评价力的社会公众来充分认识自己的文化，推进公司的发展。

企业作为社会组织的一分子，是不可能脱离社会而独立存在的，为了其生存和发展，尤其需要进行对外宣传活动。其中，润霖公司企业文化的宣传更是其重要的内容。全面、准确地对外展示、传播本企业的杜仲文化，最终在社会公众心目中留下美好印象，塑造融生态文明度、产品知名度和杜仲美誉度于一体的润霖公司企业形象，对企业发展至关重要。

（2）为企业创造文化品牌。

润霖公司的产品信息与文化信息紧密结合在一起，赋予杜仲产品以文化的内涵，通过对外传播，给社会公众留下美好印象，在公众感受独特杜仲文化的同时，对公司的产品或服务产生信任感，使企业的产品成为著名品牌。

（3）以文化感召力影响社会。

企业是社会生活最重要的组织形式之一。优秀的、健康的润霖杜仲企业文化，必然具有独特的社会感召力，赢得社会公众的认同。企业通过杜仲产业文化传播净化社会，促进公益事业的发展，履行了企业的社会责任，是对社会的重要贡献。

2. 润霖文化宣传的主要途径

根据传播理论，传播可分为大众传播和人际传播，润霖公司企业文化在对外宣传上尤其要用科学有效的传播方法及手段，以期达到最佳效果。

（1）大众传播。

大众传播是指传播者通过报刊、广播、电视、互联网等大众传播媒介，将复制而成的信息传递给公众的一种传播方式。大众传播主要是以文字、图像和电子等符号形式向大众传播信息的。由于大众传播的对象分布得比较广泛，要求传播内容可以在时间上延续下来，即能复制保留，以便随时传播的要素；要求传播手段可以在空间上延伸，使公众能够分享信息。因此，大众传播的效果和一个国家的现代化水平密切相关，传播媒介和手段越现代化，大众传播的效果就越好。可以认为，如何充分发挥大众传播媒介的作用，是润霖公司企业文化宣传者面临的首要问题。

（1）大众传播媒介的主要功能。大众传播是润霖文化宣传的主要方式。大众传播媒介的特点决定了它的功能和社会作用的发挥程度。润霖文化宣传的主要功能表现为：

第一，大众传播媒介的"权威性"特点，决定了润霖公司企业文化宣传的可信性；

第二，大众传播媒介的及时性特点，决定了润霖公司企业文化宣传的时效性；

第三，大众传播媒介覆盖广泛的特点，决定了润霖公司企业文化宣传的有效性。

（2）大众传播媒介的主要特点。随着科学技术的发展，大众传播媒介也在不断进步和发展。目前，大众传播媒介主要分为两大类，即印刷类和电子类。这两类媒介都有各自的特点。

印刷类大众传播媒介主要包括报纸和杂志。报纸的发行量较大，因而是受众面最大的印刷类大众传播媒介，是润霖公司比较青睐的企业文化宣传工具。报纸的优点如下。

第一，详细。同电视比较而言，报纸所载的润霖文化信息比较深入细致、详细、全面，可以满足读者的需求。

第二，选择。现代生活节奏快，润霖公司文化在众多信息中选择了让读者感有兴趣的，加以新闻评价，使广大读者在竞争与紧张的环境中依然被吸引。

第三，保留性。读者可以长期保留润霖公司文化宣传资料，以备检索。广播、电视虽声声入耳，画面生动，但转瞬即逝，难以在记忆中长期保留。

第四，信息成本低廉。报纸价格相对较低。

在大众传播媒介中，润霖公司选择杂志的特点也不同于其他媒介。

第一，润霖文化读者群比较稳定。

第二，润霖文化内容安排比较灵活，有各类版面，可以满足不同读者的需要。

第三，润霖文化杂志便于携带、阅读，不必占用读者大块时间。

第四，润霖文化报道的信息量大，关注杜仲种植加工视角多，研究问题的程度深，是其他媒介难以相比的。

润霖文化同样选择电子类大众传播媒介——广播和电视进行宣传。

广播的信息覆盖面较广，历史也较长。它的特点如下。

第一，信息反应快。

第二，收听者广泛。

第三，不受环境限制。

电视是当代最时兴的大众传播媒介。其特点如下。

第一，生动形象，真实感强。

第二，覆盖面大。

第三，时效性强。

网络（互联网）是润霖文化宣传的平台，传播面广、内容丰富、传播费用低。

（2）人际传播。

润霖文化使人们在交往活动中，彼此传递和交换着杜仲知识、加工交流、健康愿望、生态保护观念等信息，从而产生了杜仲文化的新型人际传播关系。

基于杜仲文化与润霖公司传递人际传播媒体形式的差异，杜仲文化人际传播分为直接传播和间接传播两种形式。直接传播，指的是古来已有的杜仲文化传播者和受体（传统种植户及受益于杜仲文化影响的杜仲人）之间，他们无须经过传播媒体而面对面地直接进行信息交流，如通过口头语言、体态语的传递进行的种植、栽培、管护等信息交流。人际传播不再受到距离的限制，可以通过新技术传播媒体进行远距离交流。

人际传播杜仲文化也具有明显的社会性特征。人际传播的语言是具有社会性的语言。每个热心于杜仲事业的人都是信息的发出者，同时又是杜仲文化信息的接收者，即在影响别人的同时，也受到他人的影响。

人际传播是润霖企业文化宣传的主要形式，表现在润霖公司内部职工之间的交流与沟通和企业外部公众之间的沟通。人际传播的具体形式很多，如杜仲文化涉及各项目与员工的交谈，与客户的交流或电话联络，润霖公司举办的报告会、恳谈会、洽谈会、联欢会、演讲会、座谈会等。

第一，润霖文化信息人际传播的网络。人际传播网络是指相互交流信息的人们之间所形成的某种交往状态的模式。润霖文化信息在社会交往关系中已经成为一棵杜仲树，可以定位于人际传播网络的模式中。

下图中的小圆圈（参考成功的传播模式）代表参与润霖杜仲文化传播活动的群体成员，圆圈的连线代表成员之间的双向传播关系。可见，每个成员都在传播活动中扮演着不同的角色，这四种网络对于解决问题具有不同的效应。在环形网络中，群体成员的地位是平等的，有利于调动大家的积极性，适合于解决杜仲文化传播的问题，但效率不高。在其他三种网络中，群体成员之间显然是不平等的。因此，它们的缺点是不利于发挥和调动全体成员的积极性。它们的优点是传播速度快，解决简单问题的效率高。

在社会正式的组织内，信息传播是沿着由上而下的金字塔形网络传递的，信息的反馈也是逐级汇报的。这种网络有利于加强领导和统一行动，但也往往会导致传递的杜仲信息失真。

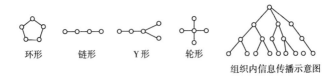

环形　　链形　　Y形　　轮形
组织内信息传播示意图

在润霖杜仲文化这个特殊的文化宣传过程中，如何在社会正式组织内设计杜仲文化人际传播的最佳网络，达到公平与效率的同时最优化，确实是一个需要认真研究的问题。

第二，人际传播的特点。润霖杜仲文化及各连锁企业文化宣传中，人际传播具有自己的特点。

A. 感官参与度高。在直接性的润霖杜仲文化人际传播活动中，面对面地进行杜仲种植加工文化交流，人体全部感觉器官都可能参与进来。即使是间接性的人际传播活动，人体器官参与度也相对较高。

B. 信息反馈的量大、速度快。在面对面的润霖公司杜仲产业企业文化信息传播中，可以迅速接受杜仲的信息反馈，随时修正传播的偏差。传播对象也会被传播者的情感所打动，主动提供反馈意见，如果有了传播媒体的中介作用，信息反馈的数量和速度都将受到限制，因为冷冰冰的媒体可能会使传播对象不愿参与反馈的意见。

C. 信息传播的符号系统多。润霖文化的人际传播可以使用语言和大量的非语言符号，如表情、姿势、语气、语调等。杜仲文化许多信息都是通过非语言符号获得的。大众传播所使用的非语言符号相对较少。

第三，人际传播的功能。在润霖公司杜仲产业企业文化宣传活动中，人际传播具有传递润霖文化信息、扩大杜仲文化的影响、改善杜仲宣传形式的功能。它又可以归结为三个方面，即润霖杜仲文化信息沟通、杜仲思想沟通和润霖文化情感沟通。具体来说，在润霖公司企业文化宣传中的功能大体上概括为如下几方面。

A. 杜仲传播者能够有效地把润霖杜仲文化及连锁企业文化信息传递给大众。由于人际传播是通过人际关系的运转进行传播的，传播者处于主动地位，有目的、有针对性地进行信息传递，因而比较容易以情感打动对方，使接收者易于认同。所以，润霖文化传播效果要优于其他传播方式。

B. 杜仲传播者可以以较快的速度获得杜仲种植、产业开发反馈信息，促进润霖公司企业文化宣传活动的改善。由于传播无须经过传播媒体的中介作用，通过人际关系的直接交往，动之以情、晓之以理，即能迅速收到反馈信息，重新调整润霖文化传播战略和方法。

C. 杜仲文化传播者更易于沟通其他企业和大众之间的情感，弥合裂痕，建立起从事杜仲产业相互信任的合作关系。在长期的交往中，难免由于工作的失当和误解等原因造成公众对杜仲宣传的反感和不信任。要挽回不良影响，杜仲文化传播者是一个重要的途径。在人际传播中，我们可以运用情、理、义并重的文化原则和方法，配合一定的杜仲文化说明艺术，有针对性地解除对方的思想顾虑，扭转以往形成的某些成见，把润霖文化企业管理良好的形象建立起来，依赖于良好的产品和服务杜仲产业。杜仲传播者要把润霖公司良好的杜仲产品和服务信息传递给消费者，这也是杜仲文化宣传的关键。

（3）传播媒介。

第一，有声语言媒介。有声语言是指能发出声音的口头语言，即人类社会最早形成的自然语言。它是人类交际最常用、最基本的信息传递媒介。在润霖公司企业文化宣传中，有声语言是传递效果最佳的传播工具。它可以直接和传播对象以某种形式沟通，反馈调节与信息交流双向同步进行。

A. 新闻发布会是利用有声语言传播润霖杜仲文化的重要形式。在公司成立和各种纪念性、专题性的企业新闻发布会上，润霖的管理者要善于利用有声语言工具和大家进行交流，传播杜仲产业的形象。

B. 公众访谈是在润霖公司企业文化宣传中普遍使用的有声语言文化传播形式。在润霖企业文化建设和各种产品营销的社会调查过程中，企业工作人员要与大众发生直接的交往，主要使用的是有声语言媒介，通过口头语言传播企业形象，同时收集大众的反映，改进自己的工作。

C. 电话咨询是用有声语言传播润霖公司杜仲产业企业文化的重要形式。现在，许多消费者为了更好地选择适宜于自己的商品，采取了电话咨询有关部门和企业的做法。润霖公司应充分利用电话咨询的形式，解答顾客的各种疑问，给顾客一个满意的回答。电话语言是一门艺术，没有良好的语言和道德修养，是难以胜任电话咨询工作的，优美、谦和的语言本身就是企业文化宣传的有效途径。

D. 润霖公司企业形象宣传中心演讲是最为生动的润霖杜仲产业企业文化宣传的有声语言形式。在企业内外的各种会议上，员工应充分利用公共活动场合，发表传播润霖公司企业文化的演讲，注意运用生动、活泼、幽默的语言和演讲艺术来征服听众，把杜仲文化理念的种子撒播到广大听众的心田里，牢固地树立起润霖企业的美好形象。

润霖公司杜仲产业文化的传播体现出以下特点。

一是直接性。有声语言可以在润霖企业文化宣传中直接和传播对象发生联系，可以直接感受到润霖公司企业文化宣传者的鲜活形象，体验到生动性、活泼性的特点，容易在受众中保留长久记忆。

二是便捷性。民间流行的歌谣、诗歌等都属于有声语言的传播形式，如果把润霖公司杜仲产业文化企业形象的内容寓于其中，定会收到良好的传播效果。因为这些口头传播方式便捷易记、覆盖面大、易于流传。

利用有声语言进行润霖公司企业文化宣传需要注意的问题如下。

一是注意保持杜仲文化语言的纯洁性，避免使用庸俗、低级、肮脏的污言秽语，特别要注意克服不良的口头禅习惯。要尽量使用普通话作为宣传语言，方言极易降低润霖企业形象的档次，使人产生一种不信任感。

二是要注意保持杜仲文化语言的简洁性。口头宣传语言要简单明了，不要繁文缛节、古里古气的，让人难以把握要领，要长话短说、快言快语、避免啰唆。

三是语言要大众化、通俗化。口头语言要广泛采用大众化的通俗性的口语，避免使用政治说教中呆板、机械、僵化的语言。

四是口头语言要富有灵活性。口头语言和书面语言不同，要因地因时制宜，触景生情，把口头语言表达和所处环境联系起来，灵活自如地推销润霖公司文化的形象，以生动活泼的口语打动受众。

五是以口头语言传播润霖公司企业文化。

六是时效性很强。传播者可以在信息交流和与信息反馈的同步进行中，随时根据环境和对象的变化来调节润霖企业文化宣传的方式方法。

第二，实物媒介。实物媒介指的是充满了某种信息并能传递信息的物质载体。在润霖公司杜仲产业文化宣传中，实物媒体包括系列杜仲产品、杜仲茶、健身器材等公共关系礼品、公司旗帜、各种象征物，以及一切能够传播润霖公司形象的物质实体。

特制袋包装杜仲保健品的产品所蕴涵的企业文化信息最为丰富。如产品的商标、包装、外形、质量、广告、售卖活动等。可以说，产品是企业整体形象缩影，公司的兴衰存亡完全系于它的产品的命运。产品是润霖公司和大众之间信息沟通的主要实物媒介。润霖企业可以通过产品向受体传递公司的企业文化信息，使顾客通过产品的消费来增加对公司的了解，同时润霖公司还可以通过对产品使用状况的了解，及时反馈意见，促进产品的更新换代。所以，润霖公司开发杜仲产品是公司和广大公众之间沟通信息和加强了解的重要媒介，杜仲产品的设计与开发，以及产品的生产与包装，都应从产品作为公司文化宣传的使者的角度进行考虑，万万不可让劣质的产品败坏了润霖企业的形象和声誉。

A. 润霖公司的旗帜蕴涵了润霖企业的理念信息，是 CI 传播的重要实物媒介。润霖公司的企业旗帜是由杜仲的树叶、形态等简单的图案或线条构成，并运用色彩加以识别。

B. 润霖公司象征物是反映润霖公司杜仲产业文化内涵的人工制作品。为了表明润霖公司精神的本质，象征物可以制成各种造型。象征物一般被放置在润霖公司的大门口、大礼堂前、润霖产地前的大田、场院进出口处等醒目的地方。这样可以增强视觉识别的效果，加大润霖公司文化信息的传播力度。象征物要充分体现润霖公司企业的个性，避免行业中宣传杜仲产品的人云亦云的模仿程式。

C. 润霖公司公共关系礼品是一种具有公共关系功能的赠品，它也同样发挥着润霖企业文化宣传的作用。目前公共关系的礼品主要有三种类型：一是把润霖公司的产品缩制成精致的微型艺术观赏品，作为赠送宾客的礼品；二是将新试制的尚未投放市场的杜仲新产品赠送给消费者，增加消费者对杜仲新产品的认同感，扩大杜仲新产品的认知度；三是以赠送社会某些特殊群体急需的实用性杜仲保健礼品来扩大杜仲企业的知名度，沟通润霖公司和大众的情感。

第三，无声语言媒介。无声语言是对有声语言的文字符号表达形式，即文字媒介。在润霖公司企业文化宣传中，文字是企业文化信息传播的主要媒介形式。由于文字具有可保留性，它运用的范围较广，从润霖企业理念的设计到企业文化信息的传播与反馈，都离不开文字媒介的传播中介作用。润霖公司杜仲产业系列产品企业文化手册的设计、广告的文字表达、企业理念的叙述、企业宣传稿件的撰写，以及企业文化宣传中各种文字表达形式等，在润霖企业文化宣传中具有极为重要的功能和作用，这是由它的特点决定的。

同口头语言传播媒介相比，杜仲文化文字传播媒介主要有如下特点。

（1）杜仲文化文字传播具有超越时空的特点。一般来说，以文字形式传播的杜仲企业文化信息可不受时间和空间的限制，既可以长期保留下去，节省了传播费用，又可以在空间无限地延伸传播。

（2）杜仲文化文字传播具有反复刺激的传播效果。由于文字媒介一旦形成，可以长期保留不变，因此它可以对传播对象产生反复刺激的效果。

（3）杜仲文化文字传播蕴涵的润霖公司企业文化信息量比较大。比较口语而言，良好的文字媒介的精心设计，使传播者以寥寥数言表达企业形象的深厚底蕴，从而收到企业文化宣传事半功倍的效果。

基于文字传播媒介的上述特点，在润霖公司文化宣传中如何发挥文字媒介的作用，应当引起注意的问题如下。

（1）要努力塑造杜仲历史发展中蕴涵深厚、意义深远的绝笔佳句，赋予每一个字以最大的信息含量，避免千篇一律的政治口号式的文字表述方式。公式化的口号难以体现润霖企业形象的个性特点，所包含的反映润霖企业特色形象的信息量少，因而不足取。

（2）要充分发挥文字传播杜仲文化的放大效应和羁留效应。所谓放大效应是指经过文字媒介的字体变形、字体美术、字体放大、字体装饰等方式改观的文字传播媒介所产生的传播效应。所谓羁留效应，是指文字传播杜仲文化存续时间久所带来的传播效应。理所当然，文字传播杜仲文化的内容越具有时代的特色，文字传播媒介的标志保留的时间越久远，它所产生的羁留正效应也就越大。

（3）杜仲文化文字传播要注意文字语言的规范化和通俗性。

在润霖公司企业文化宣传的公共活动策划与设计过程中，应当注意以下问题。

（1）润霖杜仲文化目标定位。一项公共活动究竟要达到什么目的，它的宣传预期收效如何，这是公共活动策划与设计首先要明确的目标，然后根据目标要求来选择和参与公共活动。与润霖公司杜仲产业文化传播目标不相宜的公共活动、与社会目标发生冲突的公共活动都不应在选择之列。只有当公共活动的预期目标和润霖公司目标与社会目标一致时，才应作为企业文化传播的选择活动。润霖公司决不能向内容不健康和具有封建色彩、迷信的活动提供赞助，不参与社会上一些宣传某种神秘色彩的活动，因为宣扬这些愚昧、低级、落后的东西早晚会使企业声名狼藉。

（2）润霖杜仲文化公共活动的方案设计。当一项公共活动达到润霖公司目标的要求，且又符合企业的身份，被公司采纳之后，就应着手进行活动方案的设计工作。如对准备投入的资金额要作出

财务预算、活动的主要参与者、需动用的设施和设备、活动的主要
程序和内容、活动的预期传播效果和长期效果……较成功的设计工
作应同时有几套方案供领导选择。

（3）润霖杜仲文化保持活动的延续性。有些社会活动是长期的
或定期举行的，润霖公司不能只看一时而忽略长远，因为润霖公司
形象的培训与建立绝非一时之功，仅靠一两次杜仲文化公共活动难以
完成。因此，润霖公司应根据自己的经济实力和能力，建立国情调研
长久的合作机制和研究模式，研究润霖公司杜仲产业文化品牌的社会
效应和经济效益，长期进行效果较好的社会公关活动，以免功亏一篑。

甘肃润霖杜仲种植产业开发有限公司实施企业文化
软实力建设工程——市场生存行为的实践活动内容

润霖公司企业文化实施的结果带来的有形的和无形的、经济的
和社会的显著效益，预计在今后十年市场生存行为的实践活动积累
发展中将得到同行业及许多企业家的认同。

润霖企业文化设计不仅是一种先进的企业管理方法，而且是一
种象征润霖公司灵魂的价值导向。它反映了润霖公司从事杜仲产业
开发及市场生存经营和物质生产消费的精神，一种精益求精和献身
事业的态度。从一定意义上说，以杜仲产业文化精神为核心的企业
文化是润霖公司管理者的人格化。

1. 润霖公司企业家的倡导和决策

润霖公司董事长及管理团队倡导和决策是 个企业能否成功地
塑造和提炼自身的企业文化的首要因素。因此，其倡导和决策是企
业塑造、提炼润霖企业文化的第一步。

润霖公司管理团队作为企业经营活动的组织者和领导者，也必
须和必然成为润霖公司杜仲产业文化建设的第一倡导者。我们从当
代中国一些企业和企业家身上，如海尔和张瑞敏、联想和柳传志
等，都可以看到，卓越的企业文化是企业家的人格化。企业家精神
及企业家的形象，是企业文化的一面镜子，卓越的企业文化是企业

家德才、创新精神、事业心、责任感的综合反映。

优秀的润霖公司企业文化，不是自发产生的，而是通过"润霖人"有意识地培育、建设和塑造而形成的。而这种培育、建设和塑造，都必须有润霖公司团队的大力倡导。润霖公司深知肩负塑造企业文化责任的重大，在企业文化建设中，从杜仲产业开发的优势特点出发，以自己的价值观、自己的理想追求、自己的管理经营之道融合成润霖公司的价值观、企业的使命和目标、润霖公司的经营哲学，逐渐被广大员工所认同、遵守、发展和完善。

润霖公司团队在企业中既是卓越的管理者，又是员工的思想领袖。刘金会董事长用自己的新思想、新观念、新思维、新的价值观来倡导和培育优秀的杜仲产业企业文化，把公司领入一个崭新的境界。正如美国学者亨利·凯斯格尔所说："领导者的工作，是要把他的部属带到一个不曾到过的境界。一般大众并不完全了解这个世界，领导者就必须拓展他们的视野。如果不这样做，这种领导者，即使现在很受欢迎，最终还是注定要失败的。"

因此，润霖公司在进行企业文化建设时，把它列入公司新建、转型、发展阶段的一项战略工程，集中时间、集中人力和物力，对本公司的杜仲产品企业文化进行全面总结和系统塑造。通过其决策，把自己的企业文化建设倡导变成实施企业文化战略工程的重要决策。

2. 设立润霖企业文化管理委员会

为了使润霖公司企业文化战略工程有组织地进行，必须建立工作组织和领导机构，这个领导机构的名称，可以叫做"润霖公司企业文化建设委员会"，或叫做"润霖公司企业文化战略工程决策委员会"。

在机构中，必须由润霖公司的最高决策者（即董事长）亲自担任委员会主任，因为企业文化工程确实是"一把手工程"。一把手要通过杜仲产业工程来体现自己的价值取向，把握工作的整体方向，在塑造企业灵魂的工作中始终占据决策地位。

同时，要确定一名企业高层领导人担任委员会的常务副主任，在文化工程实施阶段，专职从事委员会的领导工作，保证工程计划方案正常有序地进行。公司其他高层领导人，可以成为委员会的副主任或委员。委员会还应当吸收其他企业一些关键部门，如陇南市党政机构、人力资源机构、战略发展研究机构、文化宣传机构的负责人参加，调动各方面的力量，保证文化工程所需资源。

在委员会之下，还必须建立一个高效精干的工作机构。这个机构的名称可以叫做"文化工程办公室""润霖公司文化办公室""杜仲项目组"等。这个工作机构的成员，应该由那些热心于公司企业文化并有一定企业文化基础知识，在以后企业文化的建设中将成为骨干的人员组成。这些成员应该在常务副主任的主持下开展本项文化工程的日常实务性工作。

为了使润霖公司企业文化战略工程得以科学化、规范化、系统化地进行，公司亦可借助"外脑"——或者具有企业文化理论修养的学者专家，或者具有企业文化实践专业资质的管理咨询机构——进入企业，协助润霖公司企业开展企业文化咨询与建设。因此，为了使文化工程的组织机构能对项目进行全面协调，形成互动式的工作机制，企业文化建设委员会及其工作机构还应当吸收聘请从事企业文化研究的人才加入。

为了使润霖公司企业文化战略工程有章可循、有法可依，文化建设委员会组建时，还应当制定委员会章程。章程的主要内容应当包含宗旨、任务、组织架构等。

3. 制订润霖公司企业文化战略市场实践工程计划

润霖公司企业文化战略工程市场实践计划也可称工作方案，是一个用来指导整个项目执行和控制的文件，它为整个生存工程的内容、范围和时间作出具体安排，并为公司开发杜仲项目进行文化建设的进度测评和绩效测评提供一个基准线。计划的制订要注意以下几点。

（1）润霖公司企业文化计划必须具有现实性和实用性，制订计划的主要目的就是要指导公司企业文化战略工程的实施，因此必须具有现实性和实用性。为了做出一个具有现实性和实用性的计划书，需要在计划编制过程中投入大量精力，包括取得与这个项目相关的信息，分析相关的事实。开发杜仲产业，打造杜仲产业文化及杜仲的种植历史，掌握相关企业情况历史沿革、企业的现实状况、企业所在行业的态势、企业文化建设的基础和现状、企业领导层的基本构成等，保证计划有的放矢，都是润霖公司企业文化的重要组成部分。

（2）润霖公司企业文化计划应该考虑到杜仲文化的特殊性和一般性，还应该考虑到施行的特殊性和一般性，根据不同的杜仲产品、文化内容制订不同的计划，按照特定的项目量体裁衣。特别是杜仲产品供销链条中相关营销机构为公司提交的计划，要考虑到润霖企业文化战略工程的建设时间。如果需求单一，时间较短，那么计划书就相应简短；如果需求复杂，润霖文化建设宣传时间较长，则应当有详细周密的计划。

（3）润霖公司计划应该具有动态性和灵活性。文化工程计划还应该具有一定的动态性和灵活性，并能够随着杜仲种植加工环境和系列产品项目本身的变更而进行适当的调整。

4. 润霖公司市场生存行为实践工程计划书

润霖公司企业文化战略市场生存行为实践工程计划书主要包括以下内容。

（1）项目名称。润霖公司启动企业文化市场生存行为实践战略工程，拟定一个工程专用名称，如"杜仲产业、卓越工程""朝阳生态杜仲工程"等。以项目名称展示工程目标，可激励员工共同参与。

（2）项目背景。描述杜仲产业项目产生的缘起，概述与该项目相关的信息，综述该项目所置身的历史、现状及行业的环境。

（3）项目目标。初步确立杜仲产业文化内容项目要实现的润霖公司企业愿景，实现润霖企业的需求。

（4）时间进度。润霖公司企业文化战略工程计划书，按公司建立、杜仲项目开发制定出工程的时间进度，大体按项目前期、中期、终期作时段分解，把每项工作具体分解到每一天，安排每项工作的进度。

（5）组织描述。润霖公司要组建企业文化建设委员会及其工作机构，如果聘请相关咨询机构协助，应当吸收咨询机构成员组成互动工作小组，明确小组成员及其职能，明确润霖公司与咨询机构之间的互动职责。另外，因为润霖公司企业文化工程还需要得到陇南市人民政府及相关文化部门、国家有关文化产业研究部门专家顾问的支持，故应列出专家名单。

（6）工作方法。为实施润霖公司企业文化战略工程，项目小组所应遵循的如工作步骤、相互沟通、互动合作等价值观和方法论。

（7）项目成果。简单列举和表述为润霖公司企业文化工程分阶段提交的产品，如杜仲文化诊断评估报告、设计方案、发展规划、培训材料等。

5. 企业文化工程启动大会

经过前期计划准备之后，选定一个合适的日期，召开润霖公司企业文化战略工程启动大会。之所以要召开公司企业文化战略工程启动大会，其原因如下。

（1）动员了员工。员工的热情参与是润霖企业文化建设的基础，通过大会，员工们不仅知道了润霖公司要干杜仲产业大项目，而且还知道了要怎么干，要达到什么目的。公司企业文化建设得到员工的广泛认同和支持。

（2）扩大了影响。润霖公司企业文化建设目的之一是对外树立杜仲大产业形象。通过这一活动，润霖企业文化建设和社会传播受到陇南市政府和全社会的关注。

（3）界定了工程时间。把润霖公司企业文化建设当做一个战略工程项目，需要设定明确的时间界限以便有序规范实施。

表 6 - 1   润霖公司企业文化工程计划示意表

阶　段	项目内容	年　月	年　月	年　月	年　月
第一阶段：润霖公司文化项目启动	润霖公司确定企业文化战略工程建设委员会名单起草企业文化战略工程建设委员会章程制订详细的工程工作计划确定互动工程组人员名单	A - 1 A - 2 A - 3			
第二阶段：调研与诊断分析评估	润霖公司企业资料研究展开调研访谈，收集最有价值的信息专题研讨会问卷调查现场观察润霖杜仲文化企业文化综合分析前期汇报并提交企业文化评估报告	B - 1 B - 2 B - 3 B - 4			
第三阶段：杜仲文化定位与体系设计	设计杜仲文化管理战略总体定位企业杜仲文化体系构建精神文化系统设计行为文化系统设计形象文化系统设计中期汇报并提交杜仲文化设计文本	C - 1 C - 2 C - 3 C - 4			
第四阶段：杜仲文化方案推广及实施指导	杜仲文化制定企业文化管理战略发展规划编制企业文化手册编制企业理念手册方案推广实施指导方案跟踪完善	D - 1 D - 2 D - 3			
第五阶段：杜仲文化工程实施跟踪服务	润霖文化项目跟踪服务	E - 1 E - 2			
杜仲文化项目管理		方案启动会	实施指导	调整	启动

6. 建设企业文化软实力的考察调研设计

（1）润霖公司考察调研人员构成。

考察调研的工作，主要由润霖公司委托顶层设计的国情调研课题组部分专家、学者，有关部门、省政府、陇南市政府人员、专家或公司邀请咨询机构的人员担任。主要是因为公司自身的工作人员在本单位从事调研，往往"不识庐山真面目，只缘身在此山中"，加上各种人际关系、利益关系以及缺乏调研工作的专业培训，使润霖公司的文化建设受较大的局限；或者是被调研者有顾虑不会提供真实想法；或者是对一些情况熟视无睹，委托相关部门或习以为常；或者是对调研情况不能作出客观的判断。考察调研工作由专家咨询顾问担任，能够确保考察调研工作的客观性和规范性。

专家咨询顾问作为第三方，对润霖公司本身没有成见，他的职业要求他保持公信力，将力求用第三者的眼光，在本企业人员习以为常的习惯中发现潜在问题。相对而言，他所调研的情况和得出的判断比较客观。

咨询顾问接受过调研考察的专业训练，具有较多调研考察的技巧和实践经验，能够运用较为科学的调研分析方法，往往能够和被调研者较好地沟通，具有一般人所不具有的善于与人沟通的面谈方法和聆听技巧。因此，他们的调研考察往往会取得较真实和丰富的材料，有助于如实反映润霖公司的实际情况。

（2）考察调研人员需掌握的原则和要素。

润霖公司文化建设的考察调研要始终以润霖公司企业文化建设为核心。但是，润霖公司企业文化不是孤立的，它与润霖企业制度、企业经营战略是相互影响、相互依存的关系。所以，在对润霖进行企业文化考察时，不能只考察它的文化现象，还要涉及润霖公司的制度和经营战略。

①调研考察主要围绕润霖公司企业文化的核心要素，如人员素质、宏观经济环境状况、价值理念、精神状态、愿景目标、行为规

范、企业形象等。

②考察调研要同时涉及企业战略发展和制度安排的基础问题，比如润霖行业态势、体制变革、竞争优势、激励机制、人事资源、管理制度等。

③注意设计润霖公司文化元素和考察企业文化的社会基础，包括生产力发展状况、宏观经济环境状况、地理环境状况、民族文化状况、国际交往状况、政府关系状况等。

④调研考察工作应当遵循以下基本原则：提升润霖公司核心竞争力原则、促进润霖公司可持续发展原则、增强润霖公司内部凝聚力原则、塑造美化润霖公司形象原则等。

（3）考察调研分类——社会环境调查。社会环境调查包括以下几个方面。

①政策环境调查。了解党和国家的方针、政策、法律和条例等，为润霖公司企业文化建设提供政策性保证。

②社会问题调查。润霖公司形象设计工作在本质上是一种竞争战略的策划。因此，它需要了解润霖公司竞争对手的实力与杜仲产业开发市场竞争态势。对竞争对手的调查包括：调查竞争对手的规模和市场占有率，竞争对手在企业形势策划中采取了哪些行动，其成效如何，竞争对手未来的发展趋势及动向，竞争对手的市场竞争战略，它的新产品开发能力及市场营销能力，等等。只有掌握了这些情况以后，才能扬长避短、出奇制胜进行润霖公司企业文化建设。

（4）公司营运状况调查。

润霖公司营运状况调查，是对公司内部情况进行的全面调查，其中包括财务状况、管理水平和营销状况三大部分。有关这部分信息一般具有现成的资料，根据自己的需要进行分析、利用，有不足的再另行调查。

把握润霖公司的营运状况，最好是从公司的财务报告入手，因为公司营运状况的好坏，可以直接表现在资产负债表、损益表、现金流量表等财务方面的书面文件中。从事润霖企业文化研究的人员首先应该对这些报表的形式与意义有一定的理解，才能从中获得必要的信息。

（5）公司形象调查。

公司形象是对润霖公司企业内部与外部形象资产的构造、效力进行的全面系统的调查。这部分调查工作是参考 CI 调查的重点原则。一般企业往往没有现成的系统资料，CI 专案人员需要进行原始资料的搜集、调查。

（6）考察调研方法。

文献分析法。文献分析主要是对润霖公司现有信息资源进行统计分析，其中包括公司年度财务报表、市场调查书、广告策划书等。运用文献分析法旨在了解润霖公司的经营状况、产品定位、经营特色等情况。同时，在文献分析中还有可能搜集到极有价值的信息。如有关专家曾经进行的润霖文化企业形象调查，对经济环境、企业竞争环境、市场需求等作的分析评估等。

调查问卷的设计法。公司实态调查问卷的结构包括七个部分，即前言、调查内容、样本特征资料、电脑编号、杜仲作业证明记载、影像资料、视听资料。

6.6　本章小结

中国企业文化软实力与国际先进水平软实力建设有差距。因此，中国企业文化软实力建设的紧迫性和企业文化软实力的提升任重而道远。打造具有中国特色的企业文化软实力，是我国企业实现市场生存行为实践活动的科学发展和财富增长目标。特别是在当前全球经济危机条件下，我国处于改革开放和社会主义现代化建设转型关键时期，具有更加重要的意义。

提升中国企业文化软实力，应该着力把握好以下三个方面的诉求：一是企业的市场生存行为的核心价值观必须符合社会主义核心价值体系的要求；二是企业文化必须继承优良传统；三是企业文化必须体现先进文化。提升企业文化软实力的基本途径是：树立充满活力的企业市场生存行为的文化软实力理念，制定行之有效的企业文化软实力的生存战略，形成科学合理的企业文化软实力市场生存竞争系统，切实加强企业文化工作队伍，不断推进企业文化工作创新。

以中国传统文化提升企业文化软实力，要加强中国传统文化对企业文化软实力提升的积极作用，消除中国传统文化中的消极因素对提升文化软实力的影响。

积极探索提升企业文化软实力的途径，均是提升企业文化软实力的成功实践和鲜活实例，是市场生存企业传统文化建设与发展的基础。

新建企业文化软实力的建设与发展是反映社会发展到生态文明阶段的高级形态。甘肃润霖杜仲种植产业开发公司（简称润霖公司）投资建设新兴杜仲产业，将文化建设作为润霖公司的重要建设工程，重视企业文化工作的实质实践，目的是将杜仲"文化"企业品牌建设得持久牢固。本案例及研究就如何进行新建企业文化建设提供方法上的阐述，为研究者从企业市场生存行为实践活动的理论与实践两方面提供参考。

本案例是在全国 20 家开发杜仲种植产业的企业中随机选择的，结合新建企业润霖公司的规划目标，参考其他相关杜仲产业企业的经验，提供企业文化设计方案的基础性操作方法，对新建的同类型企业及各类型企业均具有参考价值和实践操作意义。

第七章　总结与展望

分析经济危机爆发后的经济市场环境以及持续的危机中所展现的企业市场生存行为的实践活动，唯一展现活力的仍然是企业文化软实力的强大力量。

本新论是以"企业文化软实力是建立在企业市场生存行为基础之上的实践活动"为主线脉络展开的研究成果。它的研究对象包括企业文化产品和企业产业品牌市场生存行为的实践活动及开拓生存市场服务生产与消费的理论，形成企业文化软实力的生存机理、模型结构、作用机制、途径等环境与资源的配置理论。

企业文化软实力逐渐成为一个国家乃至全球经济发展的核心动力。笔者分析中尽量避免过分强调文化的重要性，重点放在企业文化软实力与企业生存环境方面。同时，在本书中尽量避免形成研究文化产业的趋向观点。许多学者认为文化产业将在21世纪引领经济发展的潮流，笔者认为企业文化软实力是真正引领21世纪国际生存市场经济发展的力量。

本新论中企业文化软实力结构模型是笔者贡献的创新点。本新论尝试研究新形势下的软实力学习型的组织理论，贡献了设计的研究企业文化"软实力"模型，说明企业文化软实力是真正引领21世纪国际生存市场经济发展的力量，是文化经济学理论在市场生存行为的实践活动中市场生存行为的再实践检验过程。

本书各章节均有各具特征的创新点。

虽然国内外学术界和企业界对企业文化软实力进行了研究，但由于研究视角以及研究侧重的不同，本新论以我国企业文化软实力影响企业在市场生存的现状与问题为研究背景，首次提出并以"企业文化软实力是建立在企业市场生存行为基础之上的实践活动"为研究脉络，以新的视角或分析解析企业文化软实力新论。对这个问题目前还缺乏深入系统的探讨，相关专题研究也很少。另一方面，企业文化软实力与企业发展之间存在密切的关系，并且企业文化软实力对于企业的发展具有的重要作用已经开始逐渐被企业界和理论界所认识。但是到目前为止，对于企业文化软实力如何作用于企业发展，如何基于企业发展来评价企业文化软实力并在此基础上不断提升企业文化软实力，仍然缺乏系统的理论研究，也缺乏相应的模型框架，使得企业在如何基于企业发展提升企业文化软实力方面始终处于摸索阶段。我国大多数企业都是凭借自身的直接经验积累尝试进行基于企业发展的企业文化软实力提升，这导致了理论研究落后于企业实践，大大增加了企业的风险，也增加了企业的成本。基于此，本新论对企业文化软实力这一亟待研究解决的课题进行了系统的理论研究和实践探索。

本新论的主要内容包括文化软实力与企业文化软实力的基本理论、企业文化软实力的形成机理、企业文化软实力的模型和对企业发展的作用机制、我国企业文化软实力的提升途径。

（1）以"企业文化软实力是建立在企业市场生存行为基础之上的实践活动"为主线脉络展开研究。

（2）以"企业文化软实力是建立在企业市场生存行为基础之上的实践活动"为主线脉络，展开研究的理论与实践相结合的实践依据是《中共中央关于深化文化体制改革 推动社会主义文化大发展大繁荣若干重大问题的决定》。

（3）企业最希望突出的文化分别是企业发展的持续力量、生存力量、价值力量、文化力量。持续力量是企业的生命超越、利益诉求的文化特征。四要素形成了新时代企业文化软实力的基本机理。实现机理和机理发挥作用的正确性要通过市场的消费（客体行为）各要素的实践检验，以及企业集团或者各企业利益相关者的价值认同检验，从而形成企业文化软实力发展的持续力量。

内容包括：文化的力量探析；文化软实力理论，包括文化实力的概念考辨、理论探源、意义和构建等；企业文化软实力理论，包括企业文化软实力的基本内涵、企业文化软实力的基本特点、企业文化软实力对企业生存和发展的意义、企业文化软实力的培育等。

（4）企业文化软实力的形成机理。内容包括：企业文化的形成过程和形成机理、企业文化软实力的形成过程和形成机理、企业文化软实力的核心——企业学习力的形成机理，以及实例研究——旅游企业文化软实力的形成机理分析。

（5）构建了企业文化软实力的模型。

（6）企业文化软实力对企业发展的作用机制分析。内容包括：企业文化软实力提升企业核心竞争力机制分析、企业文化软实力增强企业经营绩效机理分析、企业文化软实力的核心——企业学习力的作用机制分析。

（7）我国企业文化软实力的提升途径。内容包括：我国企业文化软实力的现状与问题、打造我国企业文化软实力的必要性与可能性研究、提升我国企业文化软实力的基本诉求、提升企业文化软实力的基本途径，以中国传统文化提升企业文化软实力，提升企业文化软实力的实例研究。

本新论在已有相关研究的基础上，从研究企业文化软实力市场生存行为的实践活动的基本脉络展开研究，解析问题，着眼于提升我国企业的文化软实力，主要在以下几个方面做了创新性研究工作：

（1）提出并研究了企业文化软实力的形成机理。企业通过获得和占有特定的市场生存硬资源和企业生存行为的实践活动的软资源，获得了潜在的企业文化软实力。企业软硬资源经过载体转化和传播之后，潜在的企业文化软实力就成为现实的企业文化软实力。

（2）构建了企业文化软实力的结构模型。企业爱国文化、奉献文化、成果文化和生存文化共同构成了企业文化，它们蕴涵着巨大的能量，形成了包含有精神力、制度力、行为力和影响力的企业文化软实力。这四种力量共同构建了企业文化软实力的结构模型。

（3）分析了企业文化软实力市场生存行为的作用机制，特别是企业文化软实力增强企业经营绩效的机制。企业文化软实力通过企业市场生存价值观念和生存行为方式直接影响企业经营绩效。不同企业文化之所以能导致不同的经营绩效，原因就在于不同的市场竞争机制与企业存在不同的生存行为的核心价值观和不同的行为方式。

（4）提出了提升企业文化软实力的基本途径。本书在相关理论研究和实例分析的基础上，创新性地设计了企业文化软实力的模型、提升的基本途径。树立充满活力的企业文化软实力市场生存行为理念，制定行之有效的企业文化软实力生存实践活动的目标战略，形成科学合理的企业文化软实力市场生存行为的实践系统，整合和加强企业文化工作队伍，引领和推进企业文化工作创新。

在企业文化软实力基本理论和作用机制方面，仍有许许多多有待深入研究的课题，笔者拟就以下方面问题作为下阶段的研究重点。

（1）企业文化软实力与企业文化（力）在全球经济危机中如何应变的关系。企业文化软实力与企业文化（力）的关系密切，但二者毕竟是两个不同的概念，在全球经济危机中如何应对生存市场的变化，对于正确理解和把握这一崭新的关系概念具有重要意义，也有利于推动企业文化软实力其他问题的研究。

（2）企业文化软实力模型建立，确立了市场生存行为实践作用的基本机制。本新论分析了企业文化软实力提升企业核心竞争力机制、增强企业经营绩效机制和作为企业文化软实力核心的学习力的提升机制。

（3）探索企业文化软实力的发展规律。重视新建企业文化软实力在市场生存行为实践活动的设计与建设，也是生态文明建设的需要，是企业立足生态项目、生态产品、生态文化的基础。

　　企业文化有自身的发展规律，企业文化软实力也应有独特的市场生存发展规律。应在界定企业文化软实力的内涵、分析企业文化软实力的形成机理和基本特点、明确企业文化软实力对企业生存和发展的意义以及研究企业文化软实力建设、提升途径和作用机制等的基础上，积极探索企业文化软实力生态体系自身的发展规律。

参考文献

1. 马克思、恩格斯：《共产党宣言》，人民出版社，2009。

2. 马克思：《资本论》（1~3卷），人民出版社，1975。

3. 吴敬琏、俞可平、〔美〕罗伯特·福格尔等：《中国未来30年》，中央编译出版社，2012。

4. 梁晓声：《中国社会各阶层分析》，文化艺术出版社，2011。

5. 葛荣晋：《中国管理哲学通论》，中国人民大学出版社，2012。

6. 成中英：《中国管理哲学理论》，东方出版社，2011。

7. 章传家：《推动社会主义文化大发展大繁荣学习问答》，人民出版社，2011。

8. 李郁芳、刘景章、牛德生：《政治经济学》，暨南大学出版社，2012。

9. 颜士锋：《文化经济学》，山东大学出版社，2011。

10. 卫兴华：《马克思主义政治经济学原理》，中国人民大学出版社，1999。

11. 吴晓波：《激荡三十年》，中信出版社，2007。

12. 〔美〕杰里米·里夫金：《第三次工业革命》，张体伟、孙豫宁译，中信出版社，2012。

13. 洪银兴、葛扬：《〈资本论〉的现代解析》，经济出版社，2011。

14. 程心能：《中国企业文化软实力思考》，《企业文明》2008 年第 7 期。

15. 应焕红：《文化管理是现代企业管理发展的新趋势》，《现代企业》2000 年第 12 期。

16. 李正卫、吴晓波：《我国 B 股投入比例偏低的成因探析》，《科学学研究》2002 年第 4 期。

17. 王建安：《论我国金融监管体系的改革与完善》，《金融参考》2001 年第 9 期。

18. 张维迎：《博弈论与信息经济学》，上海人民出版社，2002。

19. 丁瑞莲：《企业的文化差异与跨文化管理战略》，《商业研究》2001 年第 1 期。

20. 魏晓文、王圣宠：《略论企业员工人性需求与企业文化管理》，《经济问题探索》2002 年第 8 期。

21. 〔日〕伊藤肇：《东方人的经营智慧》，光明日报出版社，1986。

22. 〔美〕特雷斯·E. 迪尔、阿伦·A. 肯尼迪：《企业文化：现代企业的精神支柱》，上海科技文献出版社，1989。

23. 〔美〕R. 帕斯卡尔、A. 阿索斯：《日本企业管理的艺术》，中国科技翻译出版社，1984。

24. 〔美〕约翰·科特、詹姆斯·赫斯克：《企业文化与经营业绩》，华夏出版社，1997。

25. 张亚萍：《西方"企业文化"理论的演变》，《天津纺织工学院学报》1998 年第 6 期。

26. 袁凌：《西方企业文化理论的兴起与我国企业文化模式的重构》，《国外财经》2001 年第 4 期。

27. 韩文辉、吴威威：《国外企业文化理论主要流派述评》，《哈尔滨工业大学学报》2000 年第 4 期。

28. 罗长海、林坚：《企业文化要义》，清华大学出版社，2003。

29. 洪向华：《论企业文化与企业领导的辩证关系》，《理论探讨》

2003 年第 3 期。

30. 龚绍东、赵大士：《企业文化变革战略》，科学技术文献出版社，1999。

31. 张德、吴建平：《企业文化与 CI 策划》，清华大学出版社，2000。

32. 蒋奖：《银行职员职业倦怠状况及与压力水平的关系》，《中国临床心理学杂志》2004 年第 2 期。

33. 李小妹、刘彦君：《护士工作压力源及工作疲溃感的调查研究》，《中华护理杂志》2000 年第 11 期。

34. 中学武：《IT 企业员工心理契约违背及其干预研究》，武汉大学博士学位论文，2005。

35. 张军峰：《知识经济条件下企业文化的构建》，《北方经贸》2003 年第 2 期。

36. 缪合林：《按照先进文化要求建设企业文化》，《光明日报》2002 年 1 月 8 日。

37. 李俭：《努力打造高品质的企业文化》，《中外企业文化》2002 年第 12 期。

38. 林洪藩、周霞：《人力资源的风险管理研究》，《华南理工大学学报》1999 年第 1（2）期。

39. 孙泽厚、李冬梅：《人力资源管理中的风险管理》，《中国人力资源开发》2005 年第 3 期。

40. 徐国华、张德、赵平：《管理学》，清华大学出版社，1998。

41. 李仁模：《第五代管理》，中国物价出版社，2000。

42. 魏杰：《企业前沿问题——现代企业管理方案》，中国发展出版社，2001。

43. 祝爱民、于丽娟：《战略联盟企业间的和谐性分析与优化》，《中国管理科学》2004 年第 12（4）期。

44. 陶永富：《略论中国当代先进文化的作用及其建设》，《广西师范学院学报（哲学社会科学版）》2003 年第 4 期。

45. 吕廷煜、侯利平：《充分认识社会主义先进文化的作用，加强党的执政能力建设》，《首都师范大学学报（社会科学版）》2006 年增刊。

46. 沈壮海：《软实力真实力——为什么要提高国家文化软实力》，人民出版社，2008。

47. 胡锦涛：《高举中国特色社会主义伟大旗帜，为夺取全面建设小康社会新胜利而奋斗》，人民出版社，2007。

48. 陈正良：《增强中国文化软实力论要》，《浙江社会科学》2008 年第 2 期。

49. 高占祥：《文化力》，北京大学出版社，2007。

50. 李京文：《文化力与文化产业》，方志出版社，2007。

51. 季昌汉：《正确认识"提升国家文化软实力"》，《思想政治课教学》2008 年第 10 期。

52. 李月明：《文化软实力：经济发展中的重要因素》，《实事求是》2007 年第 4 期。

53. 尹晓燕：《企业文化软实力不容乐观》，《企业文化》2008 年第 3 期。

54. 王宝义：《浅谈企业文化建设的路径选择》，《中共山西省委党校学报》2008 年第 3 期。

55. 丁丽敏：《企业文化在企业发展中的作用》，《包头职大学报》2008 年第 2 期。

56. 杨辉：《浅论企业文化形成机制与建设》，2006（2）。

57. 苏勇：《中国企业文化的系统研究》，复旦大学出版社，1996。

58. 王文奎：《企业文化的形成机制与建设方法》，《生产力研究》2003 年第 5 期。

59. 黄国群、徐金发、姜涛、王广伟：《企业软实力内涵、作用机理初探》，《未来与发展》2007 年第 11 期。

60. 黄国群、徐金发、姜涛、郗河：《企业软实力的内涵、形成过程及作用机理研究》，《软科学》2008 年第 2 期。

61. 许学国等：《全球化背景下组织间学习模式研究》，《管理科学》2004 年第 4 期。

62. 陈国权、马萌：《组织学习的过程模型研究》，《管理科学学报》2000 年第 3 期。

63. 管炳六：《努力把国有企业建设成学习型企业》，《学习与实践》2002 年第 5 期。

64. 马勇、陈雪钧：《饭店集团品牌建设与创新管理研究》，中国旅游出版社，2008。

65. 陈雪钧、李莉：《论旅游企业软实力的形成机制及其构建策略》，《湖北经济学院学报（人文社会科学版）》2009 年第 1 期。

66. 戴娟：《对企业文化建设的探析》，《现代商贸工业》2008 年第 7 期。

67. 苏勇、张挺：《论企业文化在塑造核心竞争力诸因素中的核心地位》，《上海管理科学》2004 年第 6 期。

68. 何载福：《在企业战略发展中建设企业文化》，《企业文化》2002 年特刊。

69. 何载福：《适应社会经济发展需要，建设高品质的企业文化》，《企业天地》2002 年第 11 期。

70. 陈静：《企业文化提升企业核心竞争力的机制与路径研究》，武汉理工大学博士学位论文，2007。

71. 余伟萍、陈维政、任佩瑜：《中国企业核心竞争力要素实证研究》，《社会科学战线》2003 年第 5 期。

72. 吴晓燕：《试论 21 世纪的中国企业文化建设》，《南京经济学院学报》2002 年第 1 期。

73. 杨国安、大卫·欧瑞奇：《学习力——创新、推广和执行》，华夏出版社，2005。

74. 康壮、樊治平：《基于知识管理的敏捷组织学习二维度模型框架》，《管理科学学报》2004 年第 1 期。

75. 刘斌祥、邹亚建：《学习力结构释义》，《武汉电力职业技术学院学报》2007 年第 1 期。

76. 冯奎：《学习型组织：未来成功企业的模式》，广东经济出版社，2000。

77. 虞群娥、蒙宇：《企业核心竞争力研究评述及展望》，《财经论丛（浙江财经学院学报）》2004 年第 4 期。

78. 陈荣耀：《企业核心竞争力的文化论释》，《上海师范大学学报（哲学社会科学版）》2002 年第 6 期。

79. 刘伟丽、辛子波：《全球化进程中企业文化核心竞争力初探》，《财经问题研究》2003 年第 10 期。

80. 〔美〕达里尔·沃特金斯：《21 世纪学习型组织企业领导的管理艺术》，世界图书出版公司，2000。

81. 许学国、刘鹏、徐凤：《学习智障辨识与评判研究》，《上海大学学报（自然科学版）》2001 年第 4 期。

82. 刘光明：《企业文化》，经济管理出版社，2001。

83. 余光胜：《企业知识理论导向下的知识管理研究新进展》，《研究与发展管理》2005 年第 3 期。

84. 王军：《构建企业文化评价体系的思考》，《经济论坛》2006 年第 5 期。

85. 蔡瑞雷、陈建武：《企业文化评价体系的理论研究》，《现代经济》2008 年第 2 期。

86. 庄新田、马宁、张贤善：《宝钢股份公司核心能力评价指标体系设计》，《东北大学学报（社会科学版）》2004 年第 4 期。

87. 杨克磊、高婷：《关于企业文化评价新方法的建立》，《沈阳理工大学学报》2005 年第 2 页。

88. 张薇：《企业学习力及其评价研究》，武汉理工大学硕士学位论文，2006。

89. 赵海峰：《组织学习测度的研究述评》，《经济理论与经济管理》2003 年第 3 期。

90. 罗慧、万迪防：《网络环境下组织学习测度的实证研究》，《系统工程理论与实践》2004 年第 7 期。

91. 陈国权、马萌：《组织学习评价方法和学习工具的研究及其在 30 家民营企业的应用》，《管理工程学报》2002 年第 1 期。

92. 李耀光：《如何提升企业文化软实力》，《人民论坛》2008 年第 5 期。

93. 许学国：《组织学习力提升策略研究》，《当代经济管理》2005 年第 2 期。

94. 夏敏：《高校教师组织学习力的提升》，《中国高等教育》2005 年第 11 期。

95. 吴剑平：《文化竞争力的实现模式》，《中外企业文化》2001 年第 7 期。

96. 向音、张伟华、何璐：《以中国传统文化提升企业文化软实力》，《文史博览（理论）》2008 年第 1 期。

97. 中央政策研究室文化组：《从中国实际出发，建设社会主义企业文化——关于我国企业文化建设情况的研究报告》，《企业文化》1995 年第 1 期。

98. 课题组：《努力打造高品质的企业文化——全国企业文化建设研讨会情况综述》，《思想政治工作研究》2002 年第 11 期。

附　录

"文化"与"产业"的空间
格局构建解析

胡文臻[*]

摘　要："文化"与"产业"的空间结构描述了在文化产业企业（集团）、各类型企业和社会环境系统中的位置和状况，反映了文化产业对"文化"与"产业"空间资源及空间环境变量的使用情况。文化产业是伴随人类出现后的人物随形的特定空间物品，与其他许多生物在空间中的相似特性相比较，"文化"的高级形态、精神引导性均以文字、语言的"产业"方式完整记录了绝对的竞争性、生存性、传承性、持续性、秩序性等空间特点，本文基于对文化产业的空间、立体概念的研究和长期介入文化产业企业的生产实践，提出了便利地方政府操作的"文化"与"产业"的空间格局构建思路。今天来看，标志着其在文化产业发展中的特殊空间格局，对地方政府、企业研究规划文化产业具有参考价值。

关键词："文化"与"产业"空间　文化产业企业（集团）空间格局

"文化"与"产业"的空间格局是文化产业在世界任何地方和任何时间里呈现多样、多彩、多类的持续发展的态势。其空间格局的集合特征引领文化产业的走势，形成一种"文化"与"产业"

＊　胡文臻，中国社会科学院文化研究中心副主任，博士。

的空间格局态势，成为构造世界文化产业研究的新趋向。自古以来，我国文化产业始终伴随着"文化"的号令与传播，伴随着"产业"的进攻与占有。在历史发展的长河中，中华文化的探索伴随着中国人民的勤劳与智慧取得了四大发明成果，创造了人类前所未有的"文化"与"产业"的空间格局。历经上下五千年的培育与传承，给中华民族的伟大繁荣与复兴构建了坚实的空间格局，影响了全世界，这种格局完美地推进了中国文化产业的传承、改进、创新、发展，在不同时期取得了丰硕成果。

时空、立体的产业概念已经进入21世纪，"文化"与"产业"的空间格局已经将世界文化产业带入知识与信息时代。

"文化"是各级政府、各类人员每天离不开的工作，"产业"是各级政府、各类人员每天精工制作的作品。如何将文化产业作为地方经济的支柱性产业，政府从"时间"上出台了多种政策给予扶持，制订了长中短期发展规划，创造多种条件让文化企业发展，使之充分发挥文化产业企业之间的时间效应；从"空间"上将各地批准设立的文化产业示范园区、集合的文化产业集团、各文化企业形成立体生产线，构建起发展地方文化产业的时空对称区域，并重点实验构建"文化"与"产业"的空间格局。

随着国家政策利好，一些地方文化产业园区出现了借审批文化项目变相圈地情况，甚至没有规划，没有清晰的文化产业规划、定位，反倒成为一些企业负责人、地方政府主要领导为政绩变相结合的错位空间。政府为了政绩，将单纯的楼台、戏院、旅游景点及开发产业资源看成大手笔文化产业，甚至缺乏引导文化产业集团企业的投入建设及内外部环境动态适应与创新能力，盲目决策。地方政府领导研究如何构建"文化"与"产业"的空间格局，对在区域内运用文化产业理论对文化产业企业的设立、规划，形成机制、竞争优势及形成循环产业的培育进行多赢化研究，设计"文化"的吸引、规范态势；对区域内文化产业企业需求高度知识密集性与生产文化产品的价值关联性的期望，使其在文明化地利用资源、控制低端文化产业与限制利用无价值低端文化产品(比如农村、社区无法形成产业效应的手工艺品、个人喜好小手艺等)方面作出弃用决定,节约资源,不提倡创新,形成文化产业企业的多赢、规范态势。因此,地方政府官员要真正明确文化产业是区域内的支柱产业,必须清楚和研究文化产业在环境适应方面具有非常典型的生存性依靠性质。由于文化产业的广泛性和受文化产品环境因素对"产业"的选择与导向影响,其对研究文化产业的生存发展战略和成长机制起着很大的作用。以时空、立体的"产业"概念,从时空格局的视角研究文化产业企业发展,避免陷入过去研究文化产业重个例、重区域,而忽视构建"文化"与"产业"空间关系的研究误区。

一 文化产业企业"文化"与"产业"的内涵

"文化"与"产业"是文化产业企业和企业集团和社会环境系统中重要的文化产业内容。"文化"与"产业"的空间结构最典型的是环境生态位。生态位是一个既抽象又含义十分丰富的生态学专有名词。生态位是指每个物种在群落中的时间和空间的位置及其机能关系,或者说群落内一个种与其他种的相关位置[1],同时反映了生态系统的客观实在,反映了环境所提供的资源系统和生物对环境的生态适宜度。在国内文化产业势头强劲的竞争格局下,地方政府单个文化产业的生存竞争优势很难形成长势并保持活力,政府与企业齐心协力,确定好项目,制定出一个规划超越产业自身的多赢点,引导整个文化产业生态系统的协同演进和构建出自己特色鲜明的"文化"与"产业"的空间格局,显现出生态位现象适用于生物界的活力,适用于文化产业的发展与壮大。

地方政府开发文化产业,利用现有的产业企业(集团)的核心产业优势,比如新闻出版类、广播电视类、电影类、艺术类、广告类、娱乐类、文化场馆活动类等七大产业中,如有建设、合作的文化项目,其中 1~2 项产业可起到龙头带动作用。以"创意"为核心的特征表现突出,以"创新"为赢点实现爆发的吸引力明确,这样的思维与设计就建立了雏形空间格局。开发文化产业项目,地方政府与企业必须研究这七大产业的空间格局,不懂得格局设计,就不懂得文化产业布局,也就不懂得文化产业多赢的利益关系,说到底就不懂得市场经济。七大文化产业是地方政府与企业参考设计与规划发展地方文化产业的成功模式,但不能照搬,不可简单地复制。要找准体现本地区域文化产业区别于其他产业的基本创造性和精神性的特点,整合各种要素,定位准确、立意深远、积极健康、主题明确,通过精心打造与发展,展现出科学的文化创新能力。

核心产业优势外,延伸的外围产业包括文化旅游业、会展业、博彩业、竞技体育业、生态文化业、网络业等。这些产业的发展与繁荣调节着社会、人群及服务功能的优良发展态势,形成特定的、稳定的、可持续发展的"文化"与"产业"的空间格局。在这些优势突出、繁荣的文化产业格局里,丰富的格局空间里有秩序的建设配套了文化引导管理平台、图书馆业、文物业、群众文化业、博物馆业、文化咨询业、文化科技与科研、文化交流、文化经纪与代理、生态文化与发展研究等文化新产业和技术。这些文化支持行业、延伸产业以空间概念与科学发展布局了文化产业各企业(集团)位置,各类文化企业及地方政府获得可持续发展所需的各类文化发展的基础设施和配套机构的总和空间。

"文化"与"产业"的空间格局,构建了完整的政府与文化产业企业主导建设的自然生态化的生态系统,时空的合理环境中,同一物种个体的集合体构成大的种群,具有某种文化特征的个体企业集合构成庞大的文化产业集群。自然生态系统内部成员之间既具有优胜劣汰竞争关系,又具有协作共生关系,同样,文化产业各集团内部、文化企业之间也具有创新设计与品牌竞争、创造理念与价值的合作多赢关系。文化产业企业内部,文化产业企业各主题作品团队从创意主题、制作主题、传播主体到服务主体、产业链延伸,都体现着典型的自然界生态环境中生物群落相互作用、相互竞争的特征。

国内有学者研究文化产业空间格局,有很多好的思路和设计,本文基于对文化产业空间格局的研究和长期介入文化产业企业生产实践,提出了便利地方政府操作的"文化"与"产业"的空间格局构建思路。当然,文化产业企业的生存与生态关系包括两个方面:一个是"态",一个是"势"。从事或者新开发、规划文化产业的地方政府及企业,一方面要从高级精神形态掌握"文化"与"态"的关系和空间结构设计,"文化"与"态"就成为空间格局中稳定的价值结构、知识创新结构、协调组织结构、特色文化产品结构。文化产业及文化组织内部资源调配、信息汇聚、设计创意与制作宣传等"文化"元素,与"态"有着紧密的互联关系。另一方面要从高级物质形态制造"产业"与"势"的结果和时空影响力,制造地方特色文化产品,创造影响人类生活环境的物质,以文化产业信息群实现交流,通过主流价值的文化认同交流实现企业文化软实力。实现文化产业对各种资源的选择和利用的竞争能力,文化产业的多赢展现了"产业"的巨大影响力,与"势"的因素形成品牌合力。"态"集聚着文化产业企业目标的多维性特点,同时反映着制造企业内部主导产业的文化价值与文化定位,也是地方文化产品以特色文化的标志、图像、商标等征服力宣告与同业竞争的持续影响力,"态"的文化特征在一定情况下是排他性胜利;"势"的文化特征是文化产业的扩展能力、产品认知能力、持续的环境影响力、市场占有能力,"势"的文化特征在一定情况下是文化价值与人文意识消费者的购买能力。这种"文化"与"态"、"产业"与"势"的文化产业空间格局就是多赢利益产出的文化产业形态与文化产业繁荣的形势。这样的态势是地方政府需要的、企业需要的、消费者需要的,也是国家文化软实力集聚实力、张扬实力的需要。通过空间格局的谋划与实现整合内部文化资源、提升文化企业生态链的互联共生能力,促进文化产业集团企业、各类型文化产业对生存的外部时空环境产生影响力和作用力,修复优化文化产业企业发展的生态空间，扩增文化产业企业选择和利用多种社会资金、人才、管理、网络的机会，促进文化产业企业"文化"与"态"、"产业"与"势"空间要素的不断发展，形成与外部环境关系的有序稳定结构。

二　文化产业企业"文化"与"产业"的类型

文化产业企业"文化"与"产业"的类型不同于一般意义的类型。搁在文化产业企业中分类，而且是"文化"与"产业"的分类型，似乎无新意，笔者正是基于多年在文化企业中感同身受，在此梳理关系，研究其重要意义。"文化"类是特定产业，即文化产业的标控属性，具体体现在文化产业企业的文化管理特点，文化人才集聚、人文柔性管理等特点。"产业"的分类很多，不全是文化产业，而各种生活及经济产业、组织却都有文化元素和文化属性，而文化产业类型确定了"产业"是"文化"类的特定产业。文化产业企业不仅要建立外部环境，还要创造和调整"文化"与"产业"类型的配置资源，从而找到自己的"产业"对策。文化产业企业核心要素有文化人、文化群、文化种、文化管理、文化价值观、文化资源、文化内容、文化传播技术、文化产品、文化信息流等，构成文化产业空间格局的核心要素，形成了"文化"产业资源类型、文化"产业"产品市场类型、"文化"与"产业"企业加工技术类型等三种类型。

（一）"文化"产业资源类型

"文化"与"产业"的空间格局思路是指设定时间和空间条件下，文化产业企业设计规划和创新的独有的、可生产出精神价值与经济价值的产品，以提高人民文化欣赏与修养水平的文化产品，使消费者与生产者共享"文化"与"产业"的文化空间格局带来的时空盛宴。这种文化价值资源是其他生产资料类型资源所无法替代的,是体现地方政府与企业特色的文化价值资源。比如,故宫博物院、长城、圆明园、上海滩、西安城墙、苏州园林文化资源、杭州西湖、宜兴紫砂文化、北戴河旅游文化等全国数百万种类型资源,均是地方区域文化产业企业开发的"文化"产业资源类型。

"文化"引领现代社会向高级智慧型空间格局发展,多元文化发展的现代社会,需要各类有价值的文化资源通过构建设计走出深宅大院,通过文化资源的整合和重新规划在不同区域展现登场。这样的产业化环境中,文化产品的设计创新与制造影响力介入的程度越高,"文化"产业资源向文化类"产品"形式转化的难度就越小;文化产业企业对地方文化资源的控制规划能力越高,其文化"产业"资源类型也就越多。"文化"产业资源类型,是文化产业资源的区域文化价值、文化产业管理水平、政府文化资源的管控能力、制度环境与设计等因素类型资源库。这种类型资源库存主要是:①影响文化企业立项、规划的产业主题,如正面积极格调、爱国情调、历史冲击度、员工自豪感等库存概念;②影响文化产业集团企业资源整合,比如百年小镇风格及生态环境因素与旅游人群的生态文化价值考量,以及多赢点的可持续性等库存概念;③影响文化产业企业决定投资文化产品的管理团队、人才、技术、资金、信息等综合能力等库存概念;④影响文化企业有效管理效率、质量效果,吸引外部力量整合提高资源辐射力,待机而动取得合作资源对"文化"资源类型的空间结构等库存概念;⑤影响文化产业企业资源类型中,储备着产业化的创新能力,以快速提升高级形态文化产业企业资源的产业转化等库存概念;⑥影响文化产业企业开发文化资源的途径,企业研究分析并以备用进制关系,通过创新手段,形成新的"文化"形态、新的商业模式、新的运行机制以及文化产品的合理价格,以丰富多样的文化选择,来满足不断变化的市场需求,实现多赢等库存概念。这些库存是文化产业企业生产生存的基础原料和资本。

（二）文化"产业"产品市场类型

文化"产业"产品市场类型的转化，取决于文化市场的消费购买能力的人群类型。文化市场类型是指文化产业企业在文化市场上的布阵与占有的市场空间类别，具体来说，就是与自己具有同等"势"态的文化产业企业竞争对手，在特定区域内的产品亮相。因文化企业的产品不同，亮相的类别不同，文化"产业"的市场竞争态势不同，取得的收益不同，市场竞争中可能发生的正面冲突而受其对手攻击采取的战术就不同。这些取决于文化企业所采取的特种设计，利用自身文化产品的特点和便利条件，选择竞争对手力量薄弱的文化"产业"产品市场类型，全盘布局，从根本上取得文化产业产品进入市场的大额消费门票。使购买文化产品的消费者没有其他选择，无论高雅消费者，还是民俗消费者，皆可买票观赏，观众人群中的各种身份都在文化舞台效果里，享受了"文化"与"产业"空间格局带来的快乐和生活享受，可谓"雅俗共赏"类型，其成功的"态"与"势"就是科学合理地找准了"文化"与"产业"的空间格局，构建了完整的政府与文化产业企业主导建设的自然生态化的生态文化系统。时空的合理环境中，同一物种个体的文化集合体构成大的种群，具有某种文化特征的个体、企业集合构成庞大的文化产业集群，北京刘老根大舞台就是成功典范之一。这种设计专门服务对象，全力满足文化市场及各种组织、实体、产业的实际需求，以其文化"产业"产品市场类型的特有"态"与"势"，牢固地占领该生存市场。文化"产业"产品市场类型的划分与市场占有关系清楚明了。找准自己的文化产业类别，合理地布局起点，调研目标市场，细分消费者类型，特别是选择合适的文化消费目标市场。例如，北京前门刘老根大舞台剧场，集中全国旅游消费资源，在前门局部形成特殊优势，构建了标志性的"文化"与"产业"的空间格局，从各个方面解析了这是文化"产业"类型市场战略的核心思想。

文化"产业"类型的市场,与文化产业市场类型是不同的两种类型,既有区别,又有联系。例如,刘老根大舞台就是文化"产业"类型的市场,北京前门文化街就是文化产业市场类型,这种类型中包括了诸如刘老根大舞台等众多个体"产业"类型的市场。研究文化"产业"类型的市场,就要深度地研究文化消费的差异化和市场关注度。差异化的市场定位,要求类似刘老根大舞台这样的地方曲目和文化产品服务的消费者,能够清晰地找到自己需要的文化服务形式,文化产业企业同时避免了不必要的成本投入,以快速、吸引、习惯性的动作参与到空间格局中。地方区域开发文化产业市场,要像北京前门文化街那样设计上万种分工明确、结构严谨的文化产业公司、文化产品商店、剧院、广场、街道、老字号店铺、广告等等,这些细分的文化"产业"类型的个体小市场共同构建了前门文化产业企业的"文化"与"产业"的空间格局,在这个时空格局里,每年有数千万人来交流、传递信息。

(三)"文化"与"产业"企业加工技术类型

文化产业技术特指"文化"与"产业"企业加工技术类型。"文化"与"产业"企业加工技术类型是指在一定时间和空间内(如一个地区或国家)技术环境所提供的各种可利用科学技术资源的文化产业信息集合。科学技术的发展改变着人类社会的演化形态,包括政治、经济、社会以及文化生活。文化产业的发展与其他产业一样,需要"文化"与"产业"的结晶体,在规划与设计中充分依靠技术进步与技术创新,通过文化企业的产业方式和产品在市场中的需求量检验技术品质。通过"文化"力量带来的动力,带动文化"产业"依靠科学技术生产出文化产品。这种文化企业加工类型的形态、产品在市场检验中不断更新发展速度,分析市场竞争状况以及调整合理的经营管理的方式,推动国家、地区和不同文化产业企业间的"文化"与"产业"企业加工技术类型的力量对比与转换。

西安市古城墙文化产品的保护与开发,是"文化"与"产业"企业加工技术类型的力量对比实例。从文化产业企业个体角度来看,西安城墙文化产品的技术加工变迁,反映了文化产业企业及地方政府对历史的环境变迁的主要考量。历史中的修复文化与现代的开发文化,所需的传播方式不同,所需的市场目的不同。如今,不仅需要利用传统的市场媒介,还需要借助具有高科技支持的制作手段。西安古城墙文化产品充分反映了具有丰富的科技内涵,城墙修复色彩,灯光带、声光影,四大城门装饰,城墙上四周约 13.6 公里的环城自行车旅游,城门开启观光游等等,其文化产品的丰富与视觉冲击力,每年吸引着数百万人游览。这些文化产品的加工技术离不开先进的建筑、环境、生态、景观加工技术及工艺,需要软件服务、硬件传输设备、互联网络技术。西安古城墙文化产品的发展,每年衍生了多部电视、电影,古玩艺术,戏剧、歌舞,出版、印刷,广告,动漫、网游等相关文化产业公司的产品制造机会。各种文化产业产品素材以相对专业的"文化"与"产业"企业加工技术类型的独创、合作方式,以全新理解文化产业的"态"与"势"的关系带动延伸文化产品的节目制作、创新作品。大型活动策划、广告传媒、教育培训、影视制造等各类相关行业的发展,形成以"文化"与"产业"企业加工技术类型为主要的不同特色文化的产业链。

"文化"与"产业"的空间格局,使文化产业企业的发展越来越依赖于文化企业技术加工类型的开发利用设计,通过在一定时间和空间内技术加工的空间构建,调动各种积极的社会文化资源,以参与贡献的态势,最大限度地得到充分利用。文化产业企业运用科学技术加工文化产品,开发适应和改变自己的生存环境,以满足消费者的需要,在应用与发展中通过文化产品开发和创新技术,研发新的文化产品,创造出新的需求。这是"文化"产业资源类型、文化"产业"产品市场类型所不具备的"产业"技术成果类型,也是资源与市场类型的最终文化产品。这些产品以有序的活力精神展现在"文化"与"产业"的空间格局里。例如，互联网技术就为影视制作、广告设计、出版作品、创意产业企业的纵深发展提供了新的市场需求类型；网络信息平台为信息传播、虚拟空间、数字化电影、网络电视、网络报纸以及网络广告等以高科技为载体的各种新形式文化产品提供了利益对接平台实现了产品的制造。这些文化产品有的改变了生活，有的改变了文化理念，有的激励消费者产生新的需求。这种"文化"与"产业"的布局与竞争，实质是"文化"与"产业"技术资源的转化竞争，政府与企业布局并占据最前沿的文化产业制高点才能实现传播文化、加快文化产业的发展。

三 "文化"与"产业"的空间格局

"文化"与"产业"的空间格局，要立足区域环境，通过合作引进文化产业项目，找准其适合本区域的生存环境，确立文化产业"态"，文化产业企业从各种区域环境的不同角度、不同程度对文化产品的亮相所处环境的检验要有清晰的判断，要从文化产品的构造以及产品特点对人群环境的改变来确立引入文化产业个体，适应地区社会文化发展和需求演变的现象。这样以"势"的文化构建，影响文化产业物质资本、产业资源、产品特色资源、技术资源、资金资源、基础设施资源的流向，提高整体文化资源利用效率，增强文化产业企业的生存能力，拓展文化市场空间，改变文化企业产业链的技术加工和循环模式。

文化产业企业在其"文化"与"产业"的空间格局构建过程中，通过集聚与扩散（agglomeration and dispersion）、集中与分散（concertration and decentralization）、分化与整合（differentiation and integration）形成新的文化产业空间格局[2]。其中有文化产业调整更新、文化企业新的生存环境、文化产业新的创新设计工艺、新的文化企业组织结构、文化产业企业之间新的交易模式。

　　"文化"与"产业"的空间格局设计,完全符合文化产业空间的延伸机制,一是具有新的文化产业企业组织模式的新产业区。这种"形态"是"文化"属性调节引导地方政府和企业参与社会文化影响产生的作用,通过新文化产业布局和设计组织机制营造区域文化产业企业的生存环境,加快文化产业的发展。二是与此相对应的是"形势",是建立在文化产业创新制度与政策支持基础上的各种新型文化产业实验开发区。以政策与政府的"形势"作用推进"产业",通过降低文化产业的制度成本和从事文化产业企业的劳动力成本实现产业经济效应。

　　"文化""形态"的主要方式是以提倡主流文化价值观、营造和谐社会氛围、制造积极健康的文化产品、实现企业的运营理念,结合文化特色产业(产品、技术、艺术)进行资源整合与产业链构建。典型的空间构建方式是以"文化"产业资源类型、文化"产业"产品市场资源类型构建空间格局。例如,以西安古城墙文化为代表的核心展示区域,周边3千米~4千米延伸构建了碑林街和书画街、文物鉴定、收藏品拍卖、文化旅游服务、雁塔公园、大唐芙蓉主题文化公园等产业组织。以城墙四门为延伸,周边构建了食品一条街、小商品街、音乐厅、书店、广告制作、小型遗址公园和文化旅游等相关文化产业行业。

　　展现的资源类型特征是文化资源本身的价值。文化资源价值的大小取决于文化资源的稀缺性、独特性,文化资源对消费者的吸引能力体现了文化资源本身的精神价值。展现的市场类型特征是文化资源开发产业能力(文化产品生产)。产品进入市场,接受公众文化资源的传播鉴赏评价,大众对文化产品进行品鉴,显现出文化产业化的难易程度。延伸的文化资源的可传承性、可持续发展,为文化产业企业的调整战略提供了实验数据。文化资源开发的经济效益、社会效益,是文化产业企业长远发展的重要支撑和保障。

　　"产业""形势"的主要方式是在地方政府大力发展文化产业

的扶持政策下,通过政府规划设计文化产业园区,设立具有带动效应的文化"产业"企业(集团),制造文化"产业"规模,形成文化产业繁荣与发展"形势"。地方政府与企业要按照《公司法》等相关法律和现代企业制度要求,科学合理地推进产权制度改革。大型文化企业,比如国有企业和国有控股文化组织机构,要在制度与企业建设中真正成为自主经营与发展的市场主体。设计以县(市)文化活动场馆产业园为例,充分发挥文化活动场馆的优势,设计延伸文化产业产品(涵盖地方戏曲、书画艺术、人文习俗、红色及绿色景点旅游、各类会展、室内外影视厅、演艺长廊、商贸和餐饮等行业),针对区域消费者的购买能力与工农商学作业时间,制定合理的时间,便于"产业"与"形势"(消费者)实施效应的传播。这种方式有利于文化产业企业创建文化品牌,宣传文化理念,营销文化产品,通过各种活动实现联合、重组,逐步吸引知名文化品牌、集团企业考察、合作促成地方在运营实践中探索的文化产业企业运营模式。政府与企业正是通过研究、严谨地谋划布局文化产业"态""势",逐步建立起覆盖文化产业区的"形态"与"形势"的可持续的文化产品销售网,实现了"文化"与"产业"的空间格局构建,探索了文化产业成为地方支柱性产业的发展模式。

巩固地方文化产业发展的"态"与"势",政府要清醒市场调节文化产业企业的创新能力。政府扶植文化产业园区的实质是在市场机制下的土壤里种植各类文化企业,企业以独立运作的商业行为占据市场,生根发芽并长成参天大树。这里需要政府以管理者、治理者、参与者、构建者的身份,对企业提出指导文化产业战略性的规划,给予优惠政策,通过商业模式的运行,成功站立于市场。以文化消费目标市场为切入点,灵活调动文化资源在不同区域的影响力,调动文化市场消费所影响的其他经济市场的需求潜力,扩大文化消费者的延伸范围,传播主流文化价值观,实现文化产业的战略增长。

四 文化产业企业的路径

文化产业企业在区域的生存条件必须是控制性的机制。这也是地方政府全力支持的产业规划布局。文化产业企业代表着区域企业产业链的延伸和产品的品牌维护度，代表着产业企业拥有资源、控制资源，适应各种环境，调动资源的能力。"文化"与"产业"的空间格局构建的优与劣，直接影响到文化产业企业在区域多种产业系统中取得与配置优势资源和生产要素等综合能力的大小。企业对外吸引和影响投资与建设的效应高低，其路径主要有：

一是确立主流文化核心价值观。现代文化产业是在改革开放以来积累的多样化的产业类型基础上发展起来的，文化产业企业的合力起了推动作用。随着多种经济成分和利益的驱动，文化产业企业投资和涉足更大的文化领域，逐步形成文化支撑产业。文化产业企业成功的共同点就是确立了主流文化核心价值观，作为企业发展的凝聚力的战略构想，指导企业实现可持续发展。重点研究文化资源的调配控制与核心价值的提炼，最大化地实现"文化"与"产业"空间格局的"态"与"势。

二是调整文化产业企业人才计划。①研究加大对文化产业企业文化工程的教育培训的投入，培养适合文化产业企业需求的高技术人才。按40%的比例吸引培养懂管理、会生产、创市场、高销售的文化产业人才。②文化产业企业要重点设计创新实验室，提供宽松环境，尊重知识、尊重人才，鼓励集团性的发明和激励创新好产品，建立适应现代文化产业企业发展的评价标准和奖励制度。③文化企业要努力为高素质人才提供高管岗位，为专业化的技术人才提供关键操作平台，保障工作与生活环境，调配优势资源，整合智慧效能。

三是借鉴吸收国外文化产业企业的资本配置技术。美国、欧洲各国、韩国在发展文化产业的过程中，创新了很多机会、平台、办法，设计了很多令人耳目一新的产品，抓住了全球男女老少消费者的购买心理，等等。这些对于我们来说，需要研究并借鉴其成功的创意之处，不可盲目复制。由于东西方文化价值观不同，道德信仰不同，西方文化不适合我国文化产业模仿。我国爱国主义、马克思主义主流价值观、民族大团结、祖国在我心中、和谐文化、文明社区、集体主义等价值观是文化产业企业的主题思路，通过创新，影响全世界。比如，中国举办奥运会、世博会等等，都是西方社会无法比拟的。自然，地方区域众多文化产品也具有旺盛的生命力，深受大众喜爱。

四是文化产业企业要取得政府对文化产业的融资支持和税收优惠，成立具有管控权力的文化产业机构，设立多种专项基金，如文化产业科研基金、文艺创新基金、文化产业企业扶持基金、动漫发展基金、影视企业基金、图书出版基金等。目前，研究文化产品消费者基金已是大势所趋，有学者已调研并设计合理操作模式。另外，文化产业企业发展需要生态环境、政策法律环境、市场环境和社会文化环境，等等。文化产业的生态化及文化产品的渗透力正在以互联网的速度填充在人类生活的星球里。

参考文献

[1] 胡成功：《生态位理论与我国知识经济发展方略》，《中国软科学》2000 年第 6 期。

[2] 李自珍、韩晓桌、李文龙：《具有生态位构建作用的种群进化动力学模型及其应用研究》，《应用数学和力学》2006 年第 3 期。

企业（匠人）是"创新文化"工程的先行者

胡文臻[*]

摘　要：企业（匠人）是"创新文化"工程的先行者，创新文化既是企业生存的核心价值，也是企业文化产业管理的灵魂，是现代文化产业企业创造文化产品的行动指南。以我国传统的爱国主义文化教育、马克思主义哲学主流文化、国家强盛、和谐社会主义秩序、小康社会新生活、丰富多彩的文化生活、稳定辽阔的边疆、地球和平万岁、幸福世界等核心价值观为特征。这是我国各类企业生产生活的基础，是文化产业企业生存和企业（匠人）"创新文化"的生命源泉。文化产业企业设计、研究、培育"创新文化"的构造和实践，调整产业发展思路和形成产业的可持续发展能力，企业（匠人）是"创新文化"工程的先行者，是历史文化的延伸和责任人，具有其他形式不可替代的唯一的创新作用与积极的生命意义。

关键词：创新文化　文化产业　企业（匠人）　先行者

中国文化的生命力是长江之歌，是黄河之颂；中国文化产业的生命力是长城之长，是故宫之华美。历朝历代创造中国文化、制造文化产品的匠人（工匠、艺人）给全世界留下了无数中国文明、

＊　胡文臻，中国社会科学院文化研究中心副主任，博士。

文化、勤劳、创新的历史画卷。所谓"西方文明"的八国联军入侵中国，强劫、偷盗最多的就是中国文化产品。英国大英博物馆目前收藏的中国文物有 2.3 万件，收藏文物包含了整个中国文化的艺术类别，跨越了整个中国历史，具有代表性的文物有汉代玉雕奴龙、晋代顾恺之《女史箴图》及南北朝、唐代等时期大量的文化艺术作品；法国国立图书馆收藏敦煌文物达 1 万多件，其中敦煌书画的三种唐拓本是稀世珍宝；美国波士顿美术博物馆、纽约大都会艺术博物馆均收藏了极其丰富的中国历代文物珍品，以绘画、青铜器和地方志为大宗，馆藏了极其珍贵的中国历史文化艺术产品。今天，让我们回头来看中国文化及产业发展的历史，中国的企业（匠人）在不同的历史时期创作了各具特色的文化产品（作品），在今天依然是震撼世界的创新文化和设计作品，无论在空间格局上还是世界产业经济市场中，均引领了世界创新文化发展的潮流，创造了世界经济奇迹。西方历史学家戴维·美斯德在《国家的贫穷与富》一书中指出："如果经济发展给了我们什么启示，那就是文化起了举足轻重的作用。"

　　文化是社会经济发展的动力，是在变革中显现的文化张力。社会发展进步、人民生活富裕安康、民族团结的和谐形势都是文化力量的作用，以其特有的文化形态和文化发展方式推进社会的改革。文化的作用力在时空中以强风般的速度，在人类生存的环境中，使用高新信息技术改变社会经济与文化发展的格局。在我国文化发展的历史中，以五四运动为代表的新文化运动中，工人、青年学生、知识分子、社会各界人士（匠人）对封建传统文化进行了消除式的变革批判。之后进行的民主革命、社会主义革命和社会主义建设过程中，也不断地在消除封建文化传统的影响。改革开放以来，创新文化的发展步伐加快，创新设计思路超前，特别是我国企业（匠人）大军成为创新文化变革的主力，加之社会主义市场经济的发展和社会主义政治文明、精神文明建设的推进，创新文化环境成为肃清封建传统文化影响的主要手段。以社会进步创新思维的传统文化设计与成果，彻底清除封建思维方式的单一化、趋同化、保守特性。知识信息时代的文化新思维直接冲破了旧观念影响，解除了传统文化中的相对僵化和保守的思想，重构了创新文化的时空格局，再造中国创新文化的辉煌，实现中国经济社会的持续繁荣与稳定发展。

事实证明，中国文化和文化产品是影响世界文化产业发展的为数不多的先行者、总设计者之一。"文化产业"这一术语产生于 20 世纪初，最初出现在霍克海默和阿多诺合著的《启蒙辩证法》一书。

社会发展进入了创新时代，其实质是进入了文化创意与创新时代，我国以历史文化推进的责任，巩固稳定发展的经济环境，以世界文化文明繁荣的全球思维，规划了进入文化大繁荣、大发展时期的文化工程蓝图，从而保障我国经济的可持续稳定发展，为世界经济发展作出贡献。中国文化产业的创新发展必将再次影响世界文化产业的格局发生重大变化。

如今中国的文化与经济发展进入了新的创新时代，经济地位逐年稳步巩固增长，综合国力已展现出大国硬实力与国家文化软实力的国际顶层地位，取得这些成就是因为我国各类经济实体在不断地探索、学习、创新中变革了旧的发展结构，调整了新的思维发展模式，保持了经济强盛的创新设计。我国企业（匠人）正是在这种国家利益至上的核心价值观念中，研究我国的创新管理艺术和形成创新文化发展的氛围，下大气力科学设计企业（匠人）的创新持续性变革能力。企业（匠人）自身拥有的主动性的创新变革能力，使我国企业（匠人）在国内市场经济和国际市场经济环境中的生存能力逐步提高。企业（匠人）不仅构造了强大的市场竞争力环境，而且创造了一大批世界知名的跨国公司，引领更多企业（匠人）以先行者的态势推动经济的持续增长。可以说，"创新文化"既是企业生存的核心价值，也是企业文化产业管理的灵魂，这是我国企业文化显著特征之一。企业（匠人）是一个民族进步的先行者，也是一个国家繁荣强盛的实践者。无论是企业创新、匠人创新、设计创新还是规则创新，都离不开科学创新和智慧创新，需要"创新文化"匠人的激情、创意和构造设计。成功的企业，都有独具特色的企业文化。中国企业（匠人）是中国文化在世界各地的传播者和实践者，国外企业无法借鉴仿制我国文化特色，古代中国的孔孟之道，儒、道、佛家等传统历史文化影响了世界和谐生存理念，也是我国各个历史时期的企业（匠人）无私的文化建设奉献，积累了创新文化经验，为世界和平与稳定的发展作出了贡献。

先行者是哲学的产物，是智慧的先行者。匠人就是今天带领国企、民企、各类经济组织参与激烈市场竞争的各类社会活动家、政治家、哲学家、科学家、工程师、管理师等人才。由于他们在一线参与创新创意研究与建设，才使国家经济增长的硬实力与国家文化软实力进入世界经济格局的主轨道。如今党中央、国务院提出"走、转、改"的工作要求，要求理论研究者深入基层，真正以匠人的姿态参与培育发展我国企业的创新文化活动，研究企业转型和可持续发展的能力，实现由"闭门制造"向"匠人创造"的转变，是国家长治久安、文化兴国的重大战略举措。

一　匠人与创新文化

匠人就是具有专业研究能力和专业技术能力、以创新思路创作作品的设计者和实验者，是各类型企业实现生存价值的创造者。企业（匠人）是改变世界、创造世界的财富代表，自然，企业（匠人）是"创新文化"的先行者。笔者研究认为，"创新文化"需要企业（匠人）以"人与物"资源的生存环境，设计、整合各资源要素，以空间结构的活动方式创造财富。美国管理学大师彼得·德鲁克认为，"创新，就是赋予资源创造财富的新能力，使资源成为真正的资源"。企业（匠人）正是在这样的大环境中设计和实践创新文化的路径，调动各类资源的积极性，创造新的财富。

创新理论鼻祖熊彼特认为，"创新就是要建立一种新的生产函数，即企业家对生产要素和生产条件的重新组合"。创新不是简单的线性过程，而是一个复杂的、包含若干因素的相互作用的系统工程。创新文化的目的是集合一切创新活动要素，设计出科学的活动方式，提供给实践者进行活动的范围，也是企业文化进入新时代，以知识经济的形态，调整区域或者企业（匠人）在"创新文化"的先行行为中，通过实践活动激活企业（匠人）的创新意识，以新精神、新活动的构建思路建设新型的创新文化生态环境。在这样的环境中，体现出构成要素的空间位置，位于中心位置的是"匠人专业能力"，辐射东西南北四个方位的分别是"技工实践与调整""匠人作品与市场检验""匠人组合与创新""消费者购买与评价"等四个要素位置。专业能力是创新文化的基础，创新文化的结果是消费者购买与评价的作品。

创新文化通过消费者的需求反映出影响市场的能力。

1. 企业（匠人）的视野。企业在市场中的竞争力是没有固定的模式可复制成功的。企业的产品是企业冲入市场抢夺制高点的先进武器，企业（匠人）没有独到的视野能力，就无法制定发展战略。创新型文化就是构建战略，以自身以外的竞争环境，设计完全体现企业战略转型成功的态势，企业（匠人）同时具备引领行业能力，搏击各类挑战者。

2. 企业（匠人）的合作目的。合作目的是企业（匠人）在创新型文化中的关键手段，以合作来补充技工的知识能力结构。企业（匠人）因各类型企业专业生产流程和思维方式上的多样性，组织结构、工艺设置应便于匠人与技工交流、沟通和协作；建立起以人为本的文化章程，重视每一个合作者和匠人与技工的设计创新价值。在合作的见解中，以合作创新的多赢利益来满足各层次需求。

3. 企业（匠人）的自我调节。产品（作品）进入市场竞争购买时刻，无情与热情历来都是企业（匠人）创新作品的生死存亡宴，任何好的政策和环境都不会继续站在被淘汰者一边；获得市场热情拥抱的产品（作品），以创新姿态体会到市场的热情，同时求得了更多的支持。创新文化其实就是给企业（匠人）提供实践的风险和机遇环境。获得成功与高额利润的同时，高风险始终伴行，新的创新计划又伴随着失败的压力前进。创新文化既是企业生存的核心价值，也是企业文化产业管理的灵魂。正是企业（匠人）的这种自我调节、科学的人文精神、新型的企业经营理念、大胆创新的价值理念，需要企业（匠人）以创新文化的敢于竞争、敢担风险的精神，与其他产业形态共同营造匠人（人才）创新文化的社会环境。

二　企业的创新文化环境

1. 企业创新文化的环境取决于企业组织的生存环境，我国企业创新文化立足于中华民族文化基础之上。企业"创新文化"不是简单的工作，而是文化与产品在特定环境中铸造的企业品牌影响力。这种文化影响力将企业（匠人）的智慧作品带给享受作品的群体，激发群体的文化价值接受热情，以和谐文明的先进性自觉构建稳定的创新环境。

企业（匠人）"创新文化"是国家民族文化在社会生活中的实力传承，发展中摆脱落后的文化影响和制约，实现优秀民族文化精髓的传承。中华文化的精髓是各类企业的创新动力，我国企业类型多，创新文化各具特色，企业文化的民族性特征明显。我国是世界上民族最多的国家之一，民族团结的文化特征激励着各民族人民艰苦奋斗，爱国奉献，建设强大的国家。多民族的企业（匠人）以强烈的创新文化精神，实现影响国际环境的国家文化软实力。中国有许多跨国企业在国外生存与竞争环境中取得成功，其主要因素是创新文化的影响力和渗透力。企业（匠人）结合国外先进的企业管理经验，例如，分析美国企业设计思维、产业实效、竞争手段、刻意创新的民族文化精神，体现在企业文化的建设中。国外成功企业的创新管理同样是以市场机制为基础，引进激励机制、竞争机制和风险机制，鼓励竞争、宽容失败，营造和优化创新的文化环境。

2. 企业创新文化的环境取决于变革为企业（匠人）实现价值观的环境。企业（匠人）实现价值观的意义在于生存环境中自我价值的体现。匠人的创新思维是在价值观的基础上把追求成果、成功、超越视为现实目标。著名的《财富》杂志曾把创新精神作为其评选美国最受推崇企业的重要标准。匠人是在"不断淘汰自己的产品"（微软公司成功的前提）环境中创造奇迹。通用电气的创新宗旨和理念是"进步是我们最主要的产品"。变革环境是企业创新并实现共同价值观的前提。国外企业实例同样说明，匠人是设计结构、服务变革的保障。

三 企业（匠人）是"创新文化"的先行者

1. 先行者的资本。匠人（人才）是"创新文化"先行者的第一战略性资本。先行者本身就是匠人（人才），是"创新文化"的资本。先行者是以实现价值成为创新的重要成分，协调发挥匠人（人才）的积极性和创造性是先行者实现"创新文化"的第二财富资本。先行者以自身创造性的工作带动任何人在工作中追求完美和创造性，营造适宜创新的环境，是先行者实现"创新文化"的第三成功资本。

2. 先行者的组织责任。美国管理学大师彼得·德鲁克认为，组织的目的只有一个，就是使平凡的人能够做出不平凡的事。匠人（人才）承担起"创新文化"先行者的责任，组织行为的管理与艺术是先行者实现自我价值的文化目的，以此来实现先行者的组织协同创造力。

3. 先行者的需求。马斯洛的需求理论认为，人的最高需要即自我实现，就是以最有效和最完整的方式表现他自己的潜力，实现个人理想、抱负，最大限度地发挥个人能力。企业（匠人）既是企业的管理者，也是企业文化的实践者。"创新文化"对企业（匠人）

的要求不是理论研究性结果，而是实践基础上的理论指导操作。

4. 先行者的权力。企业管理人员主要是由各专业匠人组成的，行使权利是由企业内经济行为的需求决定的。各环节技术匠人以其分工和创新责任在工作环境中行使权利，企业组织和任何行为均不得干扰技术匠人的工作和权利的行使。创新文化与创新管理是企业生存与发展的权利，是匠人（人才）以先行者的责任，最大限度展现自己的能力，实现自己的价值需要。

5. 先行者的开放实践。"创新文化"是我国企业具有引领潮流的独到性的智慧文化活动，是高度自主性、开放性的创造性活动。这是企业组织所有匠人（人才）在设计空间里的积极创新成果，这种空间体制是"创新文化"先行者成功实践的保证，是企业产业化、占据市场、实现价值的集团性生存力量。企业（匠人）正是以开放实践的设计思维和"创新文化"的先行者姿态以压倒性的力量冲入世界市场核心，占据了市场。中国青岛啤酒、海尔电器等跨国企业集团正是以这样的开放管理创新文化设计和先行者的实践，建设了跨国企业集团的"创新文化"工程，将中国文化软实力以国际经济环境中的创新文化的引领精神、马克思主义主流文化等核心价值观的胜利姿态牢牢地占领着世界消费市场。中国企业这种"创新文化"活动的质量和可持续性优于任何国外企业的生存方式。例如国外企业，微软和保洁公司也是采取开放实践活动的模式，这种开放式管理虽然打破了传统的企业边际和等级制的金字塔结构，但是企业整体创新的制度环境并不存在。因为西方，诸如美国的自由与平等的国家（企业）文化，是建立在"自我英雄"的世界观上，无序大于有序；中国的"创新文化"是建立在"国家强盛，有我贡献"的民族自豪感的世界观上，建立了完善的秩序，这也是我国"创新文化"先行者重要的开放的实践活动力量。

6. 先行者的实践设计。企业（匠人）是"创新文化"的先行者。"创新文化"是企业（匠人）的成果工程。成果工程来源于实践设计，实践设计取决于国家制度环境。任何一个国家的企业都可以文化的力量去实现价值，赢得世界市场的尊重与喜爱确需要很长时间，有的要经历百年之路。这里固然有历史、战争、灾害等多种因素，但是民族的精神文化力量是在任何时候永不倒下的。企业（匠人）就是创造历史的先行者，因为是它们设计了勇往直前的文化旗帜。

创新文化是一种尊重实践的文化。先行者的实践设计，首先要以创新为目的，设计方法去改造客观世界，以此满足大众的生存和生活需要。

中国几千年来人类所创造的文明史不是自然产物，而是匠人在生存考验中以智慧建立的世界多型关系。通过匠人的创造性思维，反映了先行者的实践设计在改变世界的同时，积累了实践者从无到有、从少到多、从量的增长到质的飞跃的创新，世界发生了重大变革。"创新文化"源于先行者的实践活动，又要在实践中实现自身的变革价值。企业（匠人）的活动再生产、再创造，产生了新的创新"态"和新的创新"势"。态与势的特性与本质，完全包括再生产、再创造新的文化态与新的传播势和态势的应用方式，这也是中国创新文化的先行者的哲学意义。

7. 先行者的哲学。"创新文化"过程中先行者首先成为哲学家。企业（匠人）的创新文化实质是以哲学智慧在实践中发现问题、认识问题、解决问题，再回到实践指导实践的过程。企业（匠人）就是要把企业创新的成功、文化精神，进行探索性的实践活动。创新文化的精神实质从实践中来，又必须能够回到实践中去。创新文化的检验标准只能是实践。因此，"创新文化"工程的先行者就是企业（匠人）。

今天来看，理论创新或者实践创新都有不同程度的不确定性。理论创新设计本身只是一种可能性，以企业（匠人）的先行者作品和活动来看，创新文化的设计结果可能是变革现状的超前概念。众所周知，其设计只掌握着现实世界的一般规律，无法预计掌握未来世界现实的特殊性规律或个别特征。因为其思维具体本质上还是一般性的，没有先行者的实践、创新，它就没有未来的系统与丰富多样的特征。理论上的创新文化不确定性，客观原因在于企业（匠人）个体环境中影响对象的不确定性，其主观原因在于作为创新主体的企业（匠人）素质结构的不完善性。就实践创新文化来说，先行者在创新文化设计、结构中通过缜密的理论研究，预见了不同阶段实践的发展，采取了措施，缩小实践发展的可能性空间，从而减少其不确定性，达到设计"创新文化"的预期目的。企业（匠人）在设计时，充分考虑了环境等主客观原因，预见性地消除了对客观对象的性质和规律不了解的情况差误；思维设计、构建过程、行为结果中重点避免了难以在变革对象与形态时出现的各种偶然性因素（包括变革对象与形态的工具手段和行为规范的缺乏或不完善，以及企业内外影响创新文化客观因素的复杂和多变）等。先行者以其企业生存的力量与超前的预见性在时空格局中解决了理论创新和实践创新两者程度不同的不确定性技术问题。

企业（匠人）是"创新文化"的先行者，同时也是"创新文化"活动的思想基础和动力支持，是壮大中国企业文化软实力和建设创新型企业文化的关键力量。"创新文化"研究与实践中所要提醒的是，西方研究者关于企业文化创新与建设的许多语境（著作、论文、经验、模式、品牌，等等）没有系统地研究中国的文化环境，是以西方价值观为背景的，借鉴指导中国企业实践其设计研究的"创新文化"思路，理论上不可行，实践中行不通，仅可作为学术研究。而我国跨国企业集团（匠人）的系列产品进入国际市场，意味的不只是企业产品受欢迎，重点在于"创新文化"本身的强大企业文化渗透力，它意味着企业（匠人）创造了一个个富裕的生产力、和谐生产关系，将我国五千年源远流长的历史和博大精深的现代化的中国文化软实力，以中国马克思主义主流价值观念和中国民族精神，充满改革活力的国情，构建了人性化、包容式、参与型的企业创新文化格局，剔除了西方企业创新文化研究者（成果）试图彻底影响中国企业文化建设西化复制的技术改造手段。

参考文献

[1] 夏忠:《美国企业文化具有哪些基本特色》,《商场现代化》2008 年第 7 期。

[2] 余江李、华叶林:《正确理解企业创新文化》,《光明日报》2008 年第 7 期。

[3] 戴景新、林伟杰、刘兵:《企业创新文化要素对企业业绩的影响差异性研究》,《集团经济研究》,2007。

后　记

　　本书尚有很多不足，敬请读者提出宝贵意见。特别是笔者在分析实例中提出研究企业文化软实力，同意有关人士的尖锐意见：学者至少在持续发展的企业里生存 5 年，才有基础实践体验与取得真实的调研资料的机会，否则，是浪费国家资源与个人精力。这会引起一些学者的反感，也是笔者十分遗憾与不安的地方。同时，这也是国家改革攻坚关键期形势所迫及所有企业家期盼学者实地开展市场生存行为的实践调研活动的心声。

　　本书校稿中，得到知名哲学家的指点与资深专家的审阅，使之更加规范，笔者深表感谢。

　　《企业文化软实力新论》二校样期间，承蒙中国社会科学院学部委员、研究员李景源先生，中国社会科学院哲学所副所长、研究员孙伟平先生，承蒙社会科学文献出版社社会政法分社王绯社长、孙燕生编辑对书稿进行了审阅、修改，在此表示诚挚的敬意和感谢。

　　感谢相识交流的众多学者、研究者。感谢奉献关于文化、企业文化软实力研究方面书籍的作者。写作中学习、查阅、参考了国内外关于企业文化软实力方面的研究成果、提法、观点。书中选择观点、比较，均作了引用、参考标注，如有遗漏请包涵，恭候联系指正。书中个别地方比较研究企业文化软实力问题及实例分析，可能有对比评价偏激或者不礼貌的地方，请勿不快，欢迎随时交流。

感谢多年来支持我的家人。感谢工作中与我学习、交流的诸多企业家和亲朋好友。

谨以本书献给 1996 年、1997 年、1999 年举办国家级文化健身活动，获得中共中央办公厅、中组部机关老干部局，以及国家体育总局、民委、教育部、文化部、卫生部、科技部、广电总局、全国总工会、团中央、全国妇联等十部委支持笔者参与主持开展"文化建设、科学健身、破除迷信"文化体育实践活动项目的各位领导、专家、学者、朋友，以及参加全国《手足操》健身文化学习培训班的单位（人员），参加全国比赛的近万家企业、厂矿、院校、机关单位，全国各地教练员、运动员以及影响参与的 200 多万名坚持不懈的锻炼者。

胡文臻

2013 年 1 月 北京

图书在版编目（CIP）数据

企业文化软实力新论/胡文臻著. —北京：社会科学文献
出版社，2013.4
ISBN 978 - 7 - 5097 - 4337 - 9

Ⅰ.①企…　Ⅱ.①胡…　Ⅲ.①企业文化 - 研究 - 中国
Ⅳ.①F279.23

中国版本图书馆 CIP 数据核字（2013）第 035519 号

企业文化软实力新论

著　　者／胡文臻

出 版 人／谢寿光
出 版 者／社会科学文献出版社
地　　址／北京市西城区北三环中路甲 29 号院 3 号楼华龙大厦
邮政编码／100029

责任部门／社会政法分社（010）59367156　　　责任编辑／孙燕生
电子信箱／shekebu@ ssap. cn　　　　　　　　责任校对／曹艳浏
项目统筹／王　绯　　　　　　　　　　　　　责任印制／岳　阳
经　　销／社会科学文献出版社市场营销中心（010）59367081　59367089
读者服务／读者服务中心（010）59367028

印　　装／三河市尚艺印装有限公司
开　　本／787mm×1092mm　1/20　　　　　印　　张／14.8
版　　次／2013 年 4 月第 1 版　　　　　　　字　　数／255 千字
印　　次／2013 年 4 月第 1 次印刷
书　　号／ISBN 978 - 7 - 5097 - 4337 - 9
定　　价／58.00 元